BÜZZ

© Simon Roberts, 2020
© Simon Roberts (prefácio), 2022
© Buzz Editora, 2025

Originalmente publicado em inglês no Reino Unido por Heligo, um selo de Bonnier Books UK Limited. Os direitos morais do autor foram assegurados. Título original: *The Power of Not Thinking*

PUBLISHER Anderson Cavalcante
COORDENADORA EDITORIAL Diana Szylit
EDITOR-ASSISTENTE Nestor Turano Jr.
ANALISTA EDITORIAL Érika Tamashiro
ESTAGIÁRIA EDITORIAL Beatriz Furtado
PREPARAÇÃO Daniela Franco
REVISÃO Carolina Kuhn Facchin, Giovanna Caleiro e Victória Gerace
PROJETO GRÁFICO Estúdio Grifo
IMAGEM DE CAPA Adobe Stock

Nesta edição, respeitou-se o novo Acordo Ortográfico da Língua Portuguesa.

Dados Internacionais de Catalogação na Publicação (CIP)
(Câmara Brasileira do Livro, SP, Brasil)

Roberts, Simon
O poder de não pensar: Como nosso corpo aprende e por que confiar nele / Simon Roberts
Tradução: Laura Fiore Ferreira
1ª ed. São Paulo: Buzz Editora, 2025

Título original: *The Power of Not Thinking*
ISBN 978-65-5393-428-3

1. Corpo humano – Aspectos sociais 2. Mente e corpo
3. Tecnologia – Aspectos sociais I. Título.

Índice para catálogo sistemático:
1. Conhecimento: Sociologia

Eliete Marques da Silva, Bibliotecária, CRB 8/9380

Todos os direitos reservados à:
Buzz Editora Ltda.
Av. Paulista, 726, Mezanino
CEP 01310-100, São Paulo, SP
[55 11] 4171 2317
www.buzzeditora.com.br

Simon Roberts

O poder de não pensar

Como nosso corpo aprende
e por que confiar nele

Tradução: Laura Fiore Ferreira

Prefácio, 7

Introdução, 15

Parte 1
A ascendência da mente

1 A filha mecânica de Descartes, 35

2 A medida do mundo, 47

3 Vivenciando o mundo, 65

Parte 2
As cinco características
do conhecimento incorporado

4 Observação, 79

5 Prática, 99

6 Improvisação, 119

7 Empatia, 137

8 Retenção, 159

9 Por que o conhecimento
incorporado importa, 173

Parte 3
Conhecimento incorporado em ação

10 Negócio incorporado, 179

11 Política e formulação de políticas incorporadas, 201

12 Criatividade e projeto incorporados, 223

13 Inteligência artificial e robôs, 243

Agradecimentos, 266

Referências, 268

Para Lucy e Joe, Martha e Kit

Prefácio

Nós não damos a devida importância ao nosso corpo. Pelo menos não dávamos até que a pandemia global nos atingiu e repentinamente ficou impossível ignorá-lo. A covid-19 se espalha com o contato e interações físicas próximas. É uma doença socialmente contagiosa, que depende de atos cotidianos de interação social para ter sucesso — conversar com amigos na mesa de bar, torcer em um jogo de futebol, pegar o metrô para ir trabalhar ou apertar a mão de conhecidos. O esforço para controlar a pandemia exigiu que tirássemos nossos corpos de circulação.

Pessoas em todo o mundo foram incentivadas e, depois, obrigadas a manter distanciamento social para evitar que fossem infectadas e que infectassem outras. Em semanas, os corpos desapareceram, já que seguiu-se o imperativo moral, cívico e legal de ficar em casa. Ruas e praças de cidades outrora movimentadas tornaram-se assustadoramente vazias, escritórios foram abandonados e todas as lojas, exceto as essenciais, foram fechadas. Faltavam corpos e o nosso mundo de repente não nos era mais familiar.

Durante a pandemia, nosso corpo ficou sujeito a um controle sem precedentes. Atos cotidianos como lavar as mãos foram colocados em evidência, com orientações detalhadas regendo algo tão corriqueiro. Cartazes surgiram incentivando-nos a manter distância das outras pessoas. Máscaras tornaram-se obrigatórias (e intensamente politizadas) para nos proteger e proteger os outros. Elas rapidamente se transformaram em um item vital da moda civilizada. Além disso, o uso de máscara também nos lembrou do quanto utilizamos todo o rosto para nos comunicarmos com outras pessoas. Uma risadinha maliciosa, um sorriso ou uma careta, obscurecidos por trás da máscara, priva-nos de grande parte do nosso virtuosismo comunicativo.

Ao longo de dois anos incertos, confusos e trágicos, nosso corpo assumiu o centro das atenções: como vetor da propagação e vítima da covid, como objeto a ser policiado, protegido, mascarado, higienizado e afastado dos demais. Não é mais possível deixarmos de dar a devida importância a ele. A grande ruptura da pandemia ressaltou a centralidade do corpo para as nossas experiências cotidianas, para o que significa ser humano. O contato físico com quem amamos, o aperto de mãos, o abraço nas pessoas, isso foi substituído pela regra dos dois metros.[1] A proximidade física com outras pessoas foi transferida para interações mediadas digitalmente. As gramáticas implícitas das interações humanas, que se baseiam tão fundamentalmente em nossos corpos, foram violentamente interrompidas.

Mencionar que nosso corpo é parte integral da nossa vida parece uma coisa óbvia demais para precisar ser dita. No entanto, a maneira repentina com que fomos forçados a retirar nosso corpo do mundo para tentar continuar nossa vida social e econômica sem "estar lá" pessoalmente mostrou a importância dele para nós. Atos simples aos quais não dávamos a devida importância, como subir no ônibus, encontrar amigos no parque, sentar em uma sala de reuniões ou visitar um parente idoso, tornaram-se impossíveis. Imagens de crianças interagindo com os avós através de janelas em casas de repouso se destacaram como algumas das mais marcantes e angustiantes do lockdown. Se tirarmos o corpo do modo como vivemos, de repente o mundo parecerá e será sentido e experienciado de forma diferente. E, enquanto os mais afortunados puderam "ficar em casa" e trabalhar remotamente, nossa dependência daqueles que continuaram a nos proteger, nos alimentar e nos manter ao colocarem seus corpos na linha de frente serviu especialmente para reforçar o fato de que alguns atos, especialmente o cuidado médico, dependem totalmente da proximidade física.

Ao mesmo tempo, certos tipos de encontro físico, como o aplauso semanal ao Serviço Nacional de Saúde do Reino Unido, levaram as pessoas para a porta de suas casas em atos de veneração altamente local e coletiva a uma instituição que tínhamos sido instruídos a proteger ficando em casa. Esses encontros serviram para lembrar as pessoas de que existiam outros corpos em suas comunidades. Aplau-

---

1   Durante a pandemia, nos Estados Unidos, o *Centers for Disease Control and Prevention* [Centros de Controle e Prevenção de Doenças] (CDC) determinou que as pessoas deveriam manter um distanciamento de seis pés (aproximadamente dois metros) para evitar a transmissão do vírus. (N.T.)

dir, uma atividade típica de pessoas em grupo, tornou-se um ato agendado de comunhão nacional para corpos que estavam impedidos de se encontrar de qualquer outra forma.

A pandemia forçou uma percepção muito visceral de que o corpo é central para nossa experiência de mundo. Retire o corpo do cenário e tudo de repente parece diferente. Um jogo de futebol em um estádio vazio, ou com espectadores feitos de papelão, ainda é tecnicamente um jogo de futebol, mas não tem nada do que normalmente associamos a esse encontro de duas equipes rivais. Sem torcedores cantando e gritando em uníssono, divertindo-se e criando ao mesmo tempo uma atmosfera de rivalidade e folia, o jogo fica reduzido a vinte e duas pessoas chutando uma bola. Da mesma forma, privados do suporte de colegas parlamentares vociferando e zombando atrás deles, até mesmo o mais talentoso dos oradores políticos soa vazio e muito menos poderoso. Fica óbvio que o poder retórico emana não apenas da escolha ou do uso das palavras, mas da interação do que é proferido com as respostas dos ouvintes. Quando um programa de televisão de perguntas e respostas que normalmente é gravado diante de uma plateia ao vivo é reduzido a uma galeria de retângulos de videoconferência, a linguagem corporal e o timing, que são fundamentais para que as coisas sejam engraçadas, ficam tão ausentes que o programa perde seu apelo cômico.[2]

O ânimo e a atmosfera são produzidos quando os corpos se reúnem. Eles não podem simplesmente ser "pintados" em uma cena ou adicionados como uma rubrica em um roteiro. Inserir barulho de multidão em um jogo de futebol ou críquete provavelmente ajuda jogadores e espectadores a terem a sensação de que estão fazendo mais do que executar os movimentos, mas isso está longe da experiência real. A experiência real é uma questão corporal, ou incorporada. Retire corpos do mundo e aquilo que eles acrescentam à nossa vivência no mundo fica claro. A pandemia forçou um longo período de abs-

---

2   No Reino Unido, os jogos de perguntas e respostas [*panel show*], que são bastante populares, são incluídos no gênero comédia, pois tanto os apresentadores quanto os participantes são comediantes que fazem improvisação ao longo do programa. (N.T.)

tinência corporal e, enquanto nos acostumávamos com essa nova vida mais desincorporada — com que rapidez começamos a falar sobre o "novo normal"? —, a única pergunta na cabeça de todo mundo era "quando vamos poder voltar à vida como ela era antes?".

Havia, claro, uma palavra que nunca estava longe dos lábios de todos durante a pandemia: Zoom. Serviços de videoconferência já circulavam havia pelo menos quarenta anos e eram instrumentos utilizados pela maioria das grandes empresas, que se espalham por vários locais. No entanto, a combinação de um nome ágil e a relativa facilidade de uso fez com que o Zoom tivesse um "bom lockdown". De acordo com uma pesquisa da Ofcom, a autoridade regulatória de comunicação do Reino Unido, o uso do Zoom cresceu aproximadamente 2000% entre abril e junho de 2020. O Zoom foi uma das muitas empresas de tecnologia que amadureceram durante a pandemia.

A pronta disponibilidade de tecnologias que nos permitem interagir e operar on-line provocou um rápido aumento no uso da internet para conectar e consumir. Forçados ao lockdown e ao distanciamento social, abraçamos o delivery de comida, o Zoom e a Netflix ao longo dos meses em que não havia nenhuma alternativa a uma vida vivida on-line. O que era, até março de 2020, um complemento a vidas off-line cheias de interações presenciais tornou-se de repente o mundo inteiro. Mesmo aqueles com pouca experiência ou desejo pela realidade on-line mergulharam nela.

Ficamos gratos por inúmeras ferramentas de comunicação, conveniências de varejo e uma fartura de opções de entretenimento. No entanto, tudo isso servia como um lembrete gritante das virtudes do visceral e dos prazeres do contato social e da interação de forma incorporada. Conforme nos tornamos mais dependentes de uma vida vivida digitalmente, tornamo-nos plenamente conscientes dos limites de uma vida vivida on-line.

Hubert Dreyfus, filósofo e crítico da inteligência artificial, chegou a brincar que "Seja o que for que os abraços proporcionam às pessoas, tenho certeza de que os teleabraços não vão proporcionar". O argumento dele era simples. Quando levamos as coisas para o on-line, tiramos também nosso corpo das coisas. Como defensor da tradição filosófica da fenomenologia — sobre a qual este livro tem mais a dizer —, Dreyfus argumenta que o corpo está no centro da forma como experienciamos e entendemos o mundo. Ele também é essencial para o modo como nos comunicamos e como compreendemos os sentimentos dos outros — adote essa visão e fica fácil perceber o quanto se perde em uma vida vivida on-line. Um abraço é muito mais do que uma expressão de amor ou ternura. Envolve carne e osso, calor corporal e corações palpitantes, e o órgão poderoso, receptivo, repleto de sensores e expressivo que é a nossa pele. De forma restrita e técnica, um abraço pode ser reduzido a uma série de zeros e uns, transmitidos pela internet e recriados como uma representação digital, como um emoji. Pode até mesmo ser reproduzido por meio de alguma experiência mecânica e tátil. Mas esse teleabraço não oferece nada mais do que uma vaga ideia do que aqueles envolvidos no abraço sentem: uma comunhão amorosa de dois corpos transmitindo e produzindo simulta-neamente sensações de cuidado e interesse por meio do contato físico.

O longo arco das inovações tecnológicas nos legou uma série de dispositivos que oferecem uma telecoisa ou outra: do telégrafo e do telefone à televisão. Tudo isso fez o distante se aproximar (o prefixo "tele-" tem origem no adjetivo grego *tele*, que significa longe). Essas tecnologias provaram que são poderosas e que mudam o mundo, mas nenhuma jamais nos convenceu totalmente de que não há virtudes e prazeres em efetivamente "estar lá". Um telefonema é um bom modo de colocar a conversa em dia e fazer com que nos sintamos mais próxi-mos das pessoas, mas não substitui sentar com um amigo para tomar um chá e bater papo. Pode ser bom conversar por telefone, mas normal-mente isso serve apenas para nos lembrar do que mais sentimos falta. A televisão traz o mundo para a nossa sala, mas poucos argumentariam que é preferível ficar em casa em vez de absorver a atmosfera de um show ou de um jogo de futebol ao vivo. Tecnologias que prometem intimidade normalmente reforçam a distância que prometem evaporar.

Ansiamos por interações significativas que estão disponíveis apenas quando nos encontramos fisicamente na presença de outras pessoas, e nos tornamos cada vez mais conscientes do que nos falta quando não estamos na presença delas. Como o psiquiatra e professor de com-portamento organizacional da escola de administração de empresas

INSEAD, Gianpiero Petriglieri, astutamente observou em uma série de tuítes explorando o fenômeno de exaustão do Zoom: "É mais fácil estar na presença um do outro, ou na ausência um do outro, do que na presença constante da ausência um do outro". Nossos corpos, continuou ele, "processam tanto contexto, tanta informação em encontros, que reunião em vídeo é um tipo estranho de venda nos olhos. Nós sentimos muito pouco e não conseguimos imaginar o suficiente. Essa privação única exige muito esforço consciente". A comunicação on-line pode começar a parecer com devorar doces e chocolates, mas perceber que o que se precisa é de uma refeição saudável. Nossas necessidades são saciadas, mas não satisfeitas.

A mudança para o trabalho remoto é apenas uma das muitas transformações que há décadas estão sendo desenvolvidas, mas que foram catalisadas pela pandemia. Após um quarto de um século de progressos em tecnologias digitais pessoais e uma relação frequentemente inquietante entre nossas vidas on-line e off-line, transferimos grande parte da vida para a internet. Após vinte anos de crescimento constante do varejo on-line e do correspondente declínio do comércio de rua, eventos recentes aceleraram o fim das lojas de tijolo e argamassa. Mudanças sociais que vinham lentamente alterando a natureza da vida cotidiana foram catalisadas. Ao anunciar resultados financeiros extraordinários em abril de 2020, Satya Nadella, CEO da Microsoft, pontuou que viu dois anos de transformação digital em dois meses. Não é surpresa, então, que eles estivessem hospedando mais de 200 milhões de participantes no Teams da Microsoft em um único dia, gerando mais de 4,1 bilhões de minutos de reunião.

Quaisquer que sejam os limites da distinção entre os mundos virtual e real, isso tem causado longos e acalorados debates sobre o avanço contínuo de tecnologias digitais. É uma oposição que faz sentido intuitivamente para as pessoas e reflete muito da aparente inquietação à medida que novas formas de interação on-line (seja de comunicação, colaboração ou consumo) tomam o lugar de formas e normas sociais mais antigas. No entanto, debates que muito antecederam a pandemia foram catalisados e são, fundamentalmente, debates sobre o corpo — onde o corpo deve aprender, consumir e trabalhar?

É verdade que, em um experimento forçado de larga escala, empresas, escolas e outros aprenderam a operar de forma remota. Isso levou a previsões de que o campus universitário se tornaria coisa do passado e que as aulas on-line tomariam seu lugar. Comentaristas afobados previram que salas comerciais vazias permaneceriam vagas agora que gerentes descobriram que é possível, afinal, confiar nas pessoas que trabalham de casa. Foi dada a extrema-unção ao escritório.

Onde e como trabalhamos é atualmente, e é provável que continue sendo, uma dimensão do "novo normal" contestada de forma calorosa e discutida com ardor. Políticos em muitos países incentivaram as pessoas a "voltarem ao escritório", e chefes em várias empresas estão indo além e obrigando o retorno. No entanto, com muita gente aproveitando uma vida profissional mais autônoma e flexível, com poucos custos e menos privações devido ao deslocamento para o trabalho, parece mais provável que um futuro híbrido vingue. Esse mundo de trabalho híbrido, assim como a abordagem de trabalho totalmente remoto que o antecedeu, indica muitos dos benefícios de trabalhar com outras pessoas presencialmente. É difícil ter encontros ao acaso, aquelas lendárias "conversas no cafezinho", quando você está trabalhando em casa e o dia consiste em uma série de reuniões agendadas. E embora seja certamente verdade que muito trabalho pode ser feito de um escritório temporário montado na mesa da cozinha, muitas atividades exigem interações mais completas e incorporadas com colegas. Assim, para atrair seus funcionários de volta, os empregadores estão remodelando os escritórios para proporcionar a sensação de que "estão em casa". Parece que as pessoas querem voltar para o escritório não necessariamente para serem mais produtivas, mas para interagir com os colegas, para se lembrarem de que não são apenas operadoras de notebooks, mas membros de uma equipe e parte de uma empresa. É impossível transmitir o *esprit de corps* de ser parte de uma organização por um cabo de banda larga. Também estamos percebendo rapidamente que a forma como aprendemos no trabalho está incorporada. Como este livro explica, nosso corpo absorve habilidades e conhecimento ao observar outras pessoas realizando as tarefas por si mesmas. O conhecimento não é facilmente transformado em palavras. Nós efetivamente aprendemos no trabalho, e a exposição a outras pessoas é fundamental para aqueles que buscam construir habilidades profissionais.

Assim, os grandiosos e forçados experimentos do período da pandemia servem como lembrete de que, embora seja evidente que podemos aprender, cooperar, colaborar e comunicar on-line, falta alguma coisa quando fazemos isso. É difícil resumir muito do que está ausente quando participamos da vida on-line, mas duas palavras parecem importantes: ânimo e sentimento. Nosso corpo, e o corpo das outras pessoas, têm um papel central na produção e na sensação de ânimos e sentimentos. Tire nosso corpo de cena e a vida ainda é possível, mas não é a vida como normalmente a experienciamos, ou como gostaríamos de experienciá-la. Essa é uma das muitas lições difíceis que tivemos nos últimos anos.

A primeira edição deste livro foi concluída nas semanas anteriores ao primeiro lockdown no Reino Unido. Eu corri para finalizar tudo enquanto fazia planos entusiasmados para aquilo com que todo autor sonha: a festa de lançamento em uma livraria com amigos e família para comemorar o marco da publicação. É claro que isso não aconteceu. As livrarias não estavam abertas e os lugares onde meus editores esperavam vender meu livro, como estações de trem e aeroportos, estavam desertos. A publicação foi sendo adiada conforme entrávamos e saíamos de lockdowns, e então, como aconteceu com publicações na era covid, minha festa de lançamento da edição em capa dura, em janeiro de 2021, foi realizada pelo Zoom. Tendo escrito um livro sobre o papel poderoso e insubstituível do corpo na forma como vivenciamos o mundo, eu definitivamente não deixei de perceber a ironia. Mesmo assim, na escala geral, em vista da morte e da privação do ano anterior, eu não podia reclamar.

Eu gostaria de pensar que *O poder de não pensar* é tão relevante hoje quanto era quando foi originalmente escrito. De fato, espero que a pandemia tenha feito com que o principal argumento do livro — que nosso corpo é fundamental para o modo como vivenciamos e entendemos o mundo — seja ainda mais pertinente.

Introdução

Como dirigir um carro

Imagine um prédio comercial de um só andar, desinteressante, em uma rua secundária no Vale do Silício. Bicicletas vermelhas, verdes e amarelas usadas por funcionários do Google para irem de um campus a outro estão abandonadas em um cruzamento. Há poucos indícios de que esse pequeno prédio contenha um grupo de roboticistas, cientistas da computação e pesquisadores altamente qualificados tentando solucionar um problema muito difícil. Essa equipe está tentando replicar algo que muitas pessoas fazem diariamente, uma habilidade tão natural que a maioria mal pensa nela e acharia difícil explicar como a executa.

Dirigir um carro é tão corriqueiro que, na maioria das vezes, passa despercebido. Nós entramos, ligamos o motor, engatamos a marcha e partimos. Se temos passageiros, conseguimos conversar com eles sem diminuir a velocidade. Com exceção da neve, do gelo ou da neblina, que são mais traiçoeiros, condições diferentes dificilmente perturbam a maioria dos motoristas, e ruas desconhecidas e situações novas de tráfego trazem poucos problemas. Nós nos acostumamos rapidamente com nossos carros, mas somos mais do que capazes de pular para um carro diferente e dirigir por ruas desconhecidas.

Essas são as habilidades fluidas, intuitivas e altamente adaptáveis de motoristas humanos que a equipe dentro desse prédio está tentando replicar. Em todo o setor automotivo, cientistas estão tentando criar carros sem motorista que possam operar em qualquer lugar e sob quaisquer condições, uma meta conhecida como "autonomia nível cinco". Até agora, veículos-teste registraram muitos milhões de quilômetros e o progresso tem sido impressionante, mas tal funcionalidade permanece longe de ser alcançada e ainda não se sabe se é possível.

A aparente simplicidade de dirigir disfarça o fato de que é uma das tarefas mais complexas que os seres humanos executam. Os motoristas não apenas dirigem e navegam; eles estão constantemente executando atos de percepção, planejamento e previsão à medida que percebem o que está acontecendo ao redor deles na rua, o que outras pessoas (e não apenas outros motoristas) estão fazendo e o que pode acontecer em seguida. E nós executamos todas essas tarefas instintivamente, somos pessoas manobrando um grande pedaço de metal que se movimenta rapidamente e é uma extensão do nosso próprio corpo quando estamos no volante.

Dê uma espiada no porta-malas de um veículo autônomo e você verá quanto poder computacional ele exige; não há espaço para uma mala, nem mesmo para uma sacola de mantimentos. Um carro cheio de computadores é um bom lembrete da inteligência necessária para dirigir. Converse com os engenheiros dessa instalação no Vale do Silício por alguns minutos sobre o tamanho da missão em que estão envolvidos — um deles é um antigo roboticista da Nasa, que trabalhou na equipe da missão *Mars Exploration Rover* — e você começará a entender como os seres humanos são inteligentes e como é difícil imitá-los.

Mas qual é a natureza dessa inteligência? É difícil articular o que estamos fazendo enquanto dirigimos, e qualquer tentativa de explicar essas ações requer mais perguntas do que respostas. Veja essas instruções sobre o simples ato de ligar um carro escritas pelo RAC, uma organização automobilística do Reino Unido:

Coloque a chave na ignição e gire-a até o motor dar partida.
Pise no pedal da embreagem até o fim (é o pedal à esquerda).
Mova o câmbio para a primeira marcha.
Use seu pé direito para pressionar gentilmente o acelerador para aumentar de leve as rotações do motor.
Levante devagar o pedal da embreagem usando seu pé esquerdo até o carro começar a vibrar suavemente.
Solte o freio de mão e o carro deve começar a se mover lentamente.
Aumente a aceleração e, ao mesmo tempo, tire devagar o pé da embreagem até que você esteja movendo-se para frente.

Se você já sabe dirigir, essas instruções farão sentido; se não sabe, elas provavelmente não ajudarão muito. O mais provável é que, se um motorista novo seguisse esses comandos, ele aceleraria menos ou mais do que o necessário, jogaria o carro para a frente de forma brusca e desajeitada e o carro morreria. Essas instruções certamente são um lembrete útil das etapas necessárias e da ordem para executá-las, mas parecem irremediavelmente básicas quando se considera quantas ações individuais e repetições são necessárias para entrar em um carro e sair dirigindo.

Ninguém aprende a dirigir memorizando os procedimentos ou seguindo uma lista de instruções. Nós conseguimos dirigir não porque sabemos o que significa "levante devagar o pedal da embreagem usando seu pé esquerdo até o carro começar a vibrar"; nós conseguimos sair com o carro tranquilamente porque temos uma noção da suavidade com que devemos tirar o pé da embreagem e da pressão que devemos fazer no pedal do acelerador para evitar que o carro morra. E, conforme aprendemos, desenvolvemos rapidamente uma noção de como isso varia em diferentes superfícies ou inclinações de rua, adquirindo uma sensação intuitiva de como executar a ação, melhorando a experiência.

Começar a aprender a dirigir é difícil, porque estamos lidando com o que é conhecido como "conhecimento proposicional" — as etapas distintas traçadas pelo RAC. De início, movimentamos as engrenagens da mente, tentando lembrar em que ordem executar cada tarefa:

Pisar na embreagem, colocar a primeira marcha, um pouco de acelerador, soltar um pouco a embreagem, um pouco mais de acelerador.

Agora você está acelerando demais. Diminua um pouco o acelerador.

Você solta a embreagem rápido demais. Morre.

Tente novamente.

Esse ciclo de aprendizagem envolve o trabalho conjunto do cérebro e do corpo, conforme o corpo aprende a processar as sensações de como o carro responde às nossas ações. Em termos ligeiramente mais técnicos, o que está acontecendo é que as instruções ou proposições estão sendo traduzidas para o que é conhecido como "procedimentos sensório-motores", que podem ser executados efetivamente sem pensar. Enquanto o motorista continuar "pensando em voz alta" ao executar esses procedimentos, é um sinal de que ele ainda está aprendendo. "Somente quando não pensam em palavras no que estão fazendo", observa o antropólogo Maurice Bloch, "é que os motoristas são verdadeiros experts".

Ao longo do tempo, um motorista atinge alguma fluência em suas ações. Ele sabe quando precisa trocar a marcha pelo barulho do motor e fica familiarizado com as idiossincrasias do veículo. Consegue sentir quando está indo rápido demais, e seu pé passa do acelerador para o freio sem pensamento consciente. Ele pode agir sem pensar, ou, mais precisamente, sem pensar em pensar. Suas ações se tornam automáticas. Seu corpo, e não apenas seu cérebro, desenvolveu o conhecimento de como dirigir um carro.

Mas como ele entende e leva em conta outras pessoas na rua? Pense no motorista que, olhando para frente, vê uma pessoa indo para a rua. Ela está entrando no lugar do passageiro do carro estacionado à frente ou atravessando para o outro lado? O carro no cruzamento está esperando que prossigamos ou está prestes a sair andando? Os seres humanos interpretam essas situações sem muito pensar conscientemente, mas é bastante difícil construir uma máquina que possa entender cenários como esses.

Desenvolver veículos autônomos é mais do que programar ações, procedimentos e regras da rua em um computador; é um desafio para replicar uma habilidade que é altamente prática e adaptável e que também depende da nossa capacidade de processar um número enorme de sinais do ambiente que informam nossa compreensão do que está acontecendo e do que devemos fazer em seguida.

A aptidão humana de dirigir um carro e a dificuldade de construir veículos autônomos ilustram a premissa central deste livro: de que a nossa inteligência não surge apenas do nosso cérebro. Ela não é o mero produto do processamento pelo nosso cérebro de informações abstratas ou representações do mundo nem pode ser programada como um conjunto de regras ou proposições que nos permite pensar de determinadas maneiras ou realizar determinadas ações. Ao contrário, nossa compreensão do mundo surge a partir das interações do nosso corpo com percepções do mundo — e é por meio dessas interações que nosso corpo adquire conhecimento.

O conhecimento que geramos com o nosso corpo e que nele armazenamos é extremamente difícil de replicar por meio da computação. Se fôssemos capazes de reduzir o ato de dirigir a um conjunto de regras e procedimentos e se o mundo e seus motoristas fossem totalmente previsíveis, escrever algoritmos para veículos autônomos seria razoavelmente simples. No entanto, cada motorista e cada pedestre que encontramos não só são diferentes como são imprevisivelmente diferentes. Para complicar tudo ainda mais, nenhum cenário que um motorista confronta é sempre o mesmo que ele vivenciou anteriormente.

Dirigir é uma tarefa complexa, e mesmo assim a maioria das pessoas que se dispõe a aprender consegue adquirir e reter a aptidão. Elas podem não ser motoristas perfeitas, mas alcançam a capacidade de entender uma situação e avaliar o que é importante e qual pode ser a resposta apropriada. E elas fazem tudo isso sem pensar.

Somos capazes de lidar com a complexidade de dirigir utilizando nosso cérebro e nosso corpo em conjunto. Dirigir um carro é o principal exemplo do que chamo de "conhecimento incorporado": uma forma de conhecimento em que adquirimos entendimento prático e capacidade por meio de percepção ou experiência. Quando temos conhecimento incorporado sabemos instintivamente como agir. Como o termo sugere, não se trata de um conhecimento que reside em nosso cérebro, mas aquele que passa a habitar nosso corpo.

Neste livro, encontraremos conhecimento incorporado em todas as áreas da vida. Descobriremos como filósofos, neurocientistas, cientistas cognitivos, roboticistas e especialistas em inteligência artificial estão todos pegando carona na ideia de que o corpo é essencial para a formação e retenção de inteligência, uma visão incorporada de conhecimento que rejeita a ideia de que este apenas emerge da mente e nela reside. Ao contrário, essa perspectiva vê o próprio corpo como capaz de adquirir, reter e utilizar conhecimento. Quando percebemos como ele faz isso, podemos começar a entender que o corpo não é meramente um instrumento para transportar o cérebro, mas a fonte da nossa inteligência.

Tragam os corpos de volta!

Durante boa parte do século xx, uma escola de pensamento filosófico chamada fenomenologia buscou colocar o corpo no centro da nossa compreensão de como vivenciamos o mundo. Isso, por sua vez, encorajou disciplinas como a antropologia a encontrar novos modos de entender como o conhecimento cultural é adquirido e comunicado e como as aptidões são aprendidas. A crescente disciplina da neurociência, que pode a princípio parecer estar no campo "focado no cérebro", demonstrou a conexão indissolúvel entre cérebro e corpo. Por exemplo, experimentos demonstraram que conceitos abstratos são mais bem compreendidos quando acompanhados de experiências físicas. Recentemente psicólogos e cientistas cognitivos, especialmente aqueles que exploram as possibilidades de inteligência artificial, passaram a falar de "cognição incorporada": a ideia de que a mente deve ser entendida no contexto da sua relação com um corpo físico. O trabalho deles mostra que pensamos tanto com o nosso corpo como com o nosso cérebro. Relacionado a isso, a ideia de que usamos o mundo ao nosso redor como "estrutura de apoio" para o nosso pensamento foi amplamente aceita. Em *O poder de não pensar* explorarei essas teorias e a ciência por trás delas.

Neste livro, encontraremos pessoas que vêm colocando em prática esses princípios, desde desenvolvedores do Vale do Silício, que estão trocando *brainstorming* por *bodystorming* para demonstrar o funcionamento de tecnologias de ponta, até um embaixador que pega carona com caminhoneiros para entender como acontece o comércio sem atrito entre a Grã-Bretanha e a Europa. Encontraremos um trabalhador de uma instituição beneficente que colocou pessoas em uma "simulação de refugiados" no Fórum Econômico Mundial em Davos para ensiná-las sobre essa experiência. Descobriremos como arquitetos aprendem sobre envelhecimento ao colocarem seus corpos em vez de suas mentes para trabalhar. E, em um parque nacional na Califórnia, perto da fronteira com o México, encontraremos executivos acampando, uma imersão de uma semana no mundo de seus clientes.

Projetei e participei de várias das experiências que uso para contar a história de como as pessoas desenvolvem conhecimento incorporado. Ao longo da minha carreira em consultoria, acabei convencido de que devemos colocar a experiência no centro do modo como políticos, empresas globais e outras organizações entendem o mundo. Sou antropólogo e trabalho com muitas dessas organizações, e nos últimos anos tenho me concentrado em aplicar a teoria e a prática do conhecimento incorporado à maneira como meus clientes compreendem o mundo.

Fui treinado para depender não de conjuntos de dados em larga escala, mas da minha própria experiência, mergulhando no mundo de outras pessoas. Na metade da década de 1990, vivendo em residências no norte da Índia para explorar o impacto da chegada da televisão por satélite, vivenciei o forte constrangimento que as famílias sentiram quando *Baywatch* apareceu nas telas. Compartilhei do incômodo sentido pelas mulheres — que desviaram os olhos ou saíram da sala — quando Pamela Anderson veio correndo pela praia com o maiô vermelho que era sua marca registrada. Foi então que ficou evidente para mim que o mundo é vivenciado e manifestado por meio do corpo.

Minha carreira como antropólogo em consultoria também coincidiu com uma crescente dedicação das empresas ao *big data*. A análise de *big data* depende de milhões de pontos de dados originados de comportamentos de usuários e pegadas digitais, bem como de uma enorme capacidade computacional para entendê-los. Entusiastas do *big data* prometem percepções profundas de cada aspecto da nossa vida. Os grandes negócios e os formuladores de políticas apostaram alto em habilidades que têm tudo a ver com escala e objetividade, com a meta de produzir uma visão distanciada e racional do mundo. No entanto, ao mesmo tempo, a aplicação do campo relativamente esotérico da antropologia em empresas tem se expandido. Antropólogos trabalham em escala muito pequena, com tamanhos de amostras em dezenas e não em milhões, e sua principal ferramenta é o próprio corpo e as experiências que compartilham com as pessoas entre as quais vivem, em vez de *data lakes*, servidores e pensamento computacional.

Em vista disso, o resultado é o choque entre dois modos opostos e incompatíveis de entender o mundo: um é "da cabeça", de larga escala e objetivo, enquanto o outro é "do coração", de pequena escala e subjetivo. É fácil para os proponentes de uma visão descartar a outra, mas acredito que podemos fazer melhor uso dos dados quando incorporamos experiências que nos permitam entendê-los. Em outras palavras, já que usamos tanto o corpo como o cérebro para entender o mundo, embora tenhamos a tendência de focar no último e negligenciar o primeiro, é hora de restaurar algum equilíbrio.

Este livro nasceu da minha convicção de que é impossível conhecer o mundo apenas por meio de dados e, de forma mais positiva, de que nosso corpo é uma ferramenta imensamente poderosa para entender e dar sentido aos dados. Essa convicção é diretamente constituída pela minha experiência de trabalho com empresas — eu vi em primeira mão como os executivos tinham dificuldade para entender relatórios e dados abstratos e como a compreensão fica mais fácil quando eles se envolvem diretamente com o mundo de outras pessoas. Uma compreensão fundacional do mundo, derivada da experiência direta, permite-nos impregnar os números com significado e confiar em nossos julgamentos sobre o que eles nos dizem.

O mundo de acordo com o cérebro

Peça para qualquer pessoa indicar a parte do corpo responsável pela inteligência e bem provavelmente ela indicará a cabeça. É fácil entender essa premissa, dado que é isso que nos foi ensinado durante séculos. Chamamos pessoas inteligentes de "cabeça" e representações literárias e artísticas da inteligência normalmente contam a mesma história: é o que está entre as orelhas que conta. A inteligência, assim diz a história, reside no cérebro.

As ideias do filósofo do século XVII René Descartes normalmente são vistas como o ponto de partida para essa tendência de conceder ao cérebro preponderância em questões de inteligência. Sua conhecida frase "*cogito ergo sum*", ou "penso, logo existo", fez o ser (*sum*) condicional ao pensar (*cogito*); ele alegava que a mente apenas usa o corpo para receber dados e produzir resultados, e que o corpo pode enganar a mente. Essa visão dualística — o corpo tendo um papel coadjuvante em relação à mente, na melhor das hipóteses, e sendo um obstáculo ao pensamento racional, no pior cenário — continua exercendo forte influência hoje em dia.

Algo significativo que confirma essa importância da inteligência focada no cérebro é o modo como os computadores são equiparados a ele. Fazemos essa comparação desde o advento do leitor de cartões perfurados para computador, mas na verdade isso começou por volta da mesma época em que Descartes estava escrevendo, quando a ideia de que o nosso cérebro era parecido com um sistema hidráulico levou à teoria de que movimentos mecânicos precisos no cérebro tornavam possível o pensamento. Em seu livro *The Computer and the Brain* [O computador e o cérebro], o grande matemático John von Neumann atualizou essa comparação, fazendo muitos paralelos não apenas entre a maneira como cérebros e computadores são construídos, mas também como funcionam. Ele alegou que o sistema nervoso tinha a aparência de ser "digital".

A tradição ao longo da história entre os seres humanos é pensar na inteligência — e mais especificamente no cérebro — em termos das tecnologias mais avançadas de cada época. Por exemplo, a metáfora de "cérebro como telégrafo" surgiu com a chegada do primeiro telégrafo comercial nos anos 1830, mas, após o aparecimento de máquinas que podiam executar pensamentos lógicos, uma nova analogia se materializou: os primeiros computadores eram chamados de "cérebros eletrônicos". Dado que os computadores se tornaram poderosos, e levando em conta o complexo de superioridade da nossa espécie, não é de se surpreender que ainda comparemos nossa mente com essas máquinas.

No entanto, embora essa comparação seja tentadora, cérebros e computadores na verdade não são tão semelhantes. O cérebro não opera como um computador: ele não executa algoritmos nem tem memórias físicas, e não armazena e recupera informações da forma como se costumar pensar. O computador é uma máquina de calcular que trabalha de acordo com as representações simbólicas do mundo com as quais é alimentado, e segue as regras dos programas que está executando. É o que o cientista cognitivo Andy Clark chamou de "instrumento de raciocínio lógico desincorporado". Novos sistemas de informática, especialmente aqueles projetados para criar inteligência artificial, podem até empregar arquiteturas que imitam processos neurológicos, mas cérebros e computadores são, no geral, bem diferentes mesmo.

Quando você tira uma foto da comida no seu prato para colocar numa mídia social, ela é representada por uma sequência única de milhões de zeros e uns — e para um computador isso é tudo o que essa foto é. Ele não sabe nada sobre o cheiro da comida ou a experiência de prepará-la ou comê-la. Os computadores não são capazes de compreender o que esse prato de comida representa para mim ou para qualquer outra pessoa. A inteligência deles se baseia na manipulação de símbolos abstratos e não vai além; para o computador, esse prato de comida nada mais é do que uma porção de zeros e uns.

Compare isso às interações humanas com o mesmo prato de comida. Podemos usar nossos sentidos para saboreá-la, enquanto seu cheiro pode muito bem desencadear memórias, emoções e associações poderosas. Os seres humanos vivenciam essa refeição e atribuem significado a ela, significado esse que então podem comunicar ou compartilhar com outras pessoas. Nosso pensamento sobre a comida não é apenas cognição crua, mas o resultado de nossa experiência com ela e nossa capacidade de extrair significado dela.

Equiparar cérebros a computadores vem de um reducionismo que foi disseminado por muitos anos, porque o pensamento ocidental tendia a subestimar o papel do corpo e perpetuar a ideia de cérebros como máquinas de raciocínio lógico. No entanto, mesmo se a comparação entre inteligência humana e inteligência computacional fizesse sentido em termos de como cada uma opera, o que não faz, ela presume que a inteligência humana é unicamente um recurso do nosso cérebro, o que não é. Devemos desafiar esse saber compartilhado, embora possa parecer estranho.

O atual fascínio com a IA reflete a ideia de que racks de servidores que executam algoritmos podem reproduzir ou mesmo superar a inteligência humana. Essa ideia de que a inteligência reside unicamente em nosso cérebro é levada à sua conclusão lógica e quase cômica por start-ups como a Netcome, que recentemente passou a oferecer um serviço de upload do cérebro humano para uma nuvem. Isso dá seguimento a uma longa tradição de visionários do Vale do Silício e transumanistas como Ray Kurzweil, que sonham com cérebros humanos isolados de seus corpos e executados em simulações computadorizadas. A suposição é que o que está no cérebro constitui inteligência, mesmo quando isolado do corpo.

É hora de parar de negligenciar o papel do corpo na nossa aquisição de conhecimento e explorar como é que o cérebro e o corpo se unem para entregar o que consideramos como inteligência humana. Indo mais fundo, podemos até mesmo perguntar se a inteligência pode existir na ausência do corpo. Este livro explora as duas questões e demonstra que a inteligência é tanto corpórea quanto cerebral.

O zelador

Em 2016, a equipe da DeepMind, do Google, anunciou que a inteligência artificial havia ajudado a reduzir em 40% a conta de ar-condicionado em um dos seus vastos centros de dados. Alguns dos especialistas em aprendizado de máquina mais sofisticados do mundo, da equipe do programa AlphaGo, que ficou famoso por derrotar o campeão mundial Lee Sedol no antigo jogo de Go, utilizaram redes neurais para ajudar a prever a temperatura e o uso de energia futuros em um ambiente complexo e dinâmico.

Os centros de dados normalmente se localizam em lugares com clima fresco e úmido, como o noroeste do Pacífico americano. Foi no porão do prédio antigo de uma escola de ensino médio, no Oregon, que uma equipe da gigante de microprocessadores Intel ficou sabendo da história de um zelador que supervisionara uma série de dispositivos elétricos, pneumáticos e mecânicos que controlava a ventilação da escola. Esse zelador, como muitos de seus colegas em outras escolas do estado, cuidava do prédio há mais de uma década e conhecia as suas idiossincrasias — por que determinadas janelas não fechavam, quais radiadores precisavam ser drenados com mais frequência do que outros e quais torneiras eram propensas a vazamentos. Mas então algo mudou.

Em 2006, o sistema de escolas públicas de Portland instalou uma tecnologia que permitiria que alguém atrás de uma mesa soubesse o que estava acontecendo em quase oitenta escolas. O objetivo louvável dessa iniciativa era aumentar a eficiência do uso de energia e administrar custos. Sensores foram instalados e o controle sobre dados e relatórios de cada escola foi dado a administradores centralizados, que assumiram o comando dos sistemas das escolas. O zelador, uma figura simpática cujo trabalho ia além de administrar o sistema de aquecimento, não ficou contente em ser substituído por sensores de temperatura e monitores de uso de energia, e acabou se aposentando, cansado da impotência de seu novo cargo.

Tanto no centro de dados do Google como na escola, a computação estava sendo usada para monitorar e controlar um prédio. No entanto, enquanto o uso de energia e os custos administrativos no Google caíram, as contas da escola subiram: com crianças por perto deixando janelas abertas ou mexendo no termostato e prédios velhos e cheios de vazamento, o ambiente era muito diferente dos centros de dados de ponta do Google. Descobriu-se que era difícil substituir o zelador porque ele tinha exatamente o tipo de conhecimento que era perfeito para gerenciar esse prédio peculiar.

O mundo em que vivemos parece muito mais com o prédio da escola no Oregon do que com a fazenda de servidores do Google: é irregular, instável e tem um número significativo de variáveis em jogo, tornando difícil a sua redução a uma série de zeros e uns computáveis. No entanto, a ideia de que podemos desenvolver modelos precisos sobre o mundo se coletarmos dados suficientes continua a ganhar credibilidade. Vemos isso diariamente quando pedem que avaliemos nossa experiência em uma loja ou a segurança do aeroporto em uma escala de cinco pontos — nossas empresas são geridas por uma adesão cada vez maior aos dados e aos modelos e previsões que eles possibilitam.

Mais próximos à nossa realidade, dispositivos inteligentes medem muitos aspectos da nossa vida, incluindo sono, passos ou conexões sociais, fornecendo o que é normalmente apresentado como informações objetivas. As pessoas a quem os aplicativos de namoro nos conectam, as músicas que nossos serviços de streaming incluem em *playlists* e as recomendações que nossos aplicativos de compras fazem são todas o resultado de pensamento computacional ou algorítmico.

Em 1973, o sociólogo americano Daniel Bell popularizou o termo "sociedade pós-industrial" e previu a ascensão de uma "tecnologia intelectual" que, segundo ele, estaria situada ao lado das tecnologias emergentes da informação e da computação. O que ele estava antecipando era um modo de pensar e entender o mundo que correspondia à lógica da computação e era apoiada por ela. A sociedade, ele sugeriu, seria caracterizada pelo uso de dados para descrever o mundo, que serviriam de base para julgamentos. O vaticínio de Bell agora parece profético. A computação não forneceu apenas o poder de fogo para processar o mundo ao nosso redor; ela forneceu uma estrutura intelectual que alega ser capaz de mapear, modelar e entender o mundo.

O conto do zelador no Oregon é a história de dois tipos diferentes de conhecimento. Um é produzido por um conjunto de sensores distribuídos em um prédio e pela análise dos dados que eles produzem, enquanto o outro é uma forma de conhecimento adquirido ao longo do tempo ao aprender sobre um prédio como uma entidade viva, com peculiaridades que devem ser vivenciadas para serem entendidas. O sucesso do Google ao utilizar inteligência artificial para diminuir sua conta de energia deveu-se ao fato de que esses ambientes são projetados com um propósito. A abordagem semelhante, ainda que menos sofisticada do ponto de vista tecnológico, adotada nas escolas de Portland não deu certo porque esses prédios eram variados e imprevisíveis. O conhecimento incorporado que o zelador desenvolveu do seu prédio permitiu que ele cuidasse dos sistemas para manter tudo funcionando sem problemas. Esse entendimento foi adquirido por meio de um corpo que conseguia perceber alterações no ambiente e interagir com as caldeiras e sistemas de refrigeração e aquecimento. Seu conhecimento de como essas máquinas se comportavam, desenvolvido por meio da experiência, foi inestimável para que pudesse ajustá-las para produzir o resultado necessário. Seu entendimento do edifício escolar ia muito além dos dados relatados pelos sensores recém-instalados, o que fazia com que ele conseguisse desempenhar seu papel de forma única.

Corpos de conhecimento

Para destacar as diferenças entre um sistema escolar controlado por *big data* ou por um zelador, podemos seguir o filósofo Shaun Gallagher e comparar "cérebros em cubas" com "criaturas de carne e osso equipadas com corações pulsantes". Gallagher, autor do influente livro *How the Body Shapes the Mind* [Como o corpo modela a mente], quis diferenciar dois modos de pensamento sobre um cérebro. Um ponto de vista é o das 85 bilhões de células nervosas e dos 150 trilhões de conexões entre elas movendo-se rapidamente sem qualquer conexão com o mundo: uma máquina de calcular desincorporada. Um cérebro em uma cuba é um órgão poderoso desligado do mundo, que é incapaz de interagir com o ambiente.

O segundo ponto de vista reconhece que os cérebros humanos estão localizados em corpos que têm corações que pulsam, pernas que os movimentam pelo mundo e mãos que permitem que o manejem. Mais do que isso, esses corpos também têm habilidades sensoriais que lhes permitem vivenciar o mundo. O zelador é uma criatura de carne e osso que usa sua avaliação perceptiva do prédio e um entendimento acumulado de como ele funciona para administrá-lo. Dizer que sua inteligência está incorporada é afirmar o óbvio: o cérebro é parte do nosso corpo. A mente humana emerge de um cérebro que está localizado em uma cabeça que repousa sobre os ombros de um corpo que está no mundo em seu entorno e faz parte dele. O cérebro e o corpo trabalham juntos para que possamos entender o mundo: os sensores no nosso corpo nos ajudam a cheirar, sentir o gosto e ouvir o mundo ao nosso redor. Vale a pena tentar imaginar qual seria a inteligência do seu cérebro sem os seus cinco sentidos e um corpo — que informações ele poderia receber e que uso faria delas? Era essa experiência de pensamento a que Gallagher estava aludindo quando falou de cérebros em cubas.

Se estivermos de acordo com a ideia de que o corpo é parte integrante da nossa inteligência, é possível que isso também molde a maneira como pensamos, e que a inteligência possa ter uma dimensão corporal. O senso comum sobre o sorriso é que é uma expressão facial que surge quando estamos contentes, da mesma forma que costumamos pensar que trememos quando estamos com medo. No entanto, há indícios de que sorrir faz com que fiquemos contente e que, em vez de tremer porque estamos com medo, sentimos medo quando trememos. Se o movimento físico ou as sensações do corpo modelam como nos sentimos, também informam como retemos conhecimento. Com o passar do tempo e por meio da experiência, adquirimos conhecimento, e grande parte dele se torna incorporada.

Todos temos conhecimento incorporado; nós o usamos diariamente. Você já parou na frente de um caixa eletrônico e teve dificuldade para lembrar a senha, mas foi só digitar os números no ar para descobrir que afinal você consegue se lembrar deles? Você consegue preparar uma refeição com maestria sem seguir a receita e sem pensar no que está fazendo? Você consegue perceber o ânimo de uma multidão ou de um cômodo em uma festa? Ou já se pegou dizendo, ao ser confrontado com uma decisão difícil, "Meu corpo está me dizendo que..."? Se você respondeu "sim" a qualquer uma dessas perguntas, é porque você tem um corpo. É porque seu cérebro não é uma coleção de neurônios em uma cuba, mas está conectado a um corpo tátil, móvel e cheio de sensores que pode se movimentar e vivenciar o mundo. E nenhuma dessas exibições de inteligência, memória, aquisição de conhecimento ou criação de sentido seria possível se o cérebro não fosse parte do corpo.

Temos a tendência de pensar que devemos a nossa inteligência ao que está acima e não abaixo dos nossos ombros. O título deste livro, *O poder de não pensar*, reflete o fato de que, quando nosso corpo entende o ambiente que o cerca e sabe como responder a ele, faz isso sem instrução consciente do cérebro. Também serve como lembrete de que experiências viscerais do mundo são essenciais para o entendermos e nem sempre exigem que usemos nossa mente de forma consciente. Em uma época em que somos levados a acreditar que dados são tudo e que a IA é o futuro, a ideia de conhecimento incorporado é um alerta de que a inteligência depende de um corpo que dá sentido ao mundo.

No entanto, este não é um livro que incita a ignorar o cérebro ou trocar nossa fascinação por ele pelo simples foco no corpo; ao contrário, é um apelo para reequilibrar nosso entendimento de onde vem a inteligência e onde ela reside. Espero que, ao colocar o foco de volta no corpo, possamos entender melhor qual o seu papel na contribuição para aquilo que nos torna humanos.

O poder de não pensar explora os limites do conhecimento que prioriza o cérebro e o entendimento frequentemente limitado do mundo que produz, antes de propor um ponto de partida alternativo para entender a inteligência: o corpo. Descobriremos por que é uma boa ideia aprender com o corpo e confiar nele e no que ele sente e sabe.

Na **Parte Um** exploraremos como a mente passou a dominar nossa visão de inteligência e conhecimento. Aprenderemos sobre a filosofia que primeiro diferenciou a mente do corpo e entenderemos como a mente passou a ser entendida como o lugar da razão e da inteligência. Exploraremos como essa perspectiva se manifestou na "tecnologia intelectual" do mundo moderno, um modo de pensar que encoraja desvinculação, abstração e preponderância da razão sobre o sentimento. Aprenderemos como essa ideia ganhou expressão no mundo moderno por meio de GPS, *big data* e educação, todos eles determinando como vivenciamos e entendemos o mundo, e então delinearei as consequências dessa abordagem que prioriza a mente.

A **Parte Dois** explica como o corpo é essencial para o modo como adquirimos entendimento e explora as qualidades únicas do conhecimento incorporado:

Observação. Adquirimos conhecimento por meio de imersão e imitação.
Prática. O corpo aprende habilidades por meio de execução repetida.
Improvisação. O conhecimento incorporado é prático, o que nos permite lidar com o desconhecido.

Empatia. É por meio do nosso corpo que entendemos as intenções, as emoções e os sentimentos das outras pessoas.

Retenção. Nosso corpo retém e pode evocar o conhecimento.

A **Parte Três** mostra o conhecimento incorporado em ação, em empresas, políticas, projetos e nos campos de IA e robótica. Veremos primeiro como as empresas e as equipes de gestão prosperam quando se concentram na aquisição de conhecimento incorporado por experiência em vez de ficarem obcecadas com *big data*. Descobriremos então como formuladores de políticas estão utilizando abordagens incorporadas para entender os fatores que impulsionam o populismo e as questões globais, como a crise de refugiados. A forma do nosso mundo é definida por meio dos produtos e experiências que encontramos todos os dias, e no terceiro capítulo desta parte saberemos como o conhecimento incorporado se desenvolve em empreendimentos criativos e de projeto. Finalmente, veremos como a teoria do conhecimento incorporado informa o progresso da inteligência artificial e dos robôs.

Recuperando a razão

Somos convidados a ignorar experiência, instinto e intuição em favor de dados quantitativos em muitas áreas da vida, com base no fato de que os primeiros são apenas "sentimentos", enquanto os últimos têm uma objetividade contra a qual não há argumentos. Fomos levados a pensar que conhecimento "computável" é mais confiável e seguro e tem menos probabilidade de nos enganar do que o conhecimento que obtemos das nossas próprias experiências do mundo. Da mesma forma, tentamos controlar nossos sentidos, emoções e sentimentos.

A ascensão da computação deu suporte e reforçou essa tendência. É lamentável que, no momento em que a inteligência artificial está dominando as manchetes, nossa confiança naquilo que é especial acerca da inteligência da nossa própria espécie está se esvaindo. O conhecimento incorporado é o que nos separa da inteligência artificial que cada vez mais define como as nossas vidas são vividas — é a nossa vantagem competitiva.

Espero que, após ler este livro, você entenda melhor o que é conhecimento incorporado e como nós o utilizamos em quase todos os aspectos da vida. Não estou sugerindo que ele seja uma varinha mágica que resolve tudo — o antídoto ao *big data*, racionalismo frio e reducionismo —, mas espero que, ao fixar o conceito e mostrá-lo em ação, possamos aprender a confiar naquilo que conhecemos por meio da nossa experiência do mundo.

Se há uma única mensagem prática a ser tirada deste livro é que nós devemos dar mais crédito ao corpo como recurso para entender o mundo. Isso significa um modo mais prático e engajado de "aprender fazendo", em vez de aprender com distanciamento racional.

Quanto mais ativamente desenvolvermos o conhecimento incorporado, melhor estaremos equipados para lidar com a incerteza e tomar boas decisões com base em um entendimento empático do mundo. É hora de reconhecer que a forma como sabemos, pensamos e sentimos emerge das interações entre nossas mentes, corpos, ambientes e experiências. Devemos reconhecer e explorar as vantagens que o conhecimento incorporado nos proporciona e nos alegrar por sermos humanos.

Parte 1

A ascendência da mente

Capítulo 1

A filha mecânica de Descartes

"Quase parece que os computadores foram projetados para que nós ficássemos mais semelhantes a eles."
BRIAN CHRISTIAN

Navegando da Holanda para a Suécia em mares agitados, o capitão de um navio fez uma descoberta. Em uma das cabines ele encontrou uma boneca realista "diabólica", na forma de uma menininha. Um relato informa que, acreditando que ela fosse responsável pelo mau tempo que a tripulação estava enfrentando, o capitão instruiu que a jogassem ao mar. De acordo com a lenda, a boneca, ou autômato, pertencia ao filósofo do século XVII René Descartes, que era passageiro da embarcação.

Embora haja apenas uma breve menção ao episódio em um livro publicado em 1699, quase quatro décadas após a morte de Descartes, a história foi recontada ao longo dos séculos. Os detalhes da história mudam a cada versão, mas a maioria começa com fatos incontestáveis. Descartes teve uma filha chamada Francine com uma empregada da casa de um vendedor de livros em Amsterdã, onde ele morava na época. Essa filha morreu de escarlatina ainda pequena, em 1640, e Descartes foi de navio para a Suécia, onde mais tarde morreu de pneumonia.

No entanto, esses fatos básicos estabelecidos, a história ganha vida própria a cada reformulação. Em alguns relatos, a boneca é de vidro, enquanto em outros é de madeira. Alguns mencionam sua habilidade de falar, e outros dizem que ela se mexia. Uma versão menciona um "autômato loiro e bonito [...] descoberto em um caixote a bordo de um navio e jogado ao mar pelo capitão, horrorizado pela aparente bruxaria". Embora a filha de Descartes, Francine, e sua morte trágica e precoce fossem reais, não há provas de que ele construiu um autômato conforme descrito ao longo dos séculos seguintes, ou de que essa criação estava nesse barco.

Dispositivos e brinquedos mecânicos como esse despertavam curiosidade e estavam na moda naquele momento da história. Na Europa dos séculos XVII e XVIII, autômatos decorativos e horológicos eram onipresentes em jardins e igrejas. Modelos anatômicos e astronômicos, relógios d'água e animais mecânicos divertidos eram tendência entre as classes intelectuais e abastadas. Reputava-se que o próprio Descartes havia projetado, mas nunca construído, um homem que dançava, um spaniel que podia perseguir um faisão e um pombo que voava. Os autômatos divertiam e traziam vida aos jardins e casas, mas eram mais do que apenas brinquedos nos salões e casas de verão dos ricos; esses objetos mecânicos incorporavam o pensamento mecanicista da época.

Na Europa do século XVII, ideias sobre como o universo e os corpos funcionavam eram dominadas por explicações mecânicas. A operação do universo e o movimento dos planetas eram explicados por princípios mecânicos. Muitas referências foram feitas ao universo do mecanismo de relógio, e considerava-se que os corpos operavam de acordo com os mesmos princípios das máquinas. Os autômatos se mexiam porque eram alimentados por forças externas, água no caso de ornamentos de jardim, ou mecanismo de relógio em animais mecânicos.

O pensamento anatômico e filosófico da época sugeria que corpos naturais também se movimentavam apenas quando eram instruídos por uma força externa. O corpo humano agia apenas porque tinha uma alma que direcionava a mente, que, por sua vez, comandava o corpo. Descartes apresentou esse argumento no seu *O mundo — O homem*:

> Gostaria que vocês considerassem que essas funções (incluindo paixão, memória e imaginação) decorrem do mero arranjo de cada pedaço dos órgãos da máquina de forma tão natural quanto os movimentos de um relógio ou de outro autômato decorrem do arranjo de seus contrapesos e maquinaria.

Descartes era visto com desconfiança pela Igreja porque ele buscava fornecer explicações não místicas e se baseava em explicações mecanicistas, que comparavam máquinas e corpos. Da forma como ele via, as ações de ambos eram executadas de acordo com a instrução de forças inteligentes. No caso de um autômato como sua filha mecânica, essa força era um mecanismo de relógio complexo, enquanto um corpo humano era instruído por sua mente.

O fantasma na máquina

Descartes fazia uma distinção entre duas "substâncias" que constituíam os seres humanos. De um lado, ele sugeria, há a alma ou mente pensante ativa e imaterial e, de outro, há o corpo passivo, não pensante e material. É a mente, ele argumentava, que anima o corpo mecânico e sem vida, e essa é a fonte do nosso intelecto. O corpo, por outro lado, é carne e osso sem vida e não tem inteligência própria. Ele apenas consegue fazer o que lhe é instruído pela mente, da mesma forma como brinquedos de mecanismo de relógio apenas conseguem operar quando seus proprietários dão corda neles.

A distinção entre mente e corpo — conhecida como dualismo cartesiano — ecoou ao longo dos séculos. A ideia de que temos corpo e alma que são distintos e que nossa alma imortal perdura além da morte do nosso corpo é importante na fé cristã. A expressão "fantasma na máquina" é outro vestígio desse dualismo. Originária da filosofia, mas agora parte da ficção científica, refere-se à ideia de consciência ou da alma contida em um corpo físico, estabelecendo ainda a ideia de que as atividades mental e física podem ser simultâneas, e mesmo assim bastante separadas. A divisão entre o papel de mente e corpo é frequentemente invocada em personagens da cultura popular, como o Pinóquio, ou no filme *Manequim*.

No entanto, a perspectiva de Descartes sobre a divisão mente-corpo ia além da afirmação de que eles são entidades separadas e diferenciáveis e corroborava seu relato do papel que cada um tem no nosso entendimento do mundo. Na segunda das suas *Meditações*, ele sugere que a percepção e o pensamento não têm nenhuma conexão com o nosso corpo e descarta completamente o corpo como fonte de conhecimento. Ele reconhecia que a mente e o corpo interagem, mas sugeriu que nossos sentidos corporais têm a capacidade de nos enganar. Descartes usa o exemplo de uma torre redonda que acreditamos ver no horizonte. Podemos de fato estar corretos em pensar que é redonda, mas talvez nossos olhos estejam nos enganando e ela pode ser quadrada. É apenas por meio da matemática e da geometria, propõe Descartes, que podemos revelar sua verdadeira natureza. Fazemos matemática com nossa mente, não com nosso corpo, argumenta Descartes, então é na nossa mente que devemos confiar como responsável por um entendimento correto do mundo.

Descartes realmente teve uma filha, mas não há provas de que ele alguma vez tenha tido uma versão robótica dela. Quando a história da sua mítica filha mecânica foi relatada pela primeira vez em 1699, era "apenas um conto de duas frases com um significado claro e simples, uma tentativa por um cartesiano possivelmente fictício de apagar a existência de Francine Descartes, substituindo-a por uma máquina". Em outras palavras, a história era um meio de salvar a reputação de alguém que havia tido uma filha ilegítima, o que teria sido considerado bastante escandaloso na época — um *doppelgänger*[3] para despistar seus críticos. No entanto, relatos subsequentes da história apresentaram interpretações diferentes, sendo uma delas a de que ele fez o autômato para ajudá-lo a lidar com a morte da sua filha verdadeira. Em seu livro de 1791, *Curiosities of Literature* [Curiosidades da literatura], Isaac Disraeli, pai do futuro primeiro-ministro britânico Benjamin, apresentou "*The Wooden Daughter of Descartes*" [A filha de madeira de Descartes] e sugeriu que a boneca era a ten-

---

3 Na cultura popular e na literatura, um *doppelgänger* refere-se a uma entidade que é idêntica a uma pessoa real, frequentemente vista como um presságio de má sorte ou um presságio de que a pessoa em questão encontrará seu próprio destino de forma sinistra. (N. E.)

tativa do filósofo de provar que "bestas não têm alma, e elas são apenas máquinas".

A história tornou-se uma fábula intelectual e seu significado expandiu-se com cada versão, e cada novo relato dirigia-se aos interesses de seu público e revelava seus preconceitos. Ao longo dos anos, o autômato de Descartes foi representado como uma linda morena, como Ava no filme *Ex_Machina: Instinto artificial*, de 2015, encaixando-se em uma representação cada vez mais comum de autômatos projetados para oferecer visões sedutoras de um possível futuro robótico. No entanto, o crescimento das referências à história está direcionado a outros interesses. Recentemente, com o surgimento da inteligência artificial e a convergência de tecnologias biológicas e digitais, a história da filha de Descartes vem repercutindo à luz dos dilemas práticos, morais e sociais que surgem com esses desenvolvimentos. Filmes como *Blade Runner — O caçador de androides*, *O Exterminador do Futuro* e *Ela* exploram questões de sensibilidade de máquinas e a relação entre mente e corpo. Em *Blade Runner*, Harrison Ford faz o papel de Rick Deckard, cujo trabalho é avaliar se replicantes precisam ser mortos ou "aposentados", uma tarefa que ele executa com a ajuda de um teste de empatia: resgatar uma tartaruga abandonada com o casco para baixo é um sinal de emoção que distingue seres humanos de replicantes.

O mito da filha mecânica de Descartes é uma das primeiras histórias de ficção científica que lhe dá o papel tanto de filósofo como de Dr. Frankenstein original, o criador de um autômato assustador. Entretanto, também ilustra o surgimento de um conjunto específico de ideias sobre a relação entre mente e corpo que teve um impacto profundo no modo como vemos o conhecimento.

O que é conhecido como o *cogito* de Descartes — "penso, logo existo" — é talvez a frase mais famosa na filosofia ocidental e expressa uma clara distinção entre mente e corpo. Ela afirma que podemos saber da nossa própria existência porque podemos pensar. Com essas palavras, o pensamento torna-se uma característica que define a nossa separação dos animais. O pensamento leva ao conhecimento, e é a partir dessa ideia cartesiana básica que se seguiram três pontos de vista adicionais, todos eles com teorias profundamente substanciadas nas quais o papel do corpo no conhecimento é considerado secundário.

A primeira dessas ideias é que nosso corpo pode ser complexo, mas fundamentalmente não é mais inteligente do que os brinquedos mecânicos da época de Descartes. Na visão dele, os corpos humanos dependem de uma mente inteligente para instrução e animação — assim como um brinquedo mecânico precisa de corda, um corpo precisa de uma mente para guiá-lo. O corpo não contribui ativamente para a nossa inteligência, ele é mero instrumento para nos transportar pelo mundo.

Em segundo lugar, esse dualismo mente-corpo envolve a ideia de que o papel do corpo na aquisição de conhecimento deve ser limitado porque nossos sentidos corporais dão informações incorretas e enganam. Conhecimento confiável, sugere Descartes, apenas está disponível para nós quando colocamos nossas emoções de lado e aplicamos nossa mente. Ao apresentar esse argumento, ele estava lançando as bases para séculos de desconfiança do nosso corpo como fonte de entendimento.

Em terceiro lugar, a distinção mente-corpo de Descartes sugere que a mente existe independentemente do corpo onde está localizada. A posição elevada da mente acima do corpo dá a ela um ponto de vantagem objetiva a partir do qual, ele sugere, devemos ver e entender o mundo. Como diz o sociólogo William Davies, Descartes via a mente como "um observatório, por meio do qual o mundo físico — do qual está separado e difere — pode ser inspecionado e criticado". Na visão de Descartes, a mente é o que nos permite construir representações corretas do mundo.

Consideradas em conjunto, essas três ideias estabelecem uma divisão muito nítida e duradoura entre mente e corpo. A mente é superior, é a fonte motivadora de conhecimento e verdade, enquanto o corpo é, na melhor das hipóteses, instrumento de transporte e, no pior cenário, fonte de decepção sensorial.

O legado de Descartes

Descartes viveu em uma época em que grandes cientistas como Galileu estavam forçando um novo pensamento sobre a nossa posição no universo, e Descartes foi fundamental para essa mudança. No entanto, ele viu que a teoria de Galileu de que a Terra girava em torno do Sol havia enfurecido a poderosa Igreja católica, de forma que suspendeu a publicação de textos nos quais trazia ideias semelhantes. Seu trabalho envolvia não apenas anatomia, matemática e geometria, mas também a teoria e prática da ciência. Ele buscou basear seu conhecimento em experiência *e* em experimento. Para ele, a razão era essencial para o desenvolvimento do conhecimento, uma posição que resultou na sua contribuição para o estabelecimento da ciência como um processo de coleta e análise de dados. Esse novo método científico foi essencial para o Iluminismo, o período do discurso científico, político e filosófico rigoroso que caracterizou a sociedade europeia durante o século XVIII.

Essa "era da razão", como ficou conhecida, foi um período de exploração, invenção e saltos tecnológicos e representou uma mudança no modo como as pessoas pensavam sobre conhecimento e como este pode ser obtido. Também viu o florescimento do método científico como é entendido hoje, um método que reivindica o conhecimento objetivo como sua meta e procede por meio da falseabilidade. Os métodos, ideias e invenções do Iluminismo lançaram as bases para o mundo moderno, um mundo de "alta tecnologia, física matemática, calculadoras e robôs, biologia molecular e engenharia genética". O resultado é que, conforme escreve Richard Wilson, "o mundo é completamente cartesiano".

Essa era da razão confirmou que a mente é o meio para se obter conhecimento; a filosofia de Descartes não apenas despreza o corpo como também é ativamente contrária a ele, uma vez que, alega Descartes, razão e certeza vêm da desvinculação física e do domínio sobre nossos sentidos. Como ele era um gênio matemático, talvez seja natural que tenha optado por representar o mundo por meio de modelos, para que o mundo pudesse ser visualizado de novas maneiras. Com essas novas representações, o mundo poderia ser controlado, explorado e dominado.

É por isso que o dualismo mente-corpo de Descartes é importante e não é apenas uma ideia esotérica do século XVII. Sua visão sobre os diferentes papéis da mente e do corpo na maneira como entendemos o mundo deixou um legado duradouro. Vivemos em um mundo que santifica o cérebro. Modos "centrados no cérebro" de pensar sobre inteligência são comuns — quando nosso raciocínio precisa de um impulso, "pegamos o cérebro de alguém"[4] e damos o crédito às pessoas como sendo "o cérebro por trás das coisas". Como o escritor científico George Zarkadakis observa, estamos vivendo no "século do cérebro". É só considerar o surgimento da neurociência e o nosso fascínio por tecnologias como escaneamento cerebral por fMRI e sua aplicação em campos não clínicos como marketing para ver como nos apegamos a um modelo cortical de inteligência.

Outra dimensão do legado de Descartes é que a aquisição de conhecimento passou a ser vista como um exercício de coleta de dados e seu processamento pelo cérebro. Isso levou a uma visão cognitiva da inteligência, na qual entender o mundo envolve coleta, processamento, cálculo e análise de dados. É uma visão que pressupõe que a inteligência envolva um conjunto de representações mentais (proposições, imagens, fatos ou símbolos matemáticos) e um conjunto de processos racionais que operam sobre elas. Essas ideias tiveram um impacto profundo em teorias subsequentes de conhecimento, uma vez que levaram a tentativas de reproduzir mecanicamente os processos cognitivos da mente. Com o surgimento de máquinas de "pensamento" veio a amplificação de ideias específicas sobre o que é responsável pela nossa inteligência.

---

4 Tradução literal de "*pick someone's brain*", que neste contexto poderia ser traduzido por "conversamos com quem entende do assunto". Optamos pela tradução literal para manter a palavra "cérebro", que dá suporte ao argumento do autor. (N.E.)

Automatização do pensamento

Como produto do seu tempo, Descartes não era o único pensador com novas ideias sobre seres humanos e a operação do universo. Seu compatriota e contemporâneo francês Blaise Pascal era um matemático, físico, inventor e teólogo que começou a construir máquinas de calcular quando era adolescente para ajudar o pai, um cobrador de impostos. Após testar mais de cinquenta protótipos, ele aperfeiçoou sua primeira *"machine d'arithmétique"*, que ficou conhecida como Pascaline. Ela conseguia somar e subtrair dois números, além de multiplicar e dividir. Em 1649, o Rei Luís XIV deu a Pascal um privilégio real (semelhante a uma patente) que lhe concedia o direito exclusivo de projetar e fabricar essas máquinas; pouco mais de vinte anos depois, o matemático alemão Gottfried Leibniz produziu uma máquina de calcular com algumas semelhanças à de Pascal, embora não esteja claro se ele alguma vez viu o dispositivo do francês. Essas não foram as primeiras máquinas de calcular do mundo, que surgiram na China, mas foram as primeiras máquinas mecânicas.

Uma série de matemáticos, filósofos e cientistas trabalharam no desenvolvimento e aperfeiçoamento dessas máquinas durante o século XVIII, mas houve um avanço em 1822 quando o matemático inglês Charles Babbage desenvolveu sua "máquina diferencial". Esse dispositivo era diferente das máquinas que o precederam porque podia usar os resultados de um cálculo anterior em um cálculo subsequente: o nível seguinte de complexidade aritmética mecanizada havia sido atingido. Doze anos depois, Babbage começou a projetar sua Máquina Analítica, que podia usar cartões perfurados para ler dados. Ela se tornaria o modelo para os computadores mainframes do tamanho de uma sala do início do século XX que, por sua vez, anteciparam os computadores da era moderna.

No entanto, foi Augusta Lovelace, mais comumente conhecida como Ada, filha do poeta Lord Byron, quem conseguiu ver o potencial dessas máquinas. Ela desenvolveu um relacionamento profissional estreito com Babbage, que a chamava de "Encantadora de Números", e deu dois grandes saltos que levaram à ideia de que o pensamento poderia ser automatizado. Seu primeiro insight foi que a Máquina

Analítica, o computador mecânico de propósito geral proposto por Babbage, "poderia atuar sobre outras coisas além de números, se fossem encontrados objetos cujas relações fundamentais mútuas pudessem ser expressas pelas relações da ciência abstrata das operações". Em outras palavras, se um problema ou suas partes constitutivas fossem expressos em uma notação adequada, a máquina poderia resolvê-lo. Como diz o historiador da computação Doron Swade:

> O que Lovelace viu foi que números poderiam representar entidades além da quantidade. Assim, quando você tivesse uma máquina para manipular números, se esses números representassem outras coisas, letras, notas musicais, a máquina então poderia manipular símbolos dos quais o número fosse uma instância, de acordo com as regras. É essa transição fundamental de uma máquina que tritura números para uma máquina que manipula símbolos de acordo com regras que é a transição fundamental de cálculo para computação — para computação de propósito geral.

A segunda contribuição de Lovelace foi a ideia de que, como a mente, um computador poderia ser responsável por atos além daqueles que haviam sido programados para executar. Suponha, ela escreveu, que a ciência da harmonia e a composição musical pudessem ser expressas em alguma forma matemática, então "a máquina poderia compor peças elaboradas e científicas de música de qualquer nível de complexidade ou extensão". Em uma única passagem, ela traça o desafio para matemáticos e cientistas da computação do futuro criarem uma mente que possa pensar e ser responsável por seus próprios atos criativos, musicais ou não.

Lovelace dá nome a um prêmio anual para realizações de mulheres em ciência, tecnologia, engenharia e matemática, e foi a primeira cientista da computação. Ela está no topo de uma longa linha de inventores e pensadores cujo trabalho levou à ambição de automatizar pensamento e raciocínio. Essa linha flui de patos mecânicos e filhas mecânicas, via Babbage e Lovelace, para computadores mainframes, *big data* e inteligência artificial. Todas essas inovações dependem da distinção entre mente e corpo e o surgimento da ideia de que inteligência é característica da mente ou de entidades "semelhantes à mente".

Comece com a ideia de que representações abstratas são processadas na mente e então prossiga para reproduzi-la e mecanizá-la: após ter conseguido isso, a lógica assim sugere, você terá criado uma inteligência mecânica. Se a inteligência pode ser mecanizada à medida que máquinas e computadores se tornam mais poderosos, essa inteligência pode ficar mais rápida e formidável, e o campo da própria inteligência pode ser estendido. A era da informação seguiu essa lógica, que anima cientistas da computação, em especial aqueles que trabalham com inteligência artificial.

A mudança das primeiras máquinas de calcular mecânicas para a promessa de máquinas que podem "pensar" por elas mesmas e a reprodução de inteligência em nível humano, conhecida como inteligência geral artificial, são baseadas na ideia de que a inteligência surge da mente, cujas operações representam uma forma de puro processamento de informações. Quando visto nesses termos, o corpo no qual o processador está localizado tem um papel pequeno, ou nenhum papel, nessa forma "superior" de inteligência, e é descartado como subsidiário.

No entanto, como veremos ao longo deste livro, essa ideia está sendo questionada. Nosso corpo não é apenas uma entidade sem vida dirigida pela mente como os primeiros filósofos modernos alegaram; sua influência é muito mais profunda. O corpo é no mínimo parceiro equivalente na nossa inteligência e tem um papel central na nossa aquisição de conhecimento. No próximo capítulo, exploraremos a teoria computacional da mente em mais detalhes e veremos aonde ela nos levou: essa teoria modelou a natureza da experiência diária bem como a maneira como empresas e países funcionam, e nem sempre de modo positivo.

Capítulo 2

A medida do mundo

"Para nós, o mapa parece mais real do que a terra."
D. H. LAWRENCE

Mapeando o mundo

Em seu best-seller *A medida do mundo*, de 2005, o romancista alemão Daniel Kehlmann contou a história de duas figuras lendárias no mundo da descoberta científica e matemática, entrelaçando as vidas de Alexander von Humboldt e Carl Friedrich Gauss. Enquanto Gauss era matemático e físico, Humboldt era um polímata que levou uma vida cheia e movimentada. Nascido na pequena nobreza prussiana, ele publicou artigos em jornais científicos quando era adolescente; deve ter sido um desafio para ele manter-se ocupado em casa, da qual ele zombava chamando-a de "Castelo do Aborrecimento". Talento precoce, ele concluiu um curso acadêmico de três anos sobre mineração em apenas oito meses e rapidamente tornou-se um inspetor de minas com deveres adicionais no corpo diplomático. Foi a morte da sua mãe quando ele tinha pouco mais de vinte anos e a subsequente herança que ela deixou que lhe permitiram aventurar-se em uma exploração de cinco anos pela América do Sul entre 1799 e 1804 com o botânico francês Aimé Bonpland.

Dizia-se que Humboldt foi o último homem a saber de tudo. Ao subir o rio Orinoco em um barco de doze metros cheio de instrumentos científicos e jaulas de animais, escalar picos e descer em vulcões, ele media tudo — ângulos, alturas, pressões, fluxos, distâncias e temperaturas. Ele acreditava que um universo ordenado podia ser mapeado com precisão, e a ciência humboldtiana refere-se ao uso de instrumentos para realizar medições cuidadosas de fenômenos interconectados. Os dados eram, para ele, a base de todo o entendimento científico, e de vários modos Humboldt incorporou a era da razão ao buscar desvincular o mito da razão.

Humboldt, geógrafo, naturalista e explorador, fez muitas descobertas. Ele observou a diminuição em intensidade do campo magnético da Terra conforme uma pessoa se move em direção ao equador, e há numerosas espécies (incluindo o pinguim-de-humboldt), correntes marítimas, geleiras, rios e montanhas que levam seu nome. Humboldt também foi um homem de mapas e fez contribuições significativas para o mapeamento da Nova Espanha, os territórios espanhóis na América do Sul e Central. Enquanto estava na região, dedicou tempo a realizar um censo das populações indígenas e coloniais desses territórios e também a traçar seus padrões de comércio.

Em seu fascínio por mapeamento, Humboldt foi discípulo de Descartes, já que foi o francês quem havia desenvolvido o sistema de coordenadas que permitiria que o mundo fosse traduzido em um sistema de números. Esse sistema é a base de muito do mundo moderno, desde os esforços de exploradores e cientistas como Humboldt até o aplicativo do Google Maps que roda no smartphone que está no seu bolso.

Descartes costumava acordar tarde e, em uma manhã, deitado na cama, ficou intrigado com uma mosca em seu quarto. Imaginou se seria possível traçar sua trajetória e percebeu que, se espelhasse a forma do seu quarto com dois eixos perpendiculares em forma de L, poderia usar um canto do quarto como ponto de referência fixo. Qualquer ponto naquele gráfico, ele argumentou, poderia ser representado por dois números expressando a distância para cima ou para baixo ou para a esquerda ou para a direita de onde a mosca estava localizada. Um conjunto de números poderia ser usado para marcar a posição da mosca e uma sequência de números permitiria uma descrição da sua movimentação pelo espaço. Descartes publicou *La Géométrie* [A geometria] em 1637, um trabalho que descrevia essa e outras descobertas que permitiram que aquilo que não poderia ser fisicamente construído ou facilmente imaginado recebesse uma expressão numérica pela primeira vez. Acabara de ser criado o que ficou conhecido como geometria cartesiana ou de coordenadas, permitindo que o mundo visual e espacial fosse mapeado de uma forma que podia ser facilmente comunicada. Com a ajuda de matemáticos, o mundo agora podia ser mapeado.

Não é de surpreender que Descartes empresta seu nome a uma grande empresa canadense que produz um software de logística que ajuda a manter as cadeias de fornecimento *just-in-time* bem equilibradas, deixando as prateleiras das lojas abastecidas e garantindo que as fábricas tenham as peças de que precisam — tudo isso depende do mapeamento que a geometria de Descartes permite. Muitos sistemas do nosso dia a dia, em grande parte invisíveis, baseiam-se em uma rede de trinta e um satélites que formam o Sistema de Posicionamento Global (GPS), que pode descrever uma localização com precisão de metros. Essa tecnologia pode rastrear onde a fruta que sai da fazenda e vai para a loja está ao longo do percurso, e pode otimizar as rotas que os veículos de entrega fazem para garantir a sua chegada eficiente e dentro do prazo. E tudo isso depende do sistema de coordenadas que a compreensão da geometria e da álgebra de Descartes tornou possível.

O GPS foi originalmente desenvolvido pelos militares dos Estados Unidos, mas foi disponibilizado para uso civil nos anos 1990 e hoje pode ser encontrado em um conjunto desconcertante de tecnologias do dia a dia. É usado para rastrear frotas de carros e caminhões, sustenta a telefonia celular e pode ser usado para adicionar informações de localização em objetos como fotos. Também alimenta jogos em telefones móveis que exigem localização, mas a aplicação mais óbvia está nas ferramentas de navegação que usamos na nossa vida diária — desde sistemas de navegação por satélite em carros até aplicativos que ajudam na locomoção pelas cidades informando a melhor rota para ir do ponto A ao ponto B.

Ande por qualquer ambiente urbano hoje em dia e você verá pessoas imersas no brilho da tela de seus smartphones. Com a cabeça baixa, os pedestres checam se não perderam onde deviam virar. Às vezes é difícil lembrar como era navegar com um mapa ou marcar encontros com amigos antes dos smartphones; ainda mais agora que podemos combinar algo vago e adaptar o plano em tempo real. Viagens de carro também se transformaram: podemos confiar em estimativas corretas de horários de chegada e receber avisos sobre problemas iminentes de viagem, recomendações de novas rotas e notificações de radar de velocidade.

Ignorando o mundo

Histórias de turistas que entram com o carro em lugares errados ao seguir as instruções de sistemas de navegação por satélite facilitam que críticas sejam feitas ao GPS, considerado infantilizante. Estudos que exploram seu impacto nos motoristas indicam que eles realmente "diminuem significativamente a necessidade de prestar atenção". Um estudo feito por pesquisadores na Universidade Cornell sugeriu que esses sistemas fornecem orientação geográfica e de navegação como commodities disponíveis livremente, o que significa que não precisamos pensar sobre onde estamos enquanto dirigimos; consequentemente, menos habilidade e atenção são exigidas de nós. Quanto mais imersos estamos no mundo virtual exibido pela navegação por satélite, menos envolvidos estamos no ambiente ao nosso redor, já que "interagimos" com o mundo por meio das informações exibidas nos nossos painéis.

Como resultado da diminuição do nosso envolvimento com o entorno e do cumprimento cego das instruções, temos um entendimento reduzido da nossa paisagem. Não precisamos mais prestar atenção no que está além da tela de navegação, portanto não observamos os pontos de referência nem decoramos lugares ou ruas que poderiam ser úteis no futuro. Nosso entendimento da paisagem ao nosso redor consequentemente se torna desincorporado.

O conflito entre essa compreensão e a de uma cidade entendida por meio da experiência vivida e da exposição repetida às suas ruas fica totalmente evidente quando o conhecimento incorporado de um motorista de táxi de Londres encontra a inteligência tecnológica de um navegador por satélite. Os taxistas de Londres têm que ser aprovados no *The Knowledge* [O conhecimento] antes de terem permissão para dirigir o icônico táxi preto. O teste exige que os profissionais demonstrem para os examinadores em várias ocasiões, conhecidas como "comparecimentos", que conseguem navegar usando a rota mais curta entre dois locais ou pontos de referência dentro de um raio de aproximadamente quatro quilômetros a partir de Charing Cross, no centro de Londres, sem contar com a ajuda do GPS.

A aquisição do *Knowledge* é frequentemente considerada um triunfo da memória, e estudos demonstraram que o hipocampo, a área do cérebro tida como responsável por informações espaciais e de navegação, é maior em taxistas londrinos. Mas os futuros motoristas não adquirem o título sentados em uma sala de aula, mas em uma motocicleta, percorrendo mais de 37 mil quilômetros por ano, durante três anos, enquanto praticam uma das 320 rotas sobre as quais podem ser testados. Um elemento desse processo envolve "apontar" — ficar familiarizado com as ruas de Londres observando o comércio, as placas nos prédios, a chegada de novos prédios residenciais e os monumentos históricos. Os motoristas devem navegar não apenas pelo nome da rua, mas pelos pontos de referência, grandes ou pequenos. Eles aprendem em uma moto, absorvendo o máximo de detalhes que puderem na esperança de conseguirem lembrar o que assimilaram quando participarem do "comparecimento".

Os taxistas de Londres são famosos por rejeitarem navegação por satélite e por se oporem, de forma ainda mais violenta, a serviços como Uber, que esses sistemas tornaram possíveis. O Uber não só reduz a tarifa, como também, segundo alegam os taxistas, seus motoristas não *conhecem* as ruas de Londres e o funcionamento do seu tráfego. É fácil perceber a batalha entre esses taxistas especializados e a navegação por satélite como uma batalha entre tradição e modernidade, ou de interesses particulares buscando descartar tecnologias democratizantes. Embora alguns taxistas tenham navegação por satélite em seu painel, eles consideram seu *conhecimento* especial. Eles não contam com as representações abstratas de espaço das quais os usuários de navegação por satélite dependem e não precisam seguir instruções. Eles podem sentir o fluxo e a densidade do tráfego e fazer ajustes em uma rota, e alegam que conseguem identificar obras nas ruas antes das informações dos sistemas de GPS atualizarem os dispositivos nos carros das outras pessoas. Sem a necessidade de se concentrar em uma tela no painel, eles conseguem dirigir enquanto entretêm seus passageiros com as brincadeiras pelas quais são conhecidos.

Rotular o GPS e muitos dos dispositivos que ele habilita como "tecnologias desincorporadas" não é descartá-los mas sim enfatizar um aspecto da sua natureza. O GPS se sobressai por ser preciso, mas não consegue proporcionar a sensação íntima do lugar, o que é difícil para a tecnologia articular. Busque um restaurante no Google e verá uma seleção de informações indiscutivelmente úteis: endereço, horário de funcionamento, telefone e mesmo críticas. Recentemente o Google começou a mostrar o nível de ocupação do lugar, o que, embora útil, pouco nos diz sobre o tipo de pessoa que frequenta o local, muito menos sua atmosfera ou o clima. A ocupação é medida pelo Google pelo número de smartphones que pode detectar no prédio, mas um restaurante que está cheio de casais em uma noite romântica é bem diferente de um que está cheio de estudantes festejando. A atmosfera em uma sexta-feira à noite provavelmente é bem diferente daquela de uma noite de segunda-feira, mas esses detalhes não são características de tal representação de ocupação. Como o estudioso de semântica Alfred Korzybski observou quando disse que "o mapa não é o território", a descrição da coisa não é a própria coisa. Modelos do mundo não podem ter a pretensão de descrever como ele realmente é.

Outra forma de pensar sobre o que está acontecendo aqui é considerar a diferença entre conhecimento por descrição e conhecimento por experiência. O que o Google pode nos dizer sobre o restaurante é o que foi dito primeiramente: um conjunto de recursos e características que, quando tomadas em conjunto, fornecem uma descrição parcial de um lugar. No entanto, o conhecimento por familiaridade depende não só do que pode ser articulado, mas do que sabemos ser verdade por meio da nossa própria experiência. Curiosamente, ficamos deslumbrados com tecnologias que oferecem "conhecimento por descrição" na medida em que frequentemente confiamos nela e não naquilo que conhecemos por familiaridade.

O GPS é uma tecnologia definidora do mundo moderno que, como vimos, tem suas raízes em um período da história em que a mente gozava de primazia sobre o corpo. O percurso entre o desejo de Descartes de mapear o voo da mosca no seu quarto e a geometria de coordenadas resultou em mais do que a transformação das nossas viagens cotidianas; substituímos o envolvimento incorporado com o mundo ao nosso redor por uma forma de eficiência desincorporada que nos ajuda a passar rapidamente pelo espaço sem aparentemente nos envolvermos com ele. Esse sentido de eficiência sem acompanhamento de um sentido de experiência, de conhecimento, sem um sentido de entendimento, é evidente em outra tecnologia que, como o GPS, representa uma expressão da primazia da mente sobre o corpo. O surgimento da análise de *big data* é outro exemplo de uma prática científica que pretende proporcionar entendimento objetivo em vez de experimental do mundo — é uma tecnologia intelectual que se baseia na distinção entre mente e corpo.

Big data

Não há unanimidade sobre o primeiro uso do termo *big data*, mas várias fontes sugerem que foi Roger Magoulas, da O'Reilly Media, uma empresa de tecnologia norte-americana, quem primeiro proferiu as palavras, em 2003. No início dos anos 2000, a quantidade de pessoas e dispositivos on-line resultou em um grande volume de dados, e foram realizadas várias tentativas para descobrir quanta informação estava sendo produzida anualmente. O que ficou logo claro foi que a variedade e o volume de dados em existência atingiram níveis não imaginados. Um estudo liderado por Val Harian, economista chefe do Google, estimou que em 2003 cinco exabytes de informação haviam sido criados, o que equivalia às informações contidas em 37 mil bibliotecas do tamanho da Biblioteca do Congresso. O Fórum Econômico Mundial previu que até 2025, com aproximadamente 4 bilhões de usuários de internet em todo o mundo e uma profusão de novos sensores e dispositivos conectados à internet, 463 exabytes de dados serão criados por dia.

Ferramentas tradicionais de processamento de dados não conseguem lidar com essas quantidades de *big data*. Uma dessas ferramentas é a planilha, que apareceu pela primeira vez em um software chamado VisiCalc em 1979. Compostas de colunas e linhas de dados, as planilhas são também outra tecnologia que se deve à geometria de Descartes, uma vez que cada célula pode ser localizada com coordenadas, da mesma forma que a mosca no quarto dele. Mas, assim como a planilha, o *big data* tem uma história que o conecta ao dualismo cartesiano que distingue a mente do corpo.

O *big data* tem esse nome devido ao seu volume, variedade e velocidade. A quantidade de dados que são produzidos está crescendo graças à proliferação de dispositivos que emitem uma "exaustão digital", sejam eles sensores em carros ou em postes de iluminação, ou o telefone no seu bolso. Toda e qualquer visita a um site também produz um *clickstream* de dados únicos. Muitos dos modelos de negócio das grandes empresas mundiais dependem da coleta, do armazenamento e da análise de *big data* — sua grande promessa, conforme alegam seus proponentes, é poder ajudar as pessoas a entenderem o comportamento atual e futuro não apenas da humanidade, mas também de sistemas de larga escala como tráfego, clima ou os oceanos.

A ligação entre sociedade e sistemas na natureza não é acidental e nos ajuda a entender as origens e motivações por trás do *big data*. Embora nunca tenham se encontrado, Galileu, contemporâneo de Descartes, foi inspirado pela ideia de monismo da Grécia antiga, que tinha uma vertente que afirmava a existência de uma "unidade" que permite que uma variedade de coisas seja explicada em termos de uma realidade única. O monismo alega que o mundo natural e social obedece a um conjunto de princípios universais.

Galileu desenvolveu a ideia de argumentar que a matemática fornecia o conjunto subjacente de princípios essenciais para entender o mundo. Ele escreveu que o "livro da natureza é escrito na língua da matemática" e que, sem ela, "as pessoas perambulariam por um labirinto escuro". Se a sociedade, argumenta, toma a mesma forma da natureza, que pode ser explicada por meio da matemática, então a sociedade poderia também ser revelada por números. Essa ideia de transformar entendimentos matemáticos do mundo natural em entendimentos sociais significou que muitos cientistas do século XVII direcionaram sua expertise em entendimento da natureza para a modelagem da sociedade. Esses cientistas podem ser considerados os primeiros cientistas de *big data*, utilizando a matemática para descrever e explicar o mundo.

O astrônomo Edmond Halley, mais conhecido por sua descoberta de um cometa, passou da astrofísica para o negócio de seguro de vida no início do século XVIII, inventando a ciência atuarial ao identificar regularidades estatísticas em dados de mortalidade em grande escala. John Graunt já havia analisado extensos conjuntos de dados sobre doenças em Londres para estabelecer os alicerces intelectuais da epidemiologia, o estudo da incidência e distribuição de doenças, durante meados do século XVII. E alguns dos alicerces da economia moderna estão presentes no trabalho de William Petty, que compilou estatísticas nacionais sobre riqueza e renda aproximadamente na mesma época.

Esses homens foram expoentes daquilo que o astrônomo e estatístico belga Adolphe Quetelet chamou de "física social". Em 1835, ele publicou um livro baseado na análise exaustiva de estatísticas sobre crimes em Paris, que alegou produzir previsões de "exatidão assustadora". Menos de duzentos anos depois, seria relatado que o Departamento de Polícia de Nova York estava construindo um sistema de previsão de crime chamado HunchLab, que utiliza dados como padrões temporais (hora do dia, dia da semana, sazonalidade), o tempo, fatores ambientais de risco (como localizações de bares e pontos de ônibus), indicadores socioeconômicos e níveis históricos de criminalidade, como um modo de prever a incidência de crimes. Nova York não está sozinha, e sistemas de previsão também são utilizados em outras cidades e outras áreas do sistema de justiça criminal. De forma controversa, os tribunais norte-americanos estão utilizando *big data* para informar decisões sobre fiança, penas e liberdade condicional.

O que une essas ideias e implementações, desde o século XVII até os dias de hoje, é a crença de que a vida social é regida e pode ser explicada por leis estatísticas. Um defensor dessa filosofia foi George Zipf, um acadêmico da metade do século XX que era obcecado pela busca de leis matemáticas em língua, literatura e música. Como ele escreveu em um artigo de 1942 sobre a unidade da natureza, que revelou sua dívida intelectual com os monistas, "a mesma lei natural rege a estrutura e o comportamento do nosso planeta, da vida em nosso planeta e, de fato, até mesmo dos menores detalhes da atividade de vida, incluindo as mais sutis elaborações emocionais e intelectuais da mente humana". Zipf acreditava que, se um padrão fosse encontrado em um campo, ele poderia ser encontrado em outro lugar.

Zipf poderia merecidamente ser considerado uma influência importante no culto de *big data*, e seu legado aparece nas mais surpreendentes instâncias do dia a dia. Se você ouvir música em um serviço de streaming como o Spotify, ele provavelmente tocará músicas selecionadas matematicamente a partir da probabilidade de você achá-las agradáveis com base em uma ampla variedade de fatores, incluindo as propriedades matemáticas da música, como sua tonalidade ou batidas por minuto. De fato, cientistas da computação alegaram que podem usar a lei de Zipf-Mandelbrot para "descrever" matematicamente como é o som de uma música esteticamente agradável. Aplicado a um serviço de música, isso significa que leis estatísticas podem ser usadas para definir o que é esteticamente agradável e então cortar os valores atípicos menos agradáveis, resultando naquilo que pode ser uma seleção homogênea de música. A probabilidade matemática passa a definir não só o que podemos gostar, mas também o que ouvimos.

Em um curto espaço de tempo, o *big data* saiu do seu momento de "descoberta", acompanhado por previsões afobadas na imprensa empresarial sobre o que pode possibilitar, para chegar ao auge da decepção. Em parte, ele foi suplantado pela ascensão da inteligência artificial, mas também foi vítima da decepção que normalmente acompanha expectativas não atingidas. No entanto, o *big data* é agora considerado essencial para os negócios, já que máximas como "dados são o novo petróleo" (criada em 2006 por Clive Humby, o matemático e cientista de dados britânico que projetou o programa de recompensas Tesco Clubcard)[5] revelam até que ponto as empresas sentem que ele é sua principal matéria-prima.

---

5   Tesco é uma rede de supermercados da Inglaterra. (N. T.)

Com dados digitais disponíveis sobre praticamente todos os aspectos da vida humana, os proponentes do *big data* fazem grandes afirmações sobre seus modelos computacionais preditivos, mas esses modelos se baseiam em teorias de comportamentos humanos sobre as quais os cientistas de dados têm pouco conhecimento. Os devotos do *big data* fazem afirmações sobre o que ele pode tornar visível por meio do reconhecimento de padrões, mas ele também torna muitas coisas invisíveis; o que se perde ou é ignorado em análise de *big data* são os seres humanos reais que nunca podem ser descritos apenas em termos numéricos. Relações sociais, emoções, sentimentos e mundos internos não são revelados pelos físicos sociais de hoje em dia.

O que o *big data* não consegue fazer — ou o que ele exclui — está nas ideias dos filósofos e pensadores cujos trabalhos fundamentaram suas origens, como Petty, Quetelet e Zipf. A dualidade mente-corpo dá suporte à ideia de que é possível uma representação objetiva da sociedade sem sentimento, emoção ou interferência da subjetividade. Zipf levou essa linha de pensamento ao seu extremo lógico. Ele pensava que sua marca de física social "poderia ser aplicada a tudo [...] incluindo até os sonhos mais íntimos do homem". Ele sugeriu que "a alma oferece um problema perfeitamente legítimo à ciência" e sentiu que ela poderia ser representada por números. Zipf e seus discípulos não davam valor àqueles que achavam que a ciência poderia utilizar "descrição subjetiva" ou um termo como "personalidade" para descrever uma comunidade. Eles não tinham paciência para entendimentos do mundo em pequena escala ou que fossem derivados da experiência, ou com um entendimento incorporado do mundo que focasse sua atenção nos sentimentos das pessoas e nas complexidades do mundo.

Os primeiros físicos sociais e proponentes do *big data* são descendentes diretos da visão cartesiana de que o mundo poderia ser representado por meio de modelos científicos abstratos capazes de traduzi-lo numericamente. O *big data* estende o trabalho de físicos sociais ao capturar mais pontos de dados do que era antes possível e usar processos de computação mais poderosos. No entanto, as técnicas subjacentes e a intenção são as mesmas: o desenvolvimento de modelos explicativos e preditivos. Proponentes do *big data* nos convidaram a acreditar que esse mapa é o território; de fato, algumas vezes, como D. H. Lawrence sugeriu, "para nós, o mapa parece mais real do que a terra". Normalmente é reconfortante olhar um modelo descomplicado do mundo, em vez de ter que lidar com sua verdadeira desordem. Fomos incentivados a recorrer a modelos computacionais que abrangem mais pontos de dados do que uma única pessoa pode acessar e levados a crer que escala equivale a exatidão.

Esse argumento não pretende descartar de pronto a atual e potencial utilidade do *big data*, e há grandes áreas da ciência, dos negócios e da formulação de políticas que podem se beneficiar significativamente dessas abordagens. No entanto, há também muitas ocasiões em que a nossa própria experiência do mundo precisa ser aplicada àquilo que os dados pretendem nos contar. Ter fé em nossa capacidade de entender as coisas exige uma perspectiva sobre a inteligência diferente daquela que nos é inculcada desde o início de nossa educação.

Fazendo e criando inteligência

Carl Friedrich Gauss, cuja história Kehlmann traz à tona em *A medida do mundo*, foi descrito como "o Mozart da matemática". Ele surpreendeu seus professores na escola que, para curá-lo da sua precocidade, mandaram-no estudar o "livro de matemática mais difícil da Alemanha". Quando ele voltou na manhã seguinte tendo lido o livro, seu professor contestou, dizendo que "ninguém poderia estudá-lo em um dia, menos ainda um menino de oito anos com o nariz escorrendo". No entanto, após trinta minutos de interrogatório, ele concluiu que estava ensinando um gênio e passou a bater no menino por sua precocidade.

Diferente de Humboldt, o explorador que se aventurou por terras estrangeiras em busca de experiências e conhecimento, Gauss viveu uma vida intelectual interiorizada, optando por explorar equações e ideias exóticas em sua mente. Ele tinha epifanias repentinas e inventava novas teorias com saltos imaginativos impressionantes. Kehmann o retrata como absorvido em seu universo mental com uma mente inquisidora que é o contraponto perfeito ao corpo aventureiro de Humboldt. Embora ambos tenham acrescentado muito ao conhecimento humano, Gauss descobriu a geometria não euclidiana e publicou sua obra magna sobre teoria dos números, *Disquisitiones Arithmeticae*, quando tinha apenas vinte e um anos: é ele quem se destaca por estar mais sintonizado com a visão de inteligência que é dominante hoje.

O pensador educacional e ativista Sir Ken Robinson ressalta que, conforme as crianças crescem, sua educação ocidental se afasta do corpo e passa para o cérebro. Nos anos iniciais, a educação é altamente prática e física, incentivando a exploração e o experimento, mas, à medida que progredimos na escola, ela fica mais cerebral e estacionária, e qualquer atividade que envolva o corpo ou os sentidos é, segundo Robinson, sistematicamente excluída. Pergunte a um professor que habilidades as crianças pequenas precisam aprender na escola e em algum lugar no topo da lista estará a capacidade de ficar parado. Ao ficarem paradas e em silêncio, o professor de matemática e autor Kester Brewin conclui, as crianças tornam-se "autômatos de postura rígida".

O que nos ensinam é retirado de um conjunto prescrito de matérias que cada vez mais favorece as chamadas "matérias STEM" — ciência, tecnologia, engenharia e matemática —, às custas de disciplinas mais criativas que envolvem o corpo, sejam esporte ou artes. Com um foco mais restrito sobre o que está sendo ensinado, a tecnologia é cada vez mais aplicada ao ensino e à avaliação. O mercado *EdTech*, que promete eficiências operacionais e de custo, estava previsto para valer 252 bilhões de dólares até 2020. No entanto, Brewin sugere que, "ao enfatizar excessivamente habilidades 'acadêmicas' e presumindo que elas são melhor aprendidas em silêncio rigoroso — ou sedando digitalmente as crianças e deixando de dar atenção ao papel vital que o movimento tem na aquisição e assimilação de conhecimento —, nós corremos o risco de falhar com uma geração", uma vez que muitas evidências comprovam que tanto o entendimento prático como o conceitual surge por meio do envolvimento prático com o mundo e com artefatos físicos. A aquisição de linguagem em bebês é um exemplo pertinente. Os pais podem usar a palavra "mamadeira" antes de passar o objeto para a criança, e dessa forma a palavra e o objeto ficam associados. A criança também é capaz de brincar com a mamadeira e aprender sobre suas propriedades: o fato de que ela fica em pé apenas quando está na posição correta, ou de que ela rola quando está na horizontal.

Não é apenas no ensino que a tecnologia está sendo cada vez mais utilizada: ela é usada também para dar notas. A corrida para empregar inteligência artificial para avaliar o trabalho de crianças de forma mais "efetiva e eficiente" começou, e não é só no mundo ocidental. De acordo com um relatório de 2018 do *South China Morning Post,* uma em cada quatro escolas na China está testando IA para dar nota aos trabalhos dos alunos. A tecnologia é projetada para "entender a lógica geral e o significado do texto e fazer um julgamento razoável e semelhante ao dos seres humanos sobre a qualidade do trabalho como um todo".

Os projetistas e promotores dessa tecnologia quase sempre insistem que esses sistemas são projetados para ajudar e não para substituir professores, embora Anthony Seldon, um educador proeminente, preveja que "o trabalho essencial de incutir conhecimento em mentes jovens será realizado integralmente por computadores artificialmente inteligentes" dentro de dez anos. No entanto, talvez não devamos entrar em pânico, pelo menos em um futuro próximo: foi relatado que os sistemas chineses de notas por IA ficaram bem abaixo dos níveis humanos de desempenho, e um estudo da Universidade de Oxford prediz que professores seniores correm um risco de 0,8% de serem substituídos por IA ou automação. Em vez disso, o que é mais intrigante sobre o comentário de Seldon é que revela uma presunção firme de que a educação diz respeito à mente e não ao corpo.

Na sala de aula com IA que Seldon descreve, "máquinas extraordinariamente motivadoras incutirão conhecimento em mentes jovens". No entanto, ele continua, embora "ainda haja humanos andando por lá durante o horário de aula, a inspiração em termos de empolgação intelectual virá da iluminação do cérebro, e as máquinas estarão muito bem ajustadas para isso. As máquinas saberão o que mais o empolga e lhe darão um nível natural de desafio que não seja difícil ou fácil demais, mas na medida certa para você". Tendo em vista que muito do foco da escola gira em torno de ficar sentado, ouvir e consumir informações comunicadas por uma autoridade, esse prognóstico não é surpresa. É uma continuação de uma visão estreita de inteligência, que é cada vez mais vista como algo que pode ser entregue on-line de forma eficiente, via plataformas de aprendizado digital, da máquina para a mente, sem exigir a intervenção dispendiosa de um professor. Isso não quer dizer que a tecnologia devesse ser retirada das salas de aula ou que os professores não se beneficiarão do fato de terem mais tempo para inspirar e envolver os alunos, mas significa que deveríamos reconhecer que uma visão específica de inteligência continua a dominar o modo como as escolas são organizadas, os currículos são desenvolvidos e o ensino é fornecido.

Ao longo dos anos, a tecnologia do ensino mudou — de quadros negros a quadro brancos interativos a tablets individuais —, mas a visão subjacente permanece a mesma. Primeiro, os cérebros são considerados discos rígidos a serem preenchidos com informações parceladas em porções discretas por disciplina. Segundo, o aprendizado é, em grande parte, um empreendimento intelectual e não experimental que pode ocorrer no ambiente descontextualizado da sala de aula e, quando possível para o bem da "eficiência", com o uso de sistemas on-line. Terceiro, esse tipo de inteligência pode ser medida por testes psicométricos ou de inteligência (QI), uma ideia que está expressa na dependência da testagem que caracteriza muitos sistemas educacionais.

Os testes de QI avaliam a capacidade intelectual e, embora os exames também avaliem o entendimento, eles normalmente são uma medida da quantidade de conhecimento explícito que foi retido. Essas informações normalmente são factuais por natureza: datas, ortografia, símbolos e fórmulas, e exigimos que as crianças as decorem para que possamos testá-las. Esse conhecimento tem o seu mérito, mas é um tipo de entendimento totalmente diferente daquele que surge da interação com o mundo. Esse tipo de conhecimento não é situacional — se você sabe, você sabe, independentemente da circunstância — e pode ser transmitido por meio da fala ou da palavra escrita sem perda de significado. Ele pode ser adquirido isolado do seu contexto de aplicação, mas como resultado não tem a percepção tátil que vem com o conhecimento adquirido em modos mais experimentais.

No entanto, como resultado da tendência da educação contemporânea a ver a inteligência como uma propriedade cognitiva e a mente como um processador abstrato de informações, há um claro foco no conhecimento factual. A educação moderna subestima a experiência e o movimento, apesar da existência de um grande corpo de pesquisa que confirma a crença de Maria Montessori, fundadora de um movimento educacional, de que o movimento ajuda o aprendizado. Montessori escreveu em 1912 que "um dos maiores erros dos nossos dias é pensar no movimento por si só, como algo separado das funções mais altas [...]. O desenvolvimento mental deve ser conectado com movimento e depender dele [...]. Ao observar uma criança, fica claro que o desenvolvimento da mente ocorre por meio de seus movimentos [...]. Mente e movimento são partes da mesma entidade".

A educação ocidental corrente é prisioneira do dualismo mente-corpo que perpetua a ideia de pensamento automatizado e a metáfora do cérebro como um computador. Visão, som, toque, cheiro e gosto são progressivamente subestimados na medida em que as crianças continuam a sua educação, apesar de elas compreenderem o mundo com esses sentidos.

O esnobismo implícito do conhecimento acadêmico sobre o conhecimento prático é há muito tempo característica dos sistemas educacionais ocidentais. Como ressalta Stephen Cave, do Leverhulme Centre for the Future of Intelligence [Centro Leverhulme para o Futuro da Inteligência], ao longo de muitos anos o sistema educacional britânico avaliou as crianças quando tinham onze anos, com o objetivo de decidir se elas foram feitas ou não para uma carreira intelectual. Do ponto de vista de Cave, isso é um exemplo factual do modo como o sistema de educação recompensa a mente às custas do corpo.

A vida do explorador e cientista Humboldt e do matemático Gauss coloca em evidência um período de intensa descoberta intelectual e geográfica. Humboldt morreu derrotado pelos seus esforços de mapear grandes áreas do mundo natural, antes da quinta e última parte do seu *Kosmos*, que pretendia ser uma história natural do universo, ser publicada em 1862. Ele foi o epítome do desejo do Iluminismo de medir o mundo, porém se destaca não apenas por causa do seu apetite por conhecimento, mas por sua disposição para suportar "solavancos e arranhões" para atingir seus objetivos. Ele enfrentou animais selvagens, moscas, mosquitos, abordagem de prostitutas e desastres naturais em busca de conhecimento. Ao voltar da América do Sul, foi festejado pelo presidente dos Estados Unidos, Thomas Jefferson, e os cidadãos de Paris quiseram ouvir suas experiências.

Enquanto Humboldt queria conhecimento e estava disposto a se aventurar além da biblioteca para encontrá-lo, Gauss passou a vida pensando em domínios matemáticos complexos e deixou sua marca com atos de imaginação intelectual. Diferentemente de Humboldt, ele era um explorador que ficava em casa, optando por desenvolver o conhecimento de modo mais cerebral. Era um homem da mente, não do corpo. No entanto, apesar das diferenças óbvias nas suas abordagens, eles compartilhavam o desejo de mapear, entender e modelar o mundo ao redor deles.

O anseio por gerar dados e analisá-los resultou em tecnologias como o GPS, que tiveram um profundo impacto na maneira como entendemos o mundo a nossa volta. Essas tecnologias que produzem mapas do mundo ao nosso redor também mediam nossa experiência com ele. Com a tela na mão, podemos ir a algum lugar sem ter qualquer noção real de onde estamos. Ao seguir a navegação por satélite, podemos chegar a um local sem ter vivenciado muito do caminho. Podemos traçar nosso curso por uma cidade de modo eficiente, mas ao seguir as instruções de algoritmos invisíveis perdemos as experiências e a serendipidade que existem no coração da vida urbana. Essas tecnologias nos permitem entender coisas a partir de uma distância imparcial e aprender pela descrição e não pela familiaridade.

São tecnologias que incorporam eficiência e controle, mas não experiência, envolvimento ou entendimento real. Essas tecnologias nos incentivam a evitar coisas confusas e incontroláveis, como emoções, relacionamentos, sentimentos, atmosfera e humor. Em vez disso, pediram que nos concentrássemos em números, padrões, valores e correlações, enquanto detalhes e cores foram removidos. A perspectiva que prioriza a mente é normalmente reducionista e, embora seja útil algumas vezes, ela pode ser, como diz o teólogo Rowan Williams:

> Uma busca pelo padrão ou estrutura menos adornado e mais fundamental que podemos alcançar. [...] Quando dissemos que tudo pode ser reduzido a esta ou àquela equação, não dissemos nada de grande importância; apenas dissemos que há um processo matemático sem o qual isso não seria o que é.

A marginalização de habilidades mais práticas surgiu principalmente como resultado dessa propensão a uma visão de inteligência que prioriza a mente. O que é revelador sobre essa visão de inteligência e educação é como ela se distancia de formas mais práticas de conhecimento. No entanto, agora é um bom momento para reavaliar a situação, e a teoria do conhecimento incorporado é um bom modo de fazê-lo. Quando muitas tarefas intelectuais ou analíticas estão sendo realizadas rapidamente (e algumas vezes de forma mais correta) pelo uso de inteligência artificial, é importante reconhecer que muito do que diferencia nossa inteligência humana e torna difícil replicá-la emerge do nosso corpo.

No próximo capítulo, aprenderemos como o corpo pode nos ajudar a vivenciar e entender o mundo. A abordagem que prioriza a mente é tão familiar que podemos ser perdoados por pressupor que não pode haver outro modo de conhecer o mundo. No entanto, o melhor modelo do mundo não é um mapa, mas o próprio mundo, e nosso corpo é fundamental para a maneira como adquirimos conhecimento sobre ele.

Capítulo 3

Vivenciando o mundo

"O fato de que somos criaturas de carne e osso equipadas
com corações pulsantes em vez de cérebros em cubas
explica em parte por que temos as experiências que temos."
SHAUN GALLAGHER

O polvo

Quando mergulhadores chegam perto de um polvo, eles podem se deparar com um comportamento surpreendente: o polvo ocasionalmente estica um braço como se fosse cumprimentá-los e se oferecer para cicereneá-los. Apesar da sua aparência física, que muitos dos primeiros escritores achavam extremamente assustadora — o zoólogo sueco Carl Linnaeus descreve o polvo como um "monstro único" —, eles exibem personalidades distintas, caracterizadas pelo que o escritor romano Claudius Aelianus considerou "travessura e astúcia". Os polvos são gentis e inquisitivos, e exibem uma inteligência considerável. Eles respondem a humanos diferentes de formas diferentes, sendo aparentemente capazes de distinção. Em ambientes de pesquisa, são conhecidos por sua capacidade de atormentar indivíduos esguichando-os com água ou imitando suas ações, embora na natureza eles vivam vidas solitárias e curtas.

Os polvos são moluscos que em algum momento da sua história evolutiva perderam as conchas e acabaram ficando com um corpo mais vulnerável, porém flexível e macio. Eles são uma massa de tecido mole, sem ossos, com pele semelhante a muco que permite que até mesmo o maior deles passe por uma abertura de 2,5 cm de largura, o que, considerando que o polvo gigante do Pacífico tem uma envergadura de seis metros, é contorcionismo em escala notável. Como toda criança sabe, eles têm oito braços cobertos por ventosas, usadas para passar a comida ao longo do membro, de ventosa em ventosa, até a boca que a aguarda. Seus corpos contêm sacos cheios de pigmentos que lhes dá a capacidade extraordinária de mudar de cor, seja para se esconder ou ameaçar predadores ou para comunicar seu estado de "espírito" — após acasalarem ou serem acariciados por humanos, alguns polvos ficam com um tom branco cremoso. Como diz a filósofa Amia Srinivasan, a "tela de megapixel do corpo de um polvo [...] tem uma banda larga expressiva".

A inteligência do polvo é uma anomalia evolutiva. O ancestral mais próximo em comum entre polvos e outros animais inteligentes, como humanos, macacos, cachorros, corvos e golfinhos, foi uma ameba cega semelhante à minhoca que viveu há mais de 600 milhões de anos. O cérebro de um polvo contém cerca de meio bilhão de neurônios, o mesmo número de um cachorro, comparado a aproximadamente 100 bilhões em humanos. A relação cérebro-corpo do polvo sugere que, de uma perspectiva evolutiva, eles investiram muito em seus cérebros, porém o que há de mais característico sobre essa espécie astuta é que ela desafia a disposição normal de corpo e cérebro como entidades anatômicas distintas.

Os neurônios de um polvo estão dispersos por seu corpo, com mais de dois terços deles localizados nos braços: só cada uma das ventosas em seus oito braços tem mais de 10 mil neurônios. O esôfago, por onde o alimento passa, atravessa o meio dos neurônios localizados em sua cabeça. Mergulhadores relatam que seu desenho anatômico pode causar problemas quando ele come objetos pontudos, que literalmente empalam uma área significativa do cérebro. Assim, como humanos e chimpanzés, nossos parentes inteligentes mais próximos no reino animal, os polvos têm um sistema nervoso central, mas são bastante diferentes, já que seus neurônios não estão confinados na cabeça, e sim distribuídos por todo o corpo. Nesse sentido, eles não são um exemplo da clara distinção que gostamos de fazer entre cérebro e corpo. Seus braços, como demonstrado em uma série de experimentos, conseguem agir de forma independente e com inteligência própria, sem a necessidade da coordenação com o cérebro — conforme escreve Srinivasan: "mesmo um braço separado cirurgicamente consegue alcançar e pegar [...]. O corpo do polvo [...] não é controlado pela parte pensante do animal, mas ele próprio é uma parte pensante". Desafiando ainda mais as hipóteses anatômicas, pesquisas também sugerem que a sua pele pode não só sentir gostos e cheiros, mas também pode enxergar, e a explicação para isso é que ou a pele se torna um olho ou o corpo pode ver independentemente do cérebro.

Se o polvo nos encoraja a reconsiderar hipóteses básicas que fazemos sobre o papel de partes anatômicas diferentes, também nos mostra como as distinções filosóficas entre cérebro e corpo se tornaram obstinadas. Como podemos escrever sobre um braço que pode ver ou agir de forma independente, quando tudo que nos foi ensinado nos leva a acreditar que olhos veem e mentes controlam corpos, que não podem agir de forma independente da "torre de controle" que é o cérebro? Polvos são criaturas fascinantes que, como observa o filósofo e mergulhador Peter Godfrey-Smith, incitam-nos a repensar o que queremos dizer por consciência e inteligência. No entanto, eles também nos convidam a considerar os limites do dualismo cartesiano que permeia o pensamento ocidental. A forma como os polvos usam seus corpos extraordinários para vivenciar o mundo nos encoraja a considerar esses corpos como inteligentes por si só, o que ilustra como o corpo pode ser tão importante quanto o cérebro na construção da nossa própria inteligência.

Nesse sentido, o polvo é o garoto-propaganda do conceito de mente incorporada: a ideia de que a mente não está apenas conectada ao corpo, mas é influenciada por ele. Para entender o que essa ideia contraintuitiva tem a ver com humanos, precisamos começar explorando o conceito de corporeidade e o pensamento de um dos filósofos mais importantes do século XX, Maurice Merleau-Ponty.

O corpo e a percepção

Se para Descartes a essência da humanidade estava na nossa mente e o nosso corpo mecânico era animado e instruído por ela, Merleau--Ponty acreditava no contrário: o corpo era fundamental para o modo como percebemos e entendemos o mundo. Ele fez sobre o corpo muitas afirmações que pensadores antes dele haviam feito sobre o cérebro e, ao fazê-lo, mudou para sempre o modo como entendemos a percepção e a aquisição do conhecimento.

Merleau-Ponty nasceu em Rochefort-sur-Mer, no sudoeste da França, em 1908 e, de acordo com Taylor Carman, o principal intérprete de suas teorias, "levou uma vida não muito relevante para a lógica interior e o desenvolvimento de suas ideias". Ele circulou no ambiente intelectual de Paris, tendo estudado na prestigiosa École Normale Supérieure ao lado de Simone de Beauvoir, do antropólogo Claude Lévi-Strauss e do escritor Jean-Paul Sartre, com quem colaborou mais tarde, antes de romperem por causa de visões políticas extremamente diferentes.

Merleau-Ponty foi a luz que conduziu uma das escolas mais importantes de pensamento do século xx. A Fenomenologia começou com o trabalho de Edmund Husserl, e Martin Heidegger, Sartre e Merleau-Ponty contribuíram para seu desenvolvimento. No âmago, o projeto dedicava-se a demolir a estrutura da filosofia muito mais antiga, que consideravam intelectualista por natureza. Em vez de verem nossa relação com o mundo conforme definido por nossos esforços cognitivos, os fenomenologistas argumentavam que é o corpo que define nossa relação fundamental com o mundo. Merleau-Ponty sugeria que "todas as formas de experiência e entendimento humanos são fundadas e formadas pela nossa [...] orientação corporal no mundo". Para ele, nossa percepção do mundo começa com o corpo e não com a mente. Enquanto racionalistas como Descartes consideravam que o pensamento precede a percepção, para Merleau-Ponty nossa percepção do mundo começa com o corpo.

Os fenomenologistas estavam interessados em descrever a experiência humana a partir de uma perspectiva em primeira pessoa. Eles queriam entender como as pessoas experienciavam a vida cotidiana, o que diferenciava sua filosofia da perspectiva mais distante em terceira pessoa que caracteriza a ideia de conhecimento objetivo e científico, que é o produto da mente. Esse era o ponto de vista que ecoava por muitos aspectos da vida moderna que os fenomenologistas queriam contestar.

A Fenomenologia conversou com o há muito tempo falecido Descartes e com sua ideia de que o envolvimento do corpo no mundo era irrelevante para o ato de processá-lo. Merleau-Ponty não estava contente com a visão de que a mente nos permitia ser observadores separados do mundo; ao contrário, sentia que o corpo é o "ancoradouro" que nos dá nosso ponto de vista do mundo. Ele acreditava que tudo o que sabemos e entendemos sobre o mundo vem da relação do nosso corpo com ele. Enquanto a máxima famosa de Descartes, "penso, logo existo", prioriza a mente, se Merleau-Ponty tivesse se expressado de forma tão concisa, poderia ter dito: "tenho um corpo, logo posso saber". O corpo estava no centro da teoria da percepção e conhecimento. Em vez de seguir a ideia anteriormente dominante de uma forma superior de inteligência lógica localizada na mente, ele argumentava que nosso pensamento depende do corpo e é guiado por ele.

Há duas ideias sobre o corpo que um relato da teoria da corporeidade de Merleau-Ponty precisa cobrir: percepção e esquema. Para descomplicar a filosofia, vamos começar nos transportando para um show de música lotado.

Imagine que você está no meio da multidão em um festival de música. A banda que você veio ver finalmente está no palco e tocando uma *playlist* de arrasar. É um dia glorioso no meio do verão, você está com amigos, bebeu alguma coisa e a vida não podia ser melhor. Você está bem no centro das coisas e a multidão ao seu redor balança com a música, gritando e aplaudindo. De repente, parece que você não está mais no controle de si mesmo, está perdido na orgia de um momento delirante. Os movimentos da multidão se tornaram os seus movimentos, com os corpos balançando com o seu e em sincronia com o som e as luzes do palco.

Você está tendo o que você e os fenomenologistas chamariam de "uma experiência", e seu corpo está no centro disso. Ocasionalmente, você pode parar um pouco de dançar, e uma voz interior pode pensar "Uau!", mas no geral essa é uma experiência sensorial e não cerebral. Você não para e detalha e processa todos os dados individuais — os sons, os cheiros e as imagens —, mas você os vivencia (e depois recorda) como um todo. Você está experienciando o que Merleau-Ponty chamaria de um *mundo* como um todo, e a sua percepção dele é uma percepção bastante corporal, é difícil imaginar se sentir desse modo sem estar nele. "Você tinha que ter estado lá", você fala mais tarde aos seus amigos quando relembra essa noite, e tem dificuldade para encontrar palavras que capturem de forma adequada a experiência que você teve e o que você sentiu.

Essa experiência em um show demonstra a natureza corporal da percepção — a ideia de que não é um exercício mental que ocorre em sua cabeça, mas algo que começa com o corpo. A percepção é um velho mistério filosófico que interessou os filósofos da Grécia antiga e é a preocupação permanente do trabalho da vida de Merleau-Ponty. Ele via isso não como um estado mental, mas como algo que surge da relação do nosso corpo com o mundo, o que significava que, para ele, o corpo forma a base de todo o entendimento humano. A percepção corporal é o que divulga ou revela o mundo; vivenciamos e damos sentido ao show porque estamos nele e ele habita em nós.

A ideia de que não podemos vivenciar o mundo sem um corpo e de que a percepção não é um ato mental, mas um ato de envolvimento corporal parece óbvia e até mesmo banal, porém foi uma quebra profunda com o pensamento filosófico anterior. Se aceitarmos que tudo o que vivenciamos no show e na nossa vida diária, como "pensar, julgar, lembrar, imaginar, presumir [...] [está] ancorado no corpo", como diz Taylor Carmen, podemos perceber que nosso corpo está no centro das coisas. A percepção então é um fenômeno *corporal*, no sentido de que experienciamos nosso próprio estado sensorial não meramente como estados mentais, mas como estados do nosso corpo.

Marleau-Ponty também sugeriu que é o nosso corpo que faz a mediação entre o mundo e nosso estado interior. Seu conceito de "esquema corporal" explica como damos sentido ao nosso próprio corpo, entendemos seus movimentos e sua posição em relação a si mesmo, aos outros e ao mundo, e como esse sentido de si mesmo forma nossa conscientização do que está acontecendo ao nosso redor. Essa ideia de esquema corporal é também utilizada para explicar como usamos as ferramentas e objetos cotidianos ao nosso redor. No show, você pega seu celular para mandar uma mensagem a um amigo. Você sabe como fazer, mas não tem que pensar sobre isso. Enquanto balança com os corpos ao seu redor, você é mais do que capaz de tirar uma foto e digitar um texto para mandar com ela. Merleau-Ponty descreveu esse processo com os teclados prevalecentes na época em que estava escrevendo: uma máquina de escrever:

> É possível saber datilografar sem saber indicar onde estão localizadas no teclado as letras que compõem as palavras. Saber datilografar, portanto, não é o mesmo que saber a localização de cada letra no teclado, nem mesmo ter adquirido um reflexo condicionado que é acionado para cada letra ao vê-la. É questão de conhecimento em nossas mãos [...]. O sujeito sabe onde as letras estão no teclado, da mesma forma que sabemos onde um dos nossos membros está — um conhecimento por familiaridade.

O esquema corporal é a explicação de Merleau-Ponty sobre como conseguimos reagir, normalmente sem pensar, ao que está acontecendo ao nosso redor, e como conseguimos executar ações sem muito pensamento consciente. A ideia de "conhecimento em nossas mãos" é um modo pelo qual ele descreve o conhecimento aprendido por prática repetida. Muitas descrições de como fazemos as coisas imaginam uma lista de procedimentos armazenados no cérebro, que recuperamos conforme e quando precisamos deles. Merleau-Ponty chamou isso de conhecimento "eu sei", mas estava mais convencido pelo conhecimento prático do "eu posso". Digitar uma mensagem de texto não é uma habilidade explícita ou mesmo consciente, mas, sim, uma que está incorporada e surge de uma familiaridade tão profunda que nenhum pensamento é necessário para a conclusão bem-sucedida da tarefa. Na vida cotidiana, temos muito desse conhecimento em nossas mãos. Ele emerge da prática repetida de uma "habilidade", um exemplo primordial do que estou chamando de "conhecimento incorporado".

Conhecimento incorporado

Executamos uma variedade de ações que envolvem conhecimento incorporado em nossa vida cotidiana. Pense no show. Quando você está em pé, pulando, balançando, dançando ou tentando manter uma certa postura, está executando certa quantidade de movimentos corporais. Você está usando ferramentas: um telefone para tirar fotografias, fósforos para acender um cigarro, ou uma garrafa e um canudo para beber algo. Você também está reagindo ao ambiente material e social enquanto se familiariza com o chão sob seus pés e as pessoas ao seu redor. Finalmente, você está envolvido em uma ampla variedade de comportamentos não verbais: você está lendo as expressões das outras pessoas e usando seu próprio corpo para se expressar, e está tentando manter o que parece a distância apropriada daqueles ao seu redor. Seu corpo está fazendo muitas coisas diferentes e todas elas exigem conhecimento, que vem do seu corpo.

Quando você está fazendo essas coisas, normalmente não parece que você está usando conhecimento. Em parte, isso é porque você não tem que pensar mais sobre o que está fazendo — são ações que está executando sem muita instrução consciente da mente. A ideia de que podemos agir sem pensar é um desafio ao ensino recebido sobre o que é o conhecimento e como ele funciona. Costumamos pressupor que o conhecimento precisa de uma certa forma — coisas que estão escritas ou que recebem alguma outra forma e então são comunicadas ao nosso cérebro. É interessante refletir sobre o impulso humano de colocar tudo o que podemos em linguagem, como se isso fosse a chave para destrancar o conhecimento. No entanto, o conhecimento incorporado é vivido e não documentado, e não se presta à articulação fácil. Um exemplo familiar da vida cotidiana pode ilustrar a diferença entre conhecimento que é explícito e articulado e conhecimento incorporado.

Quando fazemos uma receita pela primeira vez, normalmente usamos um livro de receitas e seguimos as instruções atentamente, já que essa combinação de quantidades específicas de ingredientes é nova para nós. Acreditamos que o autor colocou no papel a sequência correta de passos que devemos obedecer para chegar ao resultado correto. Cebolas cozidas até que fiquem translúcidas, em uma panela que não está tão quente a ponto de queimar a manteiga, com uma colher de chá de açúcar para contrabalançar a acidez do molho de tomate. No entanto, depois de termos feito a receita para nós, sentimo-nos menos dependentes do livro e temos mais confiança na nossa capacidade de interpretar as instruções. Podemos saber que provavelmente não teria problema se colocássemos um pouco menos de açúcar. Nossa execução da tarefa e o que aprendemos ao longo do caminho tornaram esse conhecimento incorporado, e podemos preparar o molho de tomate sem pensar muito.

Às vezes é difícil identificar que conhecimento incorporado temos, até que as circunstâncias mudam e nosso corpo não sabe o que fazer. Jogue uma ávida frequentadora de festivais na tranquilidade do Wigmore Hall em Londres para a apresentação de um quarteto de cordas de Beethoven e ela não terá outra opção a não ser reagir com as ações e o comportamento que se adequam àquele ambiente bem diferente: sentar-se ereta e imóvel no assento, aplaudir educadamente e usar expressões faciais que sinalizem apreço pelo compositor e pela interpretação dos músicos de sua obra. Esse sentimento de estar fora do lugar, algo que vivenciamos quando nos encontramos em um ambiente cultural estanho, surge do fato de que nosso corpo não está acostumado ao ambiente e não tem o conhecimento relevante.

Adquirir conhecimento incorporado pode levar tempo e exigir experiência, mas, como é obtido pela imersão em mundos diferentes e pela prática — e não pelo ensino —, é mais fácil de ser adquirido do que podemos imaginar. Na verdade, como descobriremos, nosso corpo não tem outra opção a não ser adquirir as habilidades necessária para se adequar a novos ambientes.

Corpo sobre mente

O trabalho de Merleau-Ponty sobre a natureza corporal da percepção, da experiência e do conhecimento representa uma bifurcação no caminho da filosofia ocidental, proporcionando um contraponto à perspectiva que prevalecia desde Descartes. Séculos de foco na mente como a chave para a percepção começaram a se fragmentar e uma nova imagem de conhecimento começou a tomar forma. Esse conhecimento é diferente no que diz respeito à forma como é adquirido e ao lugar onde ele reside, bem como às suas qualidades e natureza. No entanto, a distinção cartesiana entre mente e corpo persiste obstinadamente e está refletida na maneira como organizamos a educação e como as empresas reúnem informações, e no mundo da ciência da computação. A ideia de que o computador é um modelo da mente e de que o pensamento é como o processamento de dados resultou, nos últimos anos, em uma série de afirmações extravagantes sobre o potencial da inteligência artificial.

O pensamento, entendido como o processamento de representações abstratas do mundo ao nosso redor, é claramente essencial à vida humana e suas realizações. Por exemplo, descrever e entender características do mundo por meio dessas representações como símbolos matemáticos permitiu que os seres humanos medissem a altura das montanhas, criassem motores, construíssem pontes estáveis e desenvolvessem tecnologias de comunicação poderosas. Ao mesmo tempo, porém, como a visão que prioriza a mente predominava, deixamos de lado o entendimento que surge do corpo por meio da experiência. Até Merleau-Ponty, ignorávamos o fato de que nossa mente é parte de um corpo que existe e vive no mundo.

A insistência de Merleau-Ponty em colocar o corpo acima da mente fez surgir uma perspectiva muito diferente da natureza da experiência e do conhecimento. Um modo de entender a movimentação da visão cartesiana para uma perspectiva incorporada que enfatiza o papel do corpo é focar na relação entre pensar e fazer. A filosofia tinha a tendência de enfatizar o pensamento; a ação prática e corporal pouco aparece nessa ideia, e, no entanto, nossa vida envolve tanto pensar como fazer. O conhecimento incorporado fica no meio desse *continuum* — é uma forma de saber que nos permite agir como se não estivéssemos pensando, porque com o conhecimento impresso em nosso corpo podemos agir sem refletir conscientemente sobre o que sabemos. Desenvolvemos conhecimento incorporado sem que nos ensinem porque o adquirimos por meio das experiências que nosso corpo encontra e das ações que ele executa.

Na segunda parte do livro, aprenderemos mais sobre conhecimento incorporado. Descobriremos como aprendemos por meio da **Observação** antes de explorarmos como nosso corpo adquire conhecimento e habilidades por meio da **Prática**. Em **Improvisação**, veremos como o conhecimento incorporado permite que os seres humanos respondam ao que não é familiar. Nosso corpo é essencial para o modo como entendemos as intenções e os sentimentos de outras pessoas, um elemento de conhecimento incorporado que exploraremos em **Empatia**. **Retenção** vai nos mostrar como a maneira do nosso corpo lembrar o que vivenciou e o que conhece faz dele um complemento poderoso para a nossa mente.

Na próxima parte, vamos explorar como muitas das afirmações feitas pelos fenomenologistas sobre o papel central do corpo na nossa experiência foram corroboradas por descoberta científica, e aprenderemos que o conhecimento incorporado está no centro de cada aspecto da nossa vida diária.

Parte 2

As cinco características do conhecimento incorporado

Capítulo 4

Observação

**"O corpo é o primeiro e mais natural
instrumento do homem."**
MARCEL MAUSS

Há uma longa tradição nas culturas ocidentais de colocar a visão acima dos demais sentidos. Normalmente dizemos que precisamos "ver para crer" e, no idioma inglês, quando entendemos algo, dizemos *I see* ["eu vejo" em tradução livre]. Tanto Platão como Aristóteles associavam visão com razão e certeza. Na sua famosa entrevista para a *Playboy*, o filósofo canadense Marshall McLuhan, considerado "o alto sacerdote da cultura pop e metafísico da mídia", explicou como o surgimento da alfabetização e da palavra impressa nos levou a acreditar na superioridade do "olho frio e neutro" sobre os demais sentidos. Ele atribuiu mudanças fundamentais em como percebemos espaço e tempo a esse "aumento do olhar". "O homem do mundo tribal", sugeriu McLuhan, "levava uma vida complexa e caleidoscópica precisamente porque o ouvido, diferente do olho, não consegue ficar focado e é sinestésico, em vez de analítico e racional". A alfabetização, ele disse, deu ao homem "um olho por um ouvido", que resultou em uma diminuição não apenas da audição, mas também do toque, do gosto e do cheiro.

No entanto, o corpo, por outro lado, é muitas vezes entendido como algo que pode nos iludir, dominado pelo "sentimento" irresoluto e por emoções enganosas. Frequentemente somos encorajados a tirar nossas emoções das coisas e pensar apenas nos fatos da questão, mas é difícil sair de cena quando o mundo que estamos tentando entender é o mundo onde estamos. A ideia de Merleau-Ponty de que o mundo se revela para nós por meio do nosso corpo é um convite para pensar com todos os nossos sentidos. A observação não se resume apenas a "olhar", mas observar com todos os equipamentos sensoriais que temos em nosso corpo. Muito do que percebemos não vemos com os nossos olhos: entendemos objetos ao tocá-los, cheirá-los ou manipulá-los, e podemos perceber eventos que acontecem ao nosso redor e entender o modo como eles estão conectados a nós sem conscientemente vê-los. Adquirimos informações com o nosso corpo, consciente e inconscientemente.

Os estados de areia e a visão a partir de algum lugar

Foi só quando Steve Eisman e seus colegas estavam há alguns dias em Las Vegas que eles perceberam que estavam entendendo alguma coisa e que deveriam dobrar suas apostas. Foi uma decisão que lhes renderia uma fortuna e os colocaria no papel principal no desmantelamento de um esquema de pirâmide financeira que havia sido desenvolvido no início dos anos 2000, levando a um colapso do sistema financeiro global e à Grande Recessão entre 2007 e 2010.

Eisman operava o fundo de hedge FrontPoint com Vincent Daniel, Porter Collins e Danny Moses. "Descarado, imponente e focado", ele era um investidor contracorrente natural que tinha descoberto e lucrado com a crise de empréstimo de alto risco de 1997. Essa crise envolveu a concessão de empréstimos a pessoas com um histórico de crédito ruim ou inexistente e a subsequente "securitização" desses empréstimos com alto risco de inadimplência, agrupando-os em produtos financeiros aparentemente mais seguros que os bancos de investimento poderiam vender com grandes lucros.

A raiz da crise financeira global estava na securitização de empréstimos hipotecários. Como os preços de casas subiram durante os primeiros anos do século XXI, empréstimos mal regulados deram aos bancos a oportunidade de reagrupá-los para que outros os comprassem. Empréstimos tentadores eram oferecidos a pessoas com baixa renda e pessoas com hipoteca em uma casa eram encorajadas a adquirir outra hipoteca em uma propriedade adicional. Normalmente isso era repetido várias vezes, e cada empréstimo fornecia mais matéria-prima para o negócio lucrativo de securitização. Em 2005, 625 bilhões de dólares em empréstimos hipotecários de alto risco haviam sido emitidos apenas nos Estados Unidos. Depois de terem sido "originados", esses empréstimos foram vendidos para bancos de Wall Street para serem agrupados em títulos e, por sua vez, vendidos a investidores. No final de 2005, o mercado para esses chamados "títulos garantidos por hipoteca de alto risco" valia meio trilhão de dólares.

Os títulos tinham nomes esotéricos, que obscureciam o que realmente estava acontecendo — a terminologia empregada pelos financistas dava ao que eles estavam fazendo uma aparência segura, protegida e honesta. "Obrigações de dívida colateralizada" foi o nome dado a pacotes de dívidas sobre empréstimos concedidos com base em itens que foram eles mesmos batizados com nomes obscuros, onde trailers foram renomeados como "casas pré-fabricadas". Esses truques de mágica linguística dificultaram a divulgação dos detalhes desse mundo obscuro.

Os pacotes de empréstimos foram criados para proteger credores do risco de empréstimos individuais darem errado, ou pelo menos essa era a teoria. No entanto, além do jargão aparentemente inteligente, os empréstimos que as pessoas não conseguiam pagar estavam sendo revendidos em pacotes para outros investidores, que foram informados de que eram tão seguros quanto títulos do governo. Eisman percebeu o que estava acontecendo, mas sabia que tinha que examinar esse mercado de outro ângulo para poder provar que sua intuição estava correta. Ele e sua equipe se propuseram a "divulgar" o mundo deliberadamente obscuro da securitização de alto risco.

Eisman tinha uma boa visão de Wall Street como um todo, tendo trabalhado lá e em empresas ligadas a ela por mais de uma década, o que o levou a ter uma desconfiança natural das pessoas e dos métodos empregados lá. Ele conhecia os indivíduos e as firmas que faziam empréstimos para pessoas comuns e estava familiarizado com os vendedores bem-vestidos dos bancos de investimentos que vendiam os pacotes de dívidas. Ele também tinha uma equipe pequena, mas de confiança, na FrontPoint. Vinny Daniel, seus olhos e ouvidos no mercado, era "cuidadoso, atento e interessado nos detalhes" e havia começado sua carreira analisando as maçãs podres no mercado de alto risco dos anos 1990, quando passou mais de seis meses estudando detalhadamente uma grande quantidade de dados de empréstimos para entender o que estava acontecendo. Esses dados conseguiram produzir o que o filósofo Thomas Nagel descreveu como "a visão a partir de lugar nenhum": uma perspectiva objetiva e independente.

No entanto, a equipe da FrontPoint sabia que algo não cheirava bem no mercado: confrontados com mensagens contraditórias de segurança fervorosa e terminologia obscura, eles sentiram que alguma coisa não fazia sentido. Desde "o primeiro dia dissemos que iria chegar o momento em que íamos ganhar uma fortuna apostando contra isso. Ia explodir", Eisman relembrou, "só não sabíamos como ou quando". Mas a equipe teve a humildade — e a precaução — de saber que precisavam complementar sua análise e modelagem de dados com outros pontos de vista. Eles começaram a construir essa perspectiva com uma "visão a partir de algum lugar" — os chamados "estados de areia" da Califórnia, Flórida, Arizona e Nevada, onde o mercado imobiliário estava especialmente aquecido, e os hotéis extravagantes de Las Vegas.

No início de 2007, eles participaram de uma conferência para negociantes e vendedores de títulos realizada no Venetian, em Las Vegas, um hotel que Michael Lewis, cujo livro *A jogada do século* narra a história de Eisman, descreve como "Palazzo Ducale no exterior, Divina Comédia no interior". Foi lá que eles encontraram homens engravatados que ganhavam a vida vendendo garantias inflamáveis e esotéricas. Fora da sala de conferência e seus argumentos de venda, eles encontraram negociantes de título jogando dados — um jogo que, como os produtos que vendiam, tinha uma complexidade superficial que mascarava o fato de que os dados sempre favoreciam o banqueiro. Enquanto eles estavam jogando com o dinheiro de outras pessoas, os participantes da conferência eram servidos e entretidos por trabalhadores americanos mal remunerados que tinham empréstimos que mal podiam pagar relativos a propriedades cujo valor não poderia subir indefinidamente, como os modelos dos bancos haviam assumido. Um colega de Vinny voltou de uma balada e o entreteve com a história de uma stripper que conheceu e que tinha cinco empréstimos diferentes usando a própria casa como garantia. Em uma viagem para pesquisa de campo que a equipe havia feito anteriormente para a Flórida, eles conheceram um homem que alugava a casa de outro que tinha registrado a propriedade em nome do seu cachorro.

Ternos baratos, sinais fortes

A visão de Las Vegas naquele janeiro continha histórias impressionantes e muitos detalhes menores que formavam uma imagem inquietante. Eisman ficou particularmente perplexo com os ternos usados por certa casta de financistas — eles diziam alguma coisa sobre a natureza às avessas do que estava testemunhando.

Os produtos que os vendedores no hotel estavam vendendo freneticamente eram todos abençoados por agências de classificação de crédito como a Moody's ou a Fitch, e essa ungida de produtos tóxicos com boas classificações de crédito lhes dava legitimidade. Empregos nas agências de classificação deviam, segundo Eisman, ser os mais cobiçados e com os salários mais altos, já que exigiam a mais precisa análise de produtos complexos, mas ele percebeu que as pessoas que trabalhavam lá estavam usando "ternos azuis da JCPenney,[6] com gravatas que combinavam bem demais e camisas engomadas em excesso". Os ternos sugeriam para Eisman que eles não eram os atores principais no drama que se desenrolava em um momento em que eles deveriam estar sentados no pináculo do mercado, lançando um olhar crítico sobre os produtos que estavam sendo vendidos.

Daniel, Collins, Moses e Eisman deixaram Las Vegas — uma cidade que lideraria o país em execuções hipotecárias — com uma série de experiências que consolidaram sua visão do mercado. O número de pessoas presentes (7 mil em comparação com as quinhentas que tal-

---

6   JCPenney é uma loja de departamento dos Estados Unidos. (N. T.)

vez assistiriam a uma conferência regular sobre ações), bem como suas palhaçadas exageradas, seus argumentos de vendas intensos e suas roupas, disse a eles o que precisavam saber e puderam tirar suas próprias conclusões. O mercado, eles concluíram, havia enlouquecido. Eles tinham chegado na cidade acreditando que o mercado de alto risco estava destinado a cair e já tinham assumido uma posição a descoberto de 300 milhões de dólares para lucrar com isso. Ao voltar de Las Vegas, eles rapidamente aumentaram essa aposta para 550 milhões de dólares. E então, além disso, venderam a descoberto as ações da Moody's e seus analistas de ternos baratos.

Eisman e sua equipe foram espertos, analíticos e detalhistas. Eles estudaram os dados do mercado buscando por sinais para ajudá-los a entender o que estava acontecendo, o que os levou ao caminho certo. Mas em um mercado rarefeito que foi deliberadamente encoberto pelo jargão, eles precisavam de algo a mais para basear suas certezas. A imagem do mercado surgindo dos dados, "a visão a partir de lugar nenhum", era sugestiva, mas inconclusiva. Por outro lado, observações feitas em boates de striptease sobre esquemas imobiliários e em mesas de jogo dos estados litorâneos deram a eles uma visão rica e bem-situada que revelou o mundo do alto risco e deu à FrontPoint a segurança para apostar contra o mercado bem antes de outros conseguirem ver que o que estava acontecendo era um grande esquema Ponzi.[7]

Antes de ir a Las Vegas, a equipe tinha apenas uma imagem teórica do mundo do alto risco. Planilhas primorosamente elaboradas, criadas a partir de dados abstratos, eram os melhores modelos disponíveis, mas eram internamente consistentes de acordo com as crenças dos participantes do mercado, a saber, que os preços das casas continuariam a subir, as hipotecas seriam pagas e os empréstimos para pessoas com baixo salário ou sem salário eram seguros quando agrupados em títulos. Essa visão objetiva do mundo do alto risco não sobreviveu ao primeiro contato de Eisman com esse mundo em Nevada.

---

7 Esquema Ponzi é um tipo de pirâmide financeira, concebida pelo italiano Charles Ponzi no início do século xx, nos Estados Unidos. (N. T.)

Em um ensaio de 1935 sobre o corpo, o sociólogo francês Marcel Mauss afirmou que "o corpo é o primeiro e mais natural instrumento do homem", querendo dizer que o corpo está no centro de como aprendemos, percebemos e expressamos nosso conhecimento do mundo. Usando seu corpo para observar o mercado de perto, Eisman conseguiu criar uma perspectiva mais completa de um fenômeno muito complexo e de larga escala. Essa "visão a partir de algum lugar" era parcial e em primeira pessoa, mas também era concreta. Embora os modelos do mercado parecessem fazer sentido, a FrontPoint pôde ver rapidamente as inconsistências e contradições. Os preços das casas nem sempre podem subir, não é bom que pessoas com baixo salário tenham cinco propriedades, e o excesso de oferta no mercado só poderia significar uma coisa para os preços imobiliários.

Embora essas observações talvez estivessem disponíveis se você soubesse onde procurar, Eisman criou uma perspectiva baseada em experiência e não em intelecto. Ele nunca teria desenvolvido aquela imagem sem ir a Las Vegas e, uma vez lá, usou todas as suas faculdades para entender o que estava acontecendo. Os indícios que conseguiu captar ao seu redor, como os ternos estranhamente baratos, confirmaram e amplificaram a análise que a sua equipe já havia conduzido. Quem poderia saber que esse detalhe tão pequeno poderia ser um indício para solucionar um mistério financeiro?

O insight de Merleau-Ponty de que a percepção é possibilitada pelo corpo, e que é no corpo que diferentes sensações e informações das nossas interações com o mundo são unificadas, ajuda-nos a entender como Eisman e sua equipe foram capazes de tirar tanto proveito da viagem para Las Vegas. A visão objetiva do mercado continha muitos pontos de dados, mas a imersão de Eisman no mundo do alto risco o expôs a uma miríade de sinais, dicas e indícios que não apareciam nos dados. Embora alguns indícios fossem mais fortes do que outros, foi a experiência em Las Vegas como um todo que ajudou Eisman e sua equipe a entender o abismo entre a visão oficial e objetiva do mercado e o que realmente estava acontecendo.

Vivemos em um mundo em que os dados são considerados o oráculo, um fornecedor de verdade e insight. Eles são usados para nos dar uma visão objetiva e de fora, e em nenhum outro lugar isso acontece tanto como no mundo das finanças, um reino dominado por números. O modo como a FrontPoint se propôs a entender o mercado foi idiossincrático, mas a abordagem adotada para entendê-lo significou que eles riram por último. A venda a descoberto do mercado que fizeram resultou na duplicação do seu fundo, de 700 milhões para 1,5 bilhão de dólares. A chave para isso foram os indícios e dicas que seus corpos vivenciaram, mas Eisman não é o único a utilizar o poder de observação para entender o mundo de outras pessoas — ou espécies.

Os homens animais

Você não espera encontrar um advogado dormindo em um beco ao lado de uma pizzaria na zona leste de Londres nem em um buraco cavado em uma encosta galesa, e você também pode se surpreender um pouco ao ver um advogado nu na correnteza de um rio em Devon ou cheirando fezes de lontra em suas margens. O homem normalmente é o caçador, mas qual seria a sensação de ser caçado como um veado em uma charneca? Como seria passar a noite dormindo entre raposas em um beco no East End[8] de Londres? O fascínio de Charles Foster pela vida dos animais o levou a fazer algumas coisas incomuns na busca de respostas a perguntas como essas.

Foster diz que seu fascínio pelo reino animal começou quando, ainda jovem, leu com avidez todos os livros relevantes na biblioteca local. Mas ele queria ir adiante. Foster não é apenas um advogado qualificado, doutor em direito e ética médica, é também veterinário. Ele tem conhecimento sobre os animais, mas sempre pensou que havia algo de insatisfatório no saber humano a respeito deles — para ele, era algo imposto e sobreposto. Apesar dos progressos em neurociência, que podem nos mostrar que partes do cérebro de um texugo se iluminam quando ele coloca seu nariz sensível para inspecionar

---

8 East End é uma área na zona leste de Londres, de origem trabalhadora. (N. T.)

algo na floresta, nós realmente não sabemos que cheiro o mundo tem para ele. Como podemos entender como um texugo vê o mundo? E o que isso poderia nos dizer sobre como podemos ver o mundo do ponto de vista dos outros?

A resposta de Foster foi bem simples: se queria saber como é ser um texugo, ele precisava se tornar um. Isso significava pedir a um amigo que tinha uma escavadeira JCB que fizesse um cenário em uma encosta galesa, para que ele e seu resoluto filho fizessem dessa área a sua casa. Sem a teatralidade de um *game show*, eles mastigaram minhocas e insetos e andaram de quatro para inspecionar o habitat ao seu redor, como seus companheiros texugos. Texugos são criaturas que veem com o nariz e, para se preparar para isso, Foster pediu que sua mulher escondesse em casa um queijo Stilton com cheiro forte, para que ele tentasse então encontrá-lo de olhos vendados.

A grande ambição de Foster era evitar a armadilha de pensar que o modo como pensamos o mundo é igual ao modo como os outros, especialmente os animais, o veem. Para alcançar esse objetivo, ele tentou uma imersão total nos habitats de animais e uma imitação fiel do comportamento deles. "Quando sou um texugo", disse, "vivo em um buraco e como minhoca. Quando sou uma lontra, tento pegar peixes com os meus dentes".

As extravagâncias de Foster são a continuação de um fascínio muito humano e antigo por animais. As pinturas de animais na Idade da Pedra atestam um interesse milenar pelo mundo deles. A ciência moderna pode fornecer insights sobre como o olho de um pássaro enxerga o mundo ou o modo como funciona seu universo auditivo, mas conseguimos saber o que é *ser* outro animal? Um ensaio famoso do filósofo Thomas Nagel perguntou: "Como é ser um morcego?". É um fragmento clássico de ruminação acadêmica e muito diferente dos esforços de Foster. Nagel escolhe morcegos porque, como texugos, o modo como veem o mundo é diferente dos seres humanos — eles usam ecolocalização para navegar e perceber objetos. Nagel concluiu que, se os humanos pudessem se transformar em morcegos e ter a capacidade de ecolocalização, eles poderiam experienciar a vida e o comportamento de um morcego, mas argumentou que nunca poderíamos adotar a mentalidade de um morcego porque nosso cérebro não tem a mesma "fiação" que o deles. Sua conclusão, embora alcançada por meios diferentes, vai de acordo com a de Foster: comportar-se como outro animal pode nos aproximar da sua experiência do mundo.

Tentando explicar o propósito das suas proezas, Foster conversou com um amigo poeta grego sobre suas aventuras e esclareceu que se tratava de tentar entender o mundo dos outros. "Mas", contestou o poeta, "não tenho a menor ideia de como é viver no mundo de um batista sulista do Alabama", escolhendo um grupo de pessoas culturalmente distantes como exemplo. Foster estava disposto a concordar porque seu amigo poeta não tinha estado no Alabama, mas então ele percebeu que, devido ao tempo que passou com as raposas, ele havia se aproximado delas. "Eu tenho muito mais coisa em comum com uma raposa do que com um fundamentalista", disse. "Vivi com a raposa em um mundo incorporado e sensorial de madeira e terra e osso e sêmen e frio". Foster estabeleceu que são as habilidades sensoriais específicas de animais que formam suas percepções do mundo onde vivem. Ele pode não ser capaz de espelhar todas as suas habilidades, mas, ao observar seu mundo praticamente como eles o observam, o corpo em primeiro lugar, ele ficou mais próximo de entender o que é ser um deles.

Foster não é o único inglês ligeiramente excêntrico a ter tentado cruzar a barreira das espécies, mas, enquanto ele adotou uma abordagem não mediada sem muitos acessórios, o designer Thomas Thwaites tentou algo um pouco diferente. Sua história começou quando ele trabalhava num subemprego e estava um pouco desanimado com suas perspectivas de vida. Passeando com seu cachorro Noggin na direção contrária ao fluxo de londrinos que marchavam determinados para o trabalho, ele imaginou como seria a vida de um cachorro, sem preocupações com contas ou chefes, desigualdade salarial, mudança climática ou terrorismo. "Não seria bom simplesmente desligar essa habilidade particularmente humana por algumas semanas?", perguntou. "Viver totalmente o momento, sem preocupações sobre o que você fez, o que está fazendo, ou o que deve fazer? Tirar férias de ser humano — não seria bom ser um animal só por um tempo?"

Inicialmente Thwaites pensou em se tornar um elefante, e para isso construiria um exoesqueleto e caminharia pelos Alpes, tendo até mesmo recebido financiamento do Wellcome Trust para realizar esse projeto. No entanto, logo percebeu que seria difícil se transformar em um animal desse tamanho e força. Ele discutiu a situação com uma xamã dinamarquesa — alguém experiente nas formas de cruzar entre mundos, sejam eles humanos ou animais — e ela o aconselhou a tentar se tornar um bode.

Sua aventura o levou a explorar três abordagens diferentes: ele usou livros, explorou o cérebro de um bode e habitou seu corpo o máximo possível. Primeiro, ele leu sobre a cultura do bode, aprendeu sobre sua vida social e hierarquias rígidas dos rebanhos. Ele imaginou que suas aptidões linguísticas poderiam ser um obstáculo para o mundo dos bodes, então procurou um acadêmico especializado em estimulação magnética transcraniana, um procedimento que usa campos magnéticos para estimular células nervosas no cérebro para melhorar sintomas de depressão — sua esperança era de que, se esse especialista pudesse desligar a área do seu cérebro responsável pela fala, ele daria um passo adiante na sua jornada. Depois de saber que isso seria perigoso, começou a focar na transformação de seu corpo no corpo de um bode. Ele percebeu que era possível pensar como um bode, mas "sem corporeidade nunca vou sentir como um bode — eu preciso transformar meus braços em pernas e mãos em pés, também conhecidos como cascos".

Um especialista em prótese projetou um conjunto de pernas para que ele pudesse tentar andar de quatro de modo semelhante ao estilo de um bode. Ele até mesmo tentou reproduzir o campo de visão de 320 graus dos bodes, mas descobriu que isso não seria possível sem óculos de vídeo sofisticados ou tecnologia feita para periscópios de tanque. Quando ele sentiu que não conseguiria ficar mais preparado do que já estava, foi para os Alpes suíços encontrar um rebanho.

Thwaites aproveitou o tempo que passou entre os bodes. O pastor que o recebeu achou que seu rebanho aceitou bem o homem-bode, e a roupa de Thwaites permitiu que ele visse os bodes olho no olho e respirasse seu hálito fétido. Ele conseguiu "ver o mundo por outra boca" e fazer o que os bodes fazem, o que ele logo percebeu que envolvia principalmente andar até um pedaço de gramado, comer um pouco e então passar para outro pedaço alguns minutos depois. Fisicamente era difícil ser um quadrúpede nos Alpes, era "como fazer flexão com um braço só na encosta de uma montanha", e ele logo começou a suar abundantemente e sentir uma dor lancinante em seus braços exaustos. Ele percebeu que era mais fácil subir as montanhas na sua roupa protética do que descer, mas então se deu conta de que havia cometido uma gafe de bode — ficar mais alto na montanha do que o restante do rebanho pode ser uma demonstração de domínio no mundo hierárquico dos bodes, e outro bode rapidamente se movimentou para expulsá-lo do alto da ordem social. Ao final de uma semana percorrendo prados gramados e campos nevados, Thwaites sentiu que seus esforços não tinham provocado apenas uma óbvia alteração física, mas também uma alteração interna; ele ficara próximo ao mundo dos bodes ao observá-los bem intimamente.

O foco de Thwaites nos detalhes mais sutis do corpo dos bodes espelha os esforços de Foster para vivenciar o mundo dos animais que ele se propôs a entender. Os dois homens perceberam, no entanto, que, por mais que você tente, não é fácil pensar em si mesmo no mundo de outras espécies, mesmo que você possa se colocar fisicamente no lugar delas e observar o mundo como elas observam. Para Thwaites isso exigiu ficar de quatro, enquanto Foster ficou de bruços no cemitério de uma igreja, encarando raposas.

Entretanto, o que esses homens animais demonstraram é que observar envolve mais do que apenas olhos. Ela se estende para todo o corpo e, se você quiser verdadeiramente entender o mundo dos outros, sejam humanos ou animais, você precisa incorporar o mundo deles. O corpo humano está coberto por sensores químicos, mecânicos, visuais e térmicos, que nos permitem sentir o mundo ao nosso redor, e temos habilidades proprioceptivas: a capacidade de sentir a posição e o movimento do nosso corpo. Já que a maior parte do cérebro humano tem a tarefa de processar todas essas informações, parece razoável que usemos toda a gama desses recursos para compreender o mundo.

Enquanto Nagel estava interessado em explorar se conseguiríamos *pensar* em nós mesmos no mundo de um morcego, Foster e Thwaites perceberam que, tendo à nossa disposição essa quantidade poderosa de equipamentos projetados para sentir o mundo ao nosso redor, não faz muito sentido prático ou filosófico separar a mente do corpo e depender daquela e não deste. Foster questionou por que fazer algo que prejudique esses sentidos, enquanto dava um mergulho nu com lontras em Exmoor, chegando à conclusão de que "roupas de mergulho são preservativos que evitam que nossa imaginação seja fertilizada pelos rios das montanha".

Quando você está tentando entender a perspectiva de um animal, a "visão a partir de algum lugar" está no nível deles, mas não deve depender da visão apenas. Foster quer ser capaz de ler os "cheiros legíveis" da forma como um texugo os lê e reclama que os humanos "têm mãos extremamente sensíveis, mas manuseamos o mundo com luvas grossas e então, entediados, o acusamos de não ter forma". O que as aventuras de Foster e Thwaites mostram é que temos corpos que, se encorajados, podem observar o mundo de modo multissensorial

Embora possa haver alguns limites naturais ao nosso corpo — Thwaites encontrou os limites das juntas humanas ao tentar se tornar uma cabra-da-montanha e Foster desejava se tornar um andorinhão — a maior limitação é nossa insistência em usar a mente, e não o corpo, para adquirir conhecimento. Essa aquisição de conhecimento por meio da observação e não da instrução é algo que pode ser testemunhado em uma variedade de ambientes, e há um intrigante corpo de evidência científica para explicar como isso acontece.

Roubando conhecimento com os olhos

Estamos em meados dos anos 1990 e o avião do antropólogo Trevor Marchand está aterrissando em Saná, capital do Iêmen, décadas antes do início da guerra civil sangrenta que desde então pulveriza o país. O céu é perfurado por minaretes graciosos, de onde o muezim chama os fiéis para rezar. Marchand havia planejado aprender mais sobre a prática dos artífices que trabalhavam em um projeto de construção ou restauração de casas, mas logo se viu atraído por um minarete que se erguia de uma mesquita parcialmente construída no final da rua.

Como qualquer antropólogo tentando dar um "jeito" de passar tempo com as pessoas locais, ele se sentava do outro lado da obra todas as manhãs, observando as idas e vindas, na esperança de ser notado. Funcionou: um canadense de aspecto curioso não era uma visão comum nas ruas de Saná e o mestre pedreiro da nova mesquita foi perguntar o que ele estava fazendo ali. Marchand respondeu que esperava trabalhar com alguns construtores na cidade, acrescentando que estava "tentando entender o processo e o sistema de aprendizado aqui". Convenientemente intrigado, o pedreiro o convidou a observar seu trabalho.

Em minutos, Marchand estava subindo a escada repleta de detritos do minarete, ocasionalmente esbarrando em construtores perplexos em diferentes níveis da torre, antes de emergir ao sol no topo da estrutura. Em pé, no topo de um muro, contemplando uma queda vertiginosa, ele conversou com os artífices por um tempo antes de ir embora. Poucas semanas depois ele fez outra visita e lhe perguntaram com mais detalhe sobre o seu propósito. Ele explicou que era um arquiteto que estava na cidade "para trabalhar com construtores tradicionais", e acrescentou rapidamente, "eu estaria muito interessado em trabalhar para vocês". Os artífices sorriram de forma encorajadora e ele começou a trabalhar no dia seguinte.

Marchand é um arquiteto de formação, há muito fascinado pelo modo como a capacidade de construir coisas é adquirida. Uma visita a uma exposição de fotografias da arquitetura do Iêmen em uma galeria em Londres o levou a usar seu treinamento em antropologia para explorar o aprendizado e a prática de várias artes. Desde então ele estudou construtores tradicionais no Mali, treinou com marceneiros em Londres e passou mais de um ano com os construtores de minaretes no Iêmen. Em todos os três ambientes, Marchand ficou intrigado com o fato de que as pessoas aprendem habilidades intrincadas, às vezes, surpreendentemente, com pouca instrução explícita. Como, Marchand quer saber, as pessoas aprendem sem serem ensinadas?

Na mesquita, Marchand começou de baixo, como seus colegas aprendizes. Os iniciantes não são empregados formalmente e têm pouca segurança de emprego. Esses aprendizes estão no primeiro degrau da escada, literal e figurativamente, e iniciam sua ascensão no minarete e na hierarquia dos artífices com tarefas simples. O trabalho deles inclui assegurar que colegas mais capacitados tenham as ferramentas corretas e que o canteiro de obra tenha um bom estoque de suprimentos. Eles ouvem as conversas dos seus mestres com clientes sobre orçamentos, cronogramas e questões práticas que envolvem a construção de uma mesquita.

Os primeiros estágios do seu aprendizado são quase totalmente dedicados a tarefas humildes, mas que lhes dão muitas oportunidades para ver como as coisas são feitas. Com o tempo, os aprendizes passam a assentar tijolos do lado de fora do minarete e a trabalhar no enchimento entre a estrutura interna e a externa, antes de estarem prontos para enfrentar trabalhos mais intrincados. Conforme avançam nessas tarefas diferentes, algo que pode levar anos, eles aprendem a pensar e agir num espaço geométrico tridimensional complexo e adquirem um entendimento sofisticado das relações espaciais entre os materiais e o prédio.

Durante o aprendizado, Marchand descobriu, não há praticamente nenhuma instrução formal. O canteiro de obras não é um lugar para conversas e a verticalidade do minarete não se presta ao diálogo. Os aprendizes desenvolvem seu ofício quase sem nenhuma instrução oficial e não muito mais no que diz respeito à conversa informal. Marchand observou que, mesmo quando as coisas dão errado, ninguém explica o motivo; em vez disso, eles são inundados de abusos verbais. Mais extraordinário ainda, não só o ensino formal está praticamente ausente como o minarete é construído sem plantas baixas. Marchand descobriu que esses construtores inverteram o modelo ocidental: "Era completamente o contrário da minha formação como arquiteto", disse, "em que começávamos no primeiro ano preparando essas plantas. Foi só perto do final dos nossos estudos de arquitetura que começamos a aprender o modo como as coisas eram efetivamente construídas e as propriedades dos materiais".

A história dos artífices do minarete mostra um mundo que é diferente do que podemos esperar da construção de uma estrutura complexa, alta e intrincada. O conhecimento prático é enfatizado às custas do entendimento teórico, porém não é ensinado, mas sim possibilitado por meio de um processo de observação sem instrução, e os alunos não são estimulados a fazer perguntas. Em um ambiente como esse, como pode ser que, pergunta Marchand intrigado, os aprendizes conseguem aprender as artes sutis e elaboradas da alvenaria de minarete? Ele viu que, ao trabalhar em uma nova tarefa, os aprendizes se baseavam aproximadamente naquilo que eles já sabiam. Mais significativamente, ele percebeu que eles tinham um olhar muito aguçado aos gestos, movimentos e técnicas que os mais velhos empregavam — eles observavam, então imitavam e, finalmente, dominavam as ações que tinham testemunhado repetidas vezes. O conhecimento parecia que era transmitido de um corpo para outro sem palavras.

A história dos artífices do minarete é um dos muitos exemplos de aquisição de habilidade que, conforme se observou, ocorreu sem instrução explícita. Tecelões de cestas, rendeiras, dançarinos de capoeira e praticantes de ioga, todos dominam sua arte por meio da observação e imitação. O antropólogo Michael Herzfeld fala dos aprendizes que ele estudou no Oriente Médio "roubando conhecimento com seus olhos". Essa é uma interpretação, mas de que outra forma podemos explicar a transmissão do conhecimento por meio da observação — e o que isso nos diz sobre o papel do corpo na aquisição de conhecimento?

Aprendendo pela observação

Quantas vezes hoje alguém terminou uma frase para você? Essa é uma ocorrência bastante comum, e provavelmente ocorreu na sua última conversa. Quando isso acontece, o que é surpreendente é que a palavra que a outra pessoa usa é normalmente aquela que você tinha em mente, o que deixa você imaginando como ela conseguiu intuir o que você planejava dizer. Da mesma forma, mesmo quando as pessoas não dizem a palavra que você pretendia usar, elas ainda assim captam muitas vezes, com precisão, o significado pretendido da sua frase.

Considere este diálogo entre um casal: "Acho que hoje seria um bom dia para ficar no jardim, eu poderia...", ao que surge a seguinte interjeição, "cortar a grama. Sim, seria bom fazer isso agora, caso chova". Os linguistas chamam isso de "enunciado compartilhado", o fenômeno em que uma pessoa "interrompe o enunciado verbal de outra para completar uma declaração ou, de modo mais notável, uma ideia [...] que tanto o falante como o ouvinte estão construindo gradativamente no tempo real do diálogo". Os enunciados compartilhados enfatizam a ideia de que a fala é um ato coletivo e não individual. Interações de fala criam um entendimento compartilhado e demonstram que o conhecimento não é algum objeto estático que pode ser transmitido entre pessoas, mas sim criado por meio de interações.

Esses tipos de troca verbal permeiam nossa vida cotidiana e também se aproximam das interações físicas das pessoas — em outras palavras, os enunciados compartilhados da fala que resultam na nossa cocriação de significado por meio de conversas têm semelhanças físicas. Pense em ocorrências cotidianas simples, como quando você percebe que seu parceiro está com dificuldades para coar legumes em um escorredor com uma mão só, e você estende uma das suas para ajudar, ou quando você se move pelo balé intrincado de pessoas em uma estação de trem lotada sem esbarrar em quem vem caminhando na sua direção. Todas essas ações envolvem atividade compartilhada, o ato de uma pessoa começar algo e a outra terminar, e alguma forma de coordenação, pretendida ou não.

Tanto a interação por conversa quanto a física envolvem um sentido de antecipação compartilhada das ações e intenções de cada um. Embora o artífice que trabalhava no minarete não falasse muito, Marchand acha que, como o aprendiz observa o seu colega, ele anseia por concluir a tarefa que está vendo o outro artífice executar. Surge um conjunto de evidências sugestivas de que esse anseio, que pode ser identificado no modo como conversamos, também está presente quando observamos as ações dos outros.

Você já teve aquela sensação quase irresistível quando alguém demonstrava algo para você ou você os observava executando uma ação e sentia a necessidade de copiar o que estavam fazendo? Você já sentiu que o *seu* corpo estava fazendo os movimentos *deles*, como um cachorro puxando a guia? Talvez aquela pessoa que lhe mostrou como bater um *forehand* no tênis ou picou algumas ervas vigorosamente enquanto você observava, ou talvez você fosse o passageiro em um carro enquanto o motorista trocava as marchas ao acelerar na estrada. Mesmo se você resistir ao anseio de seguir as ações deles, seu corpo está vivenciando a sensação de executar essas ações sem efetivamente realizá-las fisicamente. A sensação visceral de que você está quase fazendo o que você está vendo alguém fazer, ou a leve sensação de que seu corpo está se preparando para executar essa ação, pode ser explicada pela teoria da simulação motora.

A teoria da simulação motora surgiu na virada do século a partir do campo habitado por cientistas cognitivos, neurocientistas e psicólogos. Embora essas disciplinas sejam focadas no entendimento do cérebro e da mente, ao longo das últimas décadas muitos nesses campos passaram a entender que o modo como pensamos, o que sabemos e a experiência sensório-motora estão intimamente ligados. Sensório-motor refere--se à combinação das funções sensoriais e motoras e normalmente é contrastado com as habilidades cognitivas. No entanto, pesquisadores demonstraram como certos estados cognitivos relativos à ação se relacionam à execução da ação; mais precisamente, eles demonstraram que imaginar uma ação sem executá-la ativa os mesmos caminhos neurais. Colocando de uma forma simples, pensar na execução de uma ação aparece no cérebro como se a ação tivesse realmente sido executada.

Pense nos aprendizes que conseguiam aprender sem serem explicitamente ensinados. Eles estavam desenvolvendo habilidades enquanto observavam o mestre artífice, e a ciência da simulação motora explica como esse aprendizado por observação funciona: ele ativa sistemas motores no cérebro que são semelhantes àqueles acionados durante a própria ação. O que é fascinante sobre a teoria da simulação motora é que ela descreve não apenas o que está acontecendo no cérebro, mas o que está acontecendo no corpo também. Como o corpo está se preparando para executar essa tarefa, inervações (atividade do nervo) precisas ocorrem nos músculos de partes relevantes da nossa anatomia. Podemos ou não conseguir sentir isso, mas, de qualquer jeito, após pensar em uma ação ou observá-la, nossos corpos estão melhorando a força, velocidade e controle dos músculos relevantes. No canteiro de obras, isso acontecia constantemente conforme os artífices observavam outros executarem ações habilidosas ou pensavam nelas. Como diz Marchand, "o sistema motor do corpo produz 'entendimento' a partir do corpo". A simulação motora é o mecanismo no centro da imitação e, nesse contexto, do aprendizado de novas habilidades.

Pegue um ato aparentemente simples como uma cambalhota e volte aos seus anos de escola, quando estava aprendendo sobre elas com o professor de ginástica. Ele pode muito bem ter descrito o que fazer, mas é bem provável que tenha demonstrado também. Mesmo para um adulto com boas habilidades linguísticas, descrever como dar uma cambalhota é bastante difícil. É muito mais fácil demonstrar — e melhor também, porque aqueles que estão assistindo conseguem usar seus corpos para aprender. Como mostra a teoria da simulação motora, o ato de observar uma ação por si só prepara o corpo para realizar a ação. A ideia de uma cambalhota está ocorrendo no seu cérebro, e seu corpo consegue entender o que será preciso fazer quando ele pisar no tapete para exercícios.

A teoria da simulação motora ajuda a explicar por que a observação está no centro da aquisição de conhecimento pelo corpo; ao observar as atividades dos outros, nosso corpo e cérebro trabalham em conjunto para preparar o terreno para que executemos a ação, traçando os caminhos neurais e preparando o corpo para o que acabamos de ver. É por isso que a simulação motora ajuda a explicar como adquirimos habilidades complexas e oferece uma explicação que está menos ligada à ideia de instrução ou à memorização de normas e mais ligada a algo que ocorre quando o conhecimento é desenvolvido com nosso corpo.

No entanto, a maioria das habilidades não são coisas que podemos adquirir apenas pela observação — isso é apenas o primeiro passo no caminho para adquirir conhecimento incorporado. Construir o que pode ser aprendido por meio da observação leva tempo, e o conhecimento incorporado é intensificado por meio da prática e da repetição.

Capítulo 5

Prática

"Aprendemos uma arte ou ofício fazendo as coisas que
teremos que fazer quando já tivermos aprendido.
Exemplo: homens se tornam construtores construindo
casas e se tornam tocadores de lira tocando lira. Analogamente,
nos tornamos justos realizando atos justos, moderados realizando
atos moderados, corajosos realizando atos corajosos."
ARISTÓTELES, ÉTICA A NICÔMACO[9]

Como andar de bicicleta

Aposto que você sabe andar de bicicleta — gostamos de pensar que
poucas coisas são mais fáceis do que isso. Não é algo difícil de fazer
e, após ter aprendido, você nunca mais esquece. Mas se eu pedisse
que você explicasse *como* andar de bicicleta, as coisas começariam a
ficar um pouco mais difíceis. Você pode me dizer que é preciso uma
certa velocidade para se equilibrar ou que, se não parar de pedalar, a
bicicleta ficará em pé. Mas além dessas explicações simples, suspeito
que você terá dificuldade para dar mais detalhes.

Ocorre que, desde que o primeiro equipamento semelhante, o velocípede, surgiu em 1817, os cientistas vêm tentando entender como
é que andamos de bicicleta. Como diz Mont Hubbard, engenheiro
mecânico da Universidade da Califórnia em Davis, "Todos sabem andar de bicicleta, mas ninguém sabe como andamos de bicicleta". Foi

---

9 Tradução de Edson Bini, In: Aristóteles. *Ética a Nicômaco.* 2ª ed. Bauru: Edipro,
2007. p. 68. (N. T.)

apenas recentemente que cientistas entenderam o que é que permite um ciclista se equilibrar enquanto pedala. O trabalho pioneiro de Jim Papadopoulos, um engenheiro mecânico "fracassado", mas brilhante, está no centro dessa história. Nos anos 1980, Papadopoulos estudou mais de trinta trabalhos científicos publicados anteriormente que tentaram conectar a geometria de uma bicicleta e as leis da física à arte de andar de bicicleta. Não demorou muito para ele rejeitar grande parte do que estava lendo, classificando como "ciência ruim" muitos dos trabalhos nos quais descobriu erros fundamentais. Levou mais um ano para que ele tivesse o que acreditou ser o conjunto definitivo de equações para andar de bicicleta, quando a equipe de pesquisa da qual ele fazia parte, o Cornell Bicycle Research Group, ficou sem financiamento. Papadopoulos foi forçado a recorrer a uma série de empregos insatisfatórios como professor após ter publicado apenas um artigo sobre o seu trabalho. A revelação pública do mistério de andar de bicicleta teria que esperar.

Foi só no final nos anos 1990, quando seu antigo colaborador de Cornell, Andy Ruina, começou a trabalhar com um pesquisador de Delft, nos Países Baixos, que o trabalho de Papadopoulos foi revisitado. Em um ano os três produziram coletivamente o que hoje é considerado como as equações conclusivas, que eles publicaram em uma conferência na Coreia do Sul em 2007. Finalmente, existia a matemática para explicar o que as pessoas estiveram fazendo por quase duzentos anos, em uma estimativa de 2 bilhões de bicicletas em todo o mundo.

Com a matemática em mãos, a equipe de cientistas começou a realizar uma série de experimentos mais práticos e descobriu que as bicicletas ganharam, por tentativa e erro, uma série de características de design que torna possível andar de bicicleta. Uma dessas características é "arrastar" — a capacidade da roda dianteira de operar como um rodízio em um carrinho de supermercado que gira na direção em que está sendo empurrado. Eles também aprenderam que a direção e o movimento do corpo contribuem para o equilíbrio, embora o movimento do corpo tenha um impacto menor no equilíbrio do que a direção, que é essencial. A estratégia básica para equilibrar uma bicicleta, eles demonstraram, é dirigir rumo à queda indesejada.

Você deve saber que vai na direção em que está se inclinando, embora o faça sem saber que é isso que está fazendo quando anda de bicicleta. A ideia de ir rumo à própria queda parece contraintuitiva. É duvidoso que isso tenha sido parte da sua explicação e é improvável que tenha sido uma das suas instruções se você alguma vez ensinou alguém a andar de bicicleta. Tudo que consigo lembrar quando coloquei meus filhos em cima de duas rodas era de implorar: "continuem pedalando!".

Em 1869, o engenheiro escocês William Rankine comentou sobre o fenômeno da contradireção — quando um ciclista pode dirigir para a direita movendo brevemente o guidão para a esquerda. Trinta anos depois, o matemático de Cambridge, Francis Whipple, produziu um modelo matemático de uma bicicleta que ele usou para explorar a autoestabilidade, a capacidade de uma bicicleta de se recuperar automaticamente de um distúrbio lateral e voltar a se equilibrar.

No entanto, a capacidade de andar de bicicleta não depende do conhecimento da física complexa de equilíbrio, gravidade e momento. Como demonstrado pelas dificuldades dos matemáticos e especialistas em física para entender o ato de andar de bicicleta, podemos fazer algo sem uma explicação formal de como isso é possível. Por outro lado, como David Jones demonstrou em um artigo para *Physics Today* nos anos 1970, e em uma ilustração nítida da natureza da habilidade corporal, também é possível andar em bicicletas que, em teoria, não podem ser pilotadas. Por meio de tentativa e erro, a maioria de nós consegue dominar essa arte. É uma experiência prática que não depende de entender como— aprendemos a andar de bicicleta andando de bicicleta.

Descobrimos que, quando vamos muito devagar, começamos a tombar, e que movimentos rápidos e bruscos derrubam a bicicleta. Formamos um senso físico da relação entre o movimento do nosso corpo, a bicicleta, a velocidade na qual estamos andando e o chão sobre o qual estamos pedalando. Inicialmente, pensamos em um desses elementos mais do que no outro, e supercompensamos, reagimos além do normal e nos espatifamos. Logo aprendemos a virar mais suavemente e pegar velocidade quando cambaleamos, e caímos menos. Em um curto espaço de tempo, a bicicleta não é mais um objeto mecânico que é diferente de nós, mas uma extensão do nosso corpo.

Os artigos publicados pela equipe de Delft contêm uma massa de equações e diagramas explicando a geometria de uma bicicleta e a combinação de forças e comportamentos do ciclista que a mantém em pé. Com esse conhecimento explicado pela primeira vez em 2011, o roboticista Masahiko Yamaguchi conseguiu apresentar um pequeno robô chamado Primer-V2 que era capaz de andar em uma bicicleta miniatura. Usando os insights da análise de humanos e do andar de bicicleta, Yamaguchi projetou o robô para usar a direção e se manter em pé. Ele projetou o robô apto a explorar o potencial da tecnologia para imitar habilidades humanas simples, e seus esforços mostram como até mesmo a mais simples das ações pode ser complexa. Por exemplo, o robô para ao colocar o pé no chão, o que é algo que humanos fazem instintivamente, mas esse foi um dos problemas mais difíceis que ele enfrentou quando o projetou.

O trabalho de Yamaguchi de criar um robô que consegue andar de bicicleta não torna a nossa habilidade humana menos impressionante. Na verdade, parte da sua motivação para construir o Primer-V2 foi explorar a conexão entre conhecimento e habilidades práticas — a coexistência entre a incapacidade de dar uma explicação formal de uma ação e a capacidade de executá-la é algo que a ação de andar de bicicleta ilustra. Por um lado, o esforço para entender como andamos de bicicleta mostra que os seres humanos podem executar habilidades sem ter qualquer conhecimento dos princípios subjacentes que as tornam possíveis.

Por outro, andar de bicicleta ilustra nitidamente que podemos possuir conhecimento que escapa à articulação mental. A maioria de nós sabe andar de bicicleta, mas não conseguimos nem começar a colocar em palavras *como* fazemos isso. O cientista Michael Polanyi, que era fascinado por essa relação entre conhecimento explícito e o conhecimento que achamos difícil articular, que ele chamou de "implícito", observou que "podemos saber mais do que conseguimos dizer". O conhecimento que se tornou incorporado, como a capacidade de andar de bicicleta, é difícil de ser colocado em palavras.

Qualquer que seja o tempo que os cientistas levaram para descobrir como andamos de bicicleta, nós achamos razoavelmente fácil aprender a andar de bicicleta — é preciso pouco mais de um fim de semana no parque para colocar as crianças em duas rodas e, embora elas melhorem com o tempo, nós não esquecemos a habilidade básica. Mas nem todas as habilidades são fáceis de desenvolver; algumas exigem muito mais prática e repetição.

Ambientes de habilidade

Quando Aristóteles falava sobre "construtores construindo" e "tocadores de lira tocando", ele estava sugerindo que o que fazemos forma quem somos, e que quanto mais fazemos as coisas, mais intimamente ligados a elas nós estamos. A facilidade de um contador com o Excel, o domínio da máquina de fazer café pelo barista ou a capacidade do fazendeiro de saber se as colheitas estão maduras são essenciais para suas identidades. E em lugar algum isso é mais evidente do que entre artífices.

Erin O'Connor é uma socióloga que vem de uma família de artífices. Seu interesse como aluna de pós-graduação está em entender como as pessoas se tornam proficientes em conhecimento prático e como as habilidades são transmitidas e desenvolvidas, e ela era fascinada pela relação entre instrução e aprendizado pela prática. Em 2003, matriculou-se na New School, em Manhattan, uma das poucas universidades americanas que coloca a filosofia europeia no centro do seu ensino. Lá, os alunos são incentivados a mergulhar na densa teoria dos pensadores continentais do início e meados do século xx. A princípio, seus orientadores a incentivaram a ler o máximo possível desse trabalho. Ela lembra que o plano inicial para seus estudos era "teoria, teoria, teoria", mas ela logo percebeu que o que ela estava lendo não a ajudaria a compreender a experiência de criadores e a maneira como os ambientes nos quais eles aprendem afetam a aquisição de habilidades. Sua cabeça estava cheia de ideias de filósofos, mas o mundo da arte permanecia distante, uma constatação impressionante que fez com que a ideia de se tornar ela mesma uma aprendiz de artífice parecesse um passo importante para entender habilidades.

Certa de que precisava fazer mais do que ler teoria, Erin entrou em contato com o New York Glass, um estúdio de vidro soprado sem fins lucrativos. O diretor educacional de lá sugeriu que, se ela quisesse aprender sobre vidro soprado, poderia ir e observar, mas explicou que não achava que observar seria suficiente e que ela deveria aprender participando. "Eu gostaria de aprender de fato", ela lhe disse. Embora os cursos estivessem lotados, combinaram que ela poderia observar as aulas e, quando possível, arregaçar as mangas e se envolver. Em uma pesquisa anterior com fabricantes de móveis nas Montanhas Catskill, no interior de Nova York, observando de fora o que os fabricantes faziam, ela se sentiu uma voyeur, o que acabou sendo uma experiência bastante desincorporada; dessa vez ela esperava que fosse diferente.

"Quando as portas se abrem, você sente o cheiro de carvão, fuligem e suor. Tem um cheiro especial de metal quente no ar — você fica impregnada com ele". Os sons da "oficina quente", o termo usado para oficinas de sopro de vidro, são essenciais para a experiência sinestésica e multissensorial que O'Connor descreve. "O som não é só das fornalhas. É das pessoas conversando", ela relembra. "O sopro de vidro é uma prática colaborativa, de forma que você ouve apenas conversas, conversas sem parar, o som do metal no metal". O vidro fundido incandescente, a visão que ela esperava que fosse a mais dominante na sua experiência, foi praticamente a última coisa que ela lembra daquele encontro inicial.

Ao entrar no New York Glass, O'Connor foi imediatamente atingida pela rica atmosfera do lugar. Ela resiste à ideia de que foi *atingida* pelas visões e sensações da oficina quente, mas, no entanto, invoca as palavras de "We Are the World", do supergrupo USA for Africa, explicando que parecia menos com um mundo no qual ela havia entrado e mais como se a oficina quente fosse um mundo que agora estava dentro dela.

Inicialmente O'Connor apenas observou, mas era comum que um aluno faltasse, e aí ela podia participar. Logo ela não estava apenas aprendendo como as pessoas aprendem a soprar vidro, mas estava ela também aprendendo a soprar vidro. Ela descobriu que, embora dessem instruções, o conhecimento de como soprar vidro foi obtido por meio de uma experiência imersiva e altamente sensorial em um ambiente muito único. Sopradores de vidro são criados no calor, cheiro e barulho da oficina. Assim como os sopradores de vidro moldam vidro, os estúdios de vidro moldam o corpo de sopradores de vidro enquanto estes aprendem a difícil habilidade de transformar vidro fundido em bonitos objetos.

Soprar vidro, como conta O'Connor, é difícil. Ela relembra quando aprendeu a habilidade da "coleta", usando um tubo oco do tamanho de um cabo de vassoura para tirar vidro líquido da fornalha. Os sopradores de vidro fazem isso de um jeito parecido com como tiramos mel de um pote, girando a colher para criar um corpo de líquido viscoso. No início isso não é fácil e o tubo de sopro pode penetrar muito fundo no vidro ou no ângulo errado, mas pela repetição ela chegou a um nível decente de aptidão. Ao longo do tempo, seu corpo parecia saber o que fazer. Depois de seis meses como aprendiz, sua "coleta" não tinha se tornado natural, mas ela conseguia fazer suficientemente bem, então era o momento de passar para o teste de iniciação por excelência no mundo do sopro de vidro: soprar um cálice.

Moldar o vidro depois de tê-lo removido da fornalha é mais difícil de dominar. Tendo coletado o vidro, ela estava soprando o que se tornaria um vaso, mas ficou quente, viscoso e difícil de controlar. O'Connor lembra do seu instrutor Alan falando para ela "montar na bolha", mas ela realmente não entendeu o que ele queria dizer. Ela conta sobre o processo de rolar o vidro em uma marma: com um par de pinças de soprador de vidro, gira-se a bolha para moldá-la, tentando impedir que o bulbo de vidro dobre. Ela estava com dificuldade, até que Alan chegou e ajustou levemente o ângulo das suas mãos nas pinças; de repente a ideia de montar na bolha fez sentido. O movimento preciso do pulso que Alan realizou com as mãos sobre as de O'Connor deu significado à instrução, e a ação estava agora funcionando.

O'Connor conta sua jornada, da luta para realizar mesmo as tarefas mais simples de sopro de vidro à sua primeira tentativa de taça, quando ela se viu pensando menos no que estava fazendo e percebeu que seu corpo estava dominando cada vez mais. Ela lembra também a primeira vez em que percebeu que seus braços continuavam a rodar o tubo de sopro enquanto ela ia até a mesa de aço trabalhar no vidro coletado. Seu corpo sabia o que fazer e ela estava se tornando uma sopradora de vidro: alguém com prática nessa habilidade.

O'Connor é modesta sobre as habilidades que adquiriu, e continua admirada com a destreza das pessoas com quem trabalhou. Elas a ajudaram a deixar de ser uma principiante e passar para certo nível de competência por meio de alguma instrução, mas, acima de tudo, por deixá-la fazer parte de um ambiente no qual a habilidade estava sendo executada. No entanto, ela também percebeu que o desenvolvimento de uma habilidade é algo que acontece fazendo as coisas repetidamente — a jornada entre aprendiz sem habilidade e mestre se estende ao longo do tempo.

O caminho para a maestria

A morte de Hubert Dreyfus em abril de 2017 roubou da filosofia um de seus grandes personagens. Discípulo americano do trabalho de Heidegger e Merleau-Ponty, ele foi um dos primeiros e mais articulados céticos da inteligência artificial. Sua desconfiança dos argumentos de que computadores poderiam ser inteligentes nasceu da influência dos pensadores europeus com quem estudou em Paris nos anos 1950. Os humanos aprendem de forma bem diferente dos computadores, argumentou Dreyfus; enquanto os computadores aprendem reunindo pedaços de informações e os rearranjando em formas que seguem regras previsíveis, os humanos adquirem conhecimento por meio das interações com os ambientes e realizando ações repetidamente.

O corpo não é apenas como vivenciamos o mundo; ele está também no centro da explicação de Dreyfus de como os humanos desenvolvem suas habilidades. Ele acreditava que usamos nosso corpo para dar sentido às situações em que nos encontramos e que nosso corpo aprende por meio da ação. O corpo reage ao resultado das suas ações: ele absorve feedback e consequentemente começa a saber o que fazer. Dreyfus construiu uma teoria sobre como as habilidades são adquiridas, na qual a diminuição do papel da instrução ou do pensamento consciente é uma ideia central. Ele encontrou grande aceitação em muitas áreas e influenciou disciplinas tão distintas como IA, robótica, trabalho social e enfermagem.

O tempo que Dreyfus passou na França deu início a um caso de amor com carros europeus, e um vw Karmann Ghia conversível e em perfeito estado era seu orgulho e alegria. Dirigir tornou-se um exemplo favorito em seu relato sobre aquisição de habilidade, mas qualquer tipo de habilidade prática, seja sopro de vidro, arte culinária ou habilidades cognitivas mais óbvias como xadrez, estão todas em conformidade com o seu modelo, que tabelou a progressão do principiante até a aquisição de conhecimento específico.

Principiantes. Ao ensinar um iniciante, um instrutor de vela divide as coisas em suas partes mais simples. Por exemplo, ele poderia mostrar como identificar de qual direção o vento está vindo ou explicar que um barco a vela só pode "apontar" para o vento até certo ponto antes de parar. Essas são coisas que devem ser aprendidas, mas por si só elas não farão um bom marinheiro, nem mesmo um marinheiro competente — elas são pedaços de informações sem o contexto necessário que um marinheiro precisará para entendê-las.

Um iniciante mais avançado passa da implementação de regras básicas para o pensamento sobre o que ele aprendeu por meio da experiência ou do seu professor. O marinheiro pode seguir uma máxima como "quando a área da vela próxima ao mastro começar a se agitar, desvie o barco da direção do vento". A instrução nesse estágio está focada em ajudar o aluno a aprender a reconhecer situações e armá-lo com regras gerais que permitem que ele responda de forma apropriada.

Competentes. O aumento da habilidade é marcado pela capacidade de reconhecer o que inicialmente pode parecer um número avassalador de coisas em uma única situação. Nesse estágio do seu aprendizado, um aluno começará a reconhecer quais características de uma situação ele deve focar e resolver. No entanto, dado o grande número de situações diferentes que eles provavelmente enfrentarão, dificilmente poderá ser dada orientação específica sobre cada uma. Por exemplo, um marinheiro precisa aprender como reagir a repentinas rajadas de vento, o que pode significar afrouxar a corda que controla a vela ou mudar o peso do corpo — pode não haver uma regra única para como reagir e eles precisam aprender o que pode funcionar melhor por meio da experiência. Dreyfus sugere que é nesse estágio do processo de aprendizado que a preocupação com o nosso desempenho começa a entrar em ação. Tanto o professor como o aprendiz passam a dar ênfase ao que funciona melhor e por quê, uma experiência que alimenta reações subsequentes a situações semelhantes.

Proficientes. Essa sensação de estar envolvido na tarefa é essencial para o desenvolvimento de uma habilidade. Também fundamental nesse estágio de aquisição de habilidade é o que Dreyfus chama de substituição de "resposta embasada por reações intuitivas", uma vez que são assimiladas experiências em diferentes situações, nossas respostas e o resultado disso. Um ciclo virtuoso de feedback é criado ao começarmos a entender o que funciona.

É nesse estágio que a passagem de seguir as regras para saber o que fazer começa a se tornar mais óbvia. A capacidade de identificar situações que foram enfrentadas no passado e perceber o que funciona se torna evidente. Por exemplo, será dito a um marinheiro que, quando estiver navegando a favor do vento, ele deve deslocar seu peso para a frente do barco para evitar que a popa se arraste na água. A partir da experiência ele começará a sentir a diferença no desempenho do barco que essa ação produz, e aprenderá a sentir como a posição do seu corpo muda como o barco navega.

Alguém que é proficiente pode ver o problema que precisa ser solucionado, mas ainda precisa pensar em qual é a resposta. Eles não dividem a situação em seus elementos individuais, como os iniciantes fazem, mas enfrentam ou se envolvem com ela como um todo — este barco, neste trecho de água, nessas condições de vento, navegando nessa direção relativa à maré. Com proficiência, um entendimento baseado na experiência que ocorre sem esforço consciente começa a surgir. A habilidade que eles adquiriram é a capacidade de reconhecer o padrão de uma variedade de fatores diferentes.

Especialistas. O especialista não apenas sabe o que precisa ser feito, mas como executar a ação corretamente: eles têm experiência suficiente em uma variedade de situações para saber o que funcionará. Respostas imediatas e intuitivas são a característica do especialista. O marinheiro especialista sabe quando seu barco está sendo sobrecarregado pelo vento e que precisa soltar a vela para recuperar o controle, e o faz sem pensar. Claro, às vezes múltiplas soluções se apresentam e uma resposta instintiva nem sempre é apropriada, mas um especialista sabe quando desacelerar e pensar em suas opções usando sua capacidade de ler a situação em que se encontra.

Conforme passamos por esses vários níveis de habilidade e chegamos ao nível de especialista, uma outra coisa acontece: pensamos menos no que estamos fazendo e começamos a sentir não que estamos "fazendo algo", mas que estamos "dentro" do que estamos fazendo. Não estamos velejando em um barco — nós estamos velejando. Estamos pensando não nas tarefas individuais — mudar o peso, pilotar, controlar a vela — como componentes separados da atividade, mas em executá-las de uma forma composta. Todos eles se juntam e nós passamos da solução de problemas independentes e tomada de decisões para fazer o que precisa ser feito de uma forma fluida e natural. Apenas quando as pessoas não estão realmente pensando no que estão fazendo, sugere Dreyfus, é que podemos chamá-las de especialistas.

Quando começamos a aprender uma habilidade, precisamos aprender as regras ou a teoria que sustentam uma atividade, mas, conforme desenvolvemos a maestria, não precisamos pensar nelas e conseguimos intuitivamente fazer a correspondência entre novas situações e as respostas corretas, com base em experiências passadas. Dreyfus via nossa falta de confiança nas regras e nossa capacidade de reconhecer o que está acontecendo e reagir de acordo como uma marca do que torna a inteligência humana tão especial. Ele via que dominar uma atividade exige que aprendamos algumas proposições ou regras que nos orientam no começo, mas que, ao longo do tempo, podemos arquivá-las até que, como especialistas, não precisamos mais nos basear nelas. Quando nossos corpos apenas sabem o que fazer, podemos dizer que adquirimos expertise.

Pensar e sufocar

Tornar-se um expert não é o fim da história, uma vez que a manutenção da expertise requer o desenvolvimento de uma relação específica entre a mente e o corpo. Em seu famoso artigo *"Roger Federer as Religious Experience"* [Roger Federer como experiência religiosa], David Foster Wallace reflete sobre a beleza do jogo do campeão mundial de tênis. É uma meditação sobre o que é conhecido como "sentido cinestésico", a capacidade de controlar o corpo e sua extensão artificial — a raquete — por meio de uma série de tarefas extremamente rápidas. É isso que permite que Federer devolva um serviço do seu oponente em menos tempo do que é necessário para piscar rapidamente duas vezes. Jogadores profissionais de tênis aprimoram essa habilidade por meio de milhares de golpes, desenvolvendo a capacidade de fazer por "sentir" o que não pode ser feito por pensamento consciente. O fato de que Federer não pensa conscientemente no que fazer está espelhado na nossa própria execução de habilidades complexas. Na verdade, é útil poder fazer as coisas sem pensar, porque pensar pode retardar a nossa execução.

Uma revelação: eu sou um péssimo esquiador. Eu nunca esquiei quando criança, e dá para perceber. Eu exibo os sinais esquisitos de alguém que começou a praticar o esporte já adulto e certamente não o domina; meu corpo "simplesmente não sabe o que fazer". Às vezes, quando vou esquiar, passo os primeiros dias retomando o ritmo e tenho que dizer a mim mesmo o que fazer: "incline-se para descer a montanha", "coloque seu peso no esqui de descida". Depois de uns dias, meu comentário contínuo de instruções pode ser silenciado e meu corpo começa a assumir o controle, mas, quando enfrento algo que me amedronta ou parece difícil, o comentário recomeça. Quando me deparo com essas situações, quanto mais penso nisso, mais difícil parece.

Há evidência abundante da psicologia cognitiva e da neurociência que demonstra que pensar em excesso leva a um declínio no desempenho. Em pé, no topo de uma pista particularmente assustadora, vivenciei o que a ciência demonstra: "refletir conscientemente sobre o que se sabe sobre uma habilidade normalmente prejudica sua execução adequada". Em casos como esse, há uma relação negativa entre reflexão consciente e ação qualificada.

Vamos pensar no modelo de Dreyfus de aquisição de habilidade e em duas observações importantes que ele faz. Uma diz respeito à decomposição dos componentes da habilidade nos primeiros dias de aprendizado — dividi-la em suas partes constitutivas para que possamos nos concentrar em cada parte isoladamente. Nós paramos de fazer isso quando nos tornamos especialistas; o conhecimento de quais ações executar não exige controle cognitivo constante, e há evidências sugerindo que a atenção aos componentes de uma habilidade bem aprendida pode prejudicar o seu desempenho.

A segunda observação importante do modelo de Dreyfus está relacionada ao papel da linguagem na aquisição de habilidade. Nos primeiros estágios do aprendizado, nós recebemos instruções orais ou as emitimos para nós mesmos: "incline-se para descer a montanha". O que é útil no começo, mas, conforme ficamos bons nas coisas, isso não é mais necessário — de fato, a evidência sugere que o que é conhecido como "ofuscamento verbal" na verdade se torna contraprodutivo. Em um experimento relatado em 1990, os participantes tiveram que verbalizar o que conseguiam lembrar de um estímulo difícil de verbalizar, neste caso, o rosto de um assaltante de banco, e tiveram maior dificuldade em reconhecer o rosto do que aqueles que não tiveram que descrevê-lo em palavras. A verbalização criou uma representação baseada em linguagem que ofuscou aspectos da memória perceptiva difíceis de serem verbalizados. Desde então ficou demonstrado que esse conceito também se aplica à atividade.

Estudos mostram que, quando pensamos no que estamos fazendo, dividimos uma habilidade em etapas, sendo que cada uma delas deve ser executada separadamente pelo nosso cérebro. Isso desacelera as coisas e a transição dos componentes da habilidade — "incline-se para descer a montanha", "coloque seu peso no esqui de descida" — cria mais espaço para erros entre cada etapa. No início de qualquer aprendizado, precisamos focar no que estamos fazendo e dividir em etapas distintas, mas, à medida que vamos melhorando, conseguimos executar a tarefa "como um todo". A verbalização do que estamos fazendo divide uma atividade nas suas partes constitutivas, o que é contraprodutivo para a execução da tarefa. Vamos explorar o que está acontecendo aqui em mais detalhes com o golfe, que é um esporte que pesquisadores experimentais nessa área favorecem.

Em uma pesquisa conduzida pela cientista cognitiva Sian Beilock e seus colegas, jogadores experientes de golfe (com handicap[10] abaixo de oito) tiveram que realizar tarefas com o taco *putter*[11] sob duas condições diferentes. Na primeira, eles tinham que prestar muita atenção ao *swing*[12] e, no momento em que a cabeça do taco parava seu *follow-through*,[13] eles tinham que dizer "pare" em voz alta. Os pesquisadores chamaram isso de "condição focada na habilidade". Na segunda, os jogadores tinham que dar uma tacada ouvindo uma série de tons gravados. Quando eles ouviam um zumbido, eles tinham que dizer "tom". Os pesquisadores se referiram a isso como a "condição de tarefa dupla".

Os jogadores de golfe tinham vinte tentativas para dar uma tacada de locais diferentes em distâncias diferentes de um buraco, e cada um deles tentou sob a condição focada na habilidade e a condição de tarefa dupla. Os resultados foram claros: os jogadores experientes tiveram um desempenho significativamente melhor ao ouvir o tom do que quando estavam focando no final do *swing*. O experimento demonstrou que jogadores experientes de golfe conseguem dar tacadas corretamente ao executar outra tarefa, mas quando têm que focar no que estão fazendo, ela se torna menos precisa.

---

10 Handicap, no contexto do jogo de golfe, é a pontuação que mede a habilidade de um jogador de golfe. (N. T.)
11 *Putter* é um tipo de taco de golfe usado para tacadas curtas, com o objetivo de colocar a bola no buraco. (N. T.)
12 *Swing* é o movimento do corpo para dar a tacada. (N. T.)
13 *Follow-through* é a continuação da ação após o impacto do taco na bola. (N. T.)

O experimento demonstrou que uma habilidade bem aprendida pode na verdade ser prejudicada quando você tem que pensar no que está fazendo. Isso está de acordo com pesquisa semelhante que se refere à ideia de "sufocar", em que a pressão por desempenho pode fazer com que as pessoas comecem a decompor uma tarefa em seus componentes individuais, introduzindo erro, interrupção e uma diminuição no desempenho. Esses experimentos demonstram que, quando alguém desenvolveu uma expertise, pensar nas coisas em excesso pode prejudicar o desempenho. Mas e os iniciantes que ainda estão trabalhando para subir os degraus do desenvolvimento da habilidade?

Em um estudo de acompanhamento, os mesmos pesquisadores que conduziram o experimento com os jogadores de golfe exploraram o desempenho de jogadores de futebol iniciantes e jogadores habilidosos ao driblar com uma bola por um percurso em zigue-zague. Como os jogadores de golfe, os jogadores de futebol tiveram que driblar sob duas condições: enquanto prestavam muita atenção no que estavam fazendo e quando se concentravam em outra tarefa — ouvir um tom. O experimento demonstrou que os jogadores menos proficientes foram melhores no drible quando estavam concentrados no que estavam fazendo, mas, tendo que se concentrar em outra tarefa, o desempenho foi impactado de forma negativa. Ao contrário, o desempenho de jogadores qualificados não foi inibido quando tiveram que focar em outra coisa — tendo dominado a habilidade de drible, eles tinham atenção de sobra. Todos nós nos beneficiamos desse tipo de superávit de atenção na nossa vida cotidiana, que nos permite executar duas tarefas ao mesmo tempo; podemos especular que o corpo que "simplesmente sabe o que fazer" pode, nos momentos iniciais do desenvolvimento da nossa espécie, ter possuído uma vantagem evolucionária.

Há muita pesquisa que dá suporte a essas conclusões, mas algumas pessoas alegam que a ideia de que especialistas podem executar suas habilidades sem pensar não é útil nem correta. Conforme observa Barbara Montero, a bailarina que se tornou filósofa, "O balé exige esforço: aquelas ninfas etéreas em *Les Sylphides* que parecem simplesmente levitar na verdade estão pulando exaustivamente". O argumento dela é que, embora o desempenho de dançarinos e estrelas esportivas possa ter a aparência de automaticidade impensada, na verdade é resolução, foco e autoanálise implacável. Ela sugere que é um erro assumir que uma aparente falta de esforço significa que as coisas são fáceis. Montero tem razão e certamente deveríamos reconhecer o tempo, esforço e prática necessários para o domínio e manutenção de habilidades, especialmente quando o desempenho é realmente importante. A jornada de iniciante para especialista é longa, mas campeões e realizadores de alta qualidade sempre acham que existe espaço para aprimoramento.

As conclusões do experimento rigoroso dos pesquisadores sobre desempenho esportivo não sugerem categoricamente que, após ter dominado uma habilidade, você consegue passar para uma forma mágica de piloto automático. Embora o trabalho deles demonstre que prestar atenção a cada etapa durante uma execução pode ajudar o iniciante, mas prejudica o proficiente, isso não se estende a outros tipos de atenção que os realizadores qualificados exibem; sua concentração deve assumir outras formas se quiserem ser realmente bem-sucedidos. Por exemplo, um esportista pode focar na avaliação de um movimento ou batida que acabou de fazer, prestar atenção especial ao que seu oponente está fazendo, ou garantir que mantenha o foco.

Na sua autobiografia, o jogador australiano de críquete Ricky Ponting recorda que, antes de cada bola que recebia, ele dizia "Olha a bola" para si mesmo três vezes, para permanecer focado. "O único jeito de conseguir manter a mante limpa era ter um pensamento para cada bola, lembrando a mim mesmo que era apenas para olhar a bola", disse. "Eu falava três vezes. Uma vez quando ele começava a correr, uma quando ele estava no meio do caminho e uma quando ele dava o último passo para arremessar a bola". Ponting é um de apenas quatro jogadores da história a ter marcado 13 mil *runs*[14] em *Test*

---

14 *Run* é a unidade de pontuação no críquete. (N.T.)

cricket.[15] Famoso por seus arremessos de mestre, embora seu corpo claramente soubesse como reagir diante de uma bola que ia a uma velocidade de 144 quilômetros por hora e chegava nele em cerca de 0,6 segundos, ele ainda precisava se concentrar e "olhar a bola". Esse mantra tinha o efeito de manter o desempenho em circunstâncias que eram complexas ou desafiadoras.

Quando pensamos sobre como aprendemos as habilidades que usamos todos os dias, normalmente presumimos que a instrução — seja por meio de outras pessoas ou de livros ou manuais — está no centro das coisas. Instruções certamente têm um papel a ser desempenhado, mas elas têm uma natureza específica. Elas são linguísticas, separadas e normalmente sequenciais, "faça isso, depois faça aquilo", e, no entanto, como já vimos, quando dominamos uma habilidade, nós não a executamos nessa forma decomposta, mas sim em uma sequência de ações fluidas e integradas. Além disso, o processo de se tornar um especialista envolve a transformação desses comandos de quem nos está ensinando em conhecimento que fundamentalmente é não linguístico. Essas instruções tornam-se coisas que simplesmente *fazemos*, e não regras que seguimos.

À medida que o conhecimento se torna corporificado dessa forma, fica cada vez mais difícil verbalizá-lo. Como vimos com o exemplo de andar de bicicleta, podemos possuir uma habilidade, mas não temos a capacidade de colocar em palavras o que estamos fazendo. Em certa medida, podemos considerar que somos especialistas em algo quando não pensamos em palavras aquilo que estamos fazendo — e quando atingimos esse nível de habilidade, sabemos mais do que conseguiríamos colocar em palavras. Quando a instrução é difícil porque não é fácil articular o que precisa ser feito, são necessários outros meios; essa

---

15 *Test cricket* é o nível mais alto de jogo de críquete internacional disputado por seleções nacionais e que dura cinco dias. (N.T.)

é uma razão pela qual habilidades como sopro de vidro são ensinadas menos por instrução e mais por demonstração física.

No entanto, também vimos que o fenômeno do conhecimento incorporado pode depender de deixar o corpo fazer o que aprendeu a fazer sem permitir que nossa mente atrapalhe. Nosso corpo é mais do que capaz de fazer coisas sem instrução do cérebro, e pensar em excesso nas coisas pode prejudicar nosso desempenho.

O aprendiz cultural

Até agora exploramos habilidades principalmente práticas como dirigir, soprar vidro e jogar golfe. No entanto, aprender como uma cultura funciona, ou pelo menos como se adaptar a uma sem chamar a atenção, é um processo de aquisição de conhecimento e segue um padrão muito semelhante, no qual o corpo é fundamental. Isso ocorre quando habitamos certos ambientes e exige que entendamos e absorvamos antes de irmos além da ideia de "regras".

O ambiente físico é tão essencial à aquisição de conhecimento cultural quanto é ao desenvolvimento de habilidades práticas. Da mesma forma que estar na "oficina quente" é importante para se tornar um especialista em sopro de vidro, a exposição a uma cultura é essencial se queremos saber como ela funciona. O entendimento cultural diz respeito em grande parte ao conhecimento prático, como o modo de agir de forma apropriada em diferentes situações. Mas aprender a se virar em um ambiente cultural diferente também envolve passar a lidar com códigos que apenas raramente são escritos ou explicitados, e, se forem, normalmente não demora muito para que alguém dê exemplos de exceções, ou para que outras pessoas contestem a existência das "regras". Em outras palavras, o conhecimento cultural, como boa parte do conhecimento prático que já exploramos, é impreciso na maioria das vezes. Não é menos difícil explicar como soprar uma taça para um soprador de vidro iniciante do que é explicar a complexidade do sistema de classe britânico para uma pessoa de fora; o conhecimento de ambos é melhor adquirido por meio da experiência.

A aquisição de conhecimento incorporado reflete-se na maneira como as crianças são socializadas. A jornada da infância à idade adulta diz respeito à obtenção das habilidades práticas e culturais necessárias para sobreviver e florescer em um mundo específico — nesse sentido, as crianças são aprendizes dos seus pais, que exibem um domínio do seu mundo específico. Mas também podemos pensar em nós mesmos como aprendizes quando aceitamos um trabalho em uma nova organização, estamos em um novo ambiente ou trabalhamos para algum lugar desconhecido. Todos esses mundos têm seus próprios estilos e as pessoas que neles habitam têm hábitos e modos de falar específicos. Como diz Dreyfus, "o estilo cultural está tão incorporado e infiltrado que em geral é invisível para nós. [...] o estilo cultural está incorporado demais para ser capturado em uma teoria e passado adiante por apresentadores de TV. Ele é simplesmente passado adiante silenciosamente de corpo para corpo. Essas são habilidades que não são ensinadas, mas adquiridas por meio da prática e da exposição a elas".

Aprender como uma cultura funciona, e como atuar nela, é como aprender a andar de bicicleta. Após tê-la dominado, você não precisa mais pensar nela, você se sente "em casa" e consegue se adaptar instintivamente a mudanças nas circunstâncias. A capacidade humana de operar sem se basear em regras e com a capacidade de improvisar é uma coisa que torna nossa inteligência tão especial, e o corpo é essencial para isso. No próximo capítulo, descobriremos como o conhecimento incorporado está no centro do enfrentamento de incertezas ou de situações desconhecidas e como essa habilidade de improvisação é difícil de replicar.

Capítulo 6

Improvisação

"A improvisação incorpora o poder de criar valor livremente a partir de um encontro instantâneo."
DAISUKU IKEDA

O meio-jogo da vida

Nós vivemos a vida no presente, e muito do que enfrentamos diariamente não é previsto. Esse sentido de imprevisibilidade está na raiz da palavra "improvisação", que deriva do latim *improvisus*, que significa imprevisto. A vida envolve muitas coisas que não conseguimos planejar, mas às quais precisamos reagir, e o xadrez representa uma boa metáfora para esse aspecto da vida e como lidamos com ela.

Garry Kasparov dedicou muito da sua vida curvado sobre um tabuleiro de xadrez, com seu queixo apoiado nas mãos fechadas, portanto talvez não seja surpreendente ele já ter chamado o xadrez de "vida em miniatura". Embora Kasparov seja cético quanto à crença que ser bom no xadrez seja equivalente a ser inteligente, ele não está sozinho quando usa o xadrez para pensar por meio de ideias sobre inteligência, bem como sobre o modo como humanos reagem a situações desconhecidas.

Uma das atrações da analogia vida-como-xadrez é a pura complexidade do jogo. Arrumar trinta e duas peças em um tabuleiro com sessenta e quatro casas parece simples, porém, após os primeiros movimentos, as coisas se tornam cada vez mais complexas. Quando os dois jogadores tiverem feito um movimento cada, haverá 400 configurações possíveis no tabuleiro. Após o segundo par de movimentos, há 197 742 configurações possíveis, e após três conjuntos de movimentos, há 121 milhões. O número de Shannon — calculado por Claude Shannon, o inventor da teoria da informação — alega que o número total de jogos de xadrez possíveis é 10^{120}, ou seja, 10 seguido por 120 zeros. Concluindo, o xadrez é um jogo complexo com muitas opções, o que faz dele uma boa forma de explorar o modo como improvisamos e o tipo de conhecimento que utilizamos ao fazer isso.

Ouça o comentário de um jogo de xadrez e você ouvirá referências à sequência de movimentos que estão sendo feitos, como a "Defesa Índia do Rei" ou o "Gambito de Budapeste". Esses são exemplos de aberturas ou defesas contra elas e o *The Oxford Companion to Chess* lista mais de 1300 dessas variantes. Os movimentos considerados melhores para os dois lados nessas aberturas foram desenvolvidos até vinte a vinte e cinco movimentos, e os bons jogadores de xadrez memorizam todos eles. Eles são rápidos para reconhecer quais das chamadas "linhas", ou sequências de movimentos, estão em jogo, e podem responder de acordo.

No estágio inicial de um jogo, quando os movimentos estão em conformidade com uma linha, os jogadores estão no que é chamado de "livro" e podem usar seu conhecimento sobre o que é considerado o melhor movimento a seguir. Perto do *finale*, ou final, quando há poucas peças no tabuleiro, eles normalmente estão jogando por sequências de movimentos que foram documentadas em uma tabela de finais, um banco de dados computadorizado que contém uma análise pré-calculada e exaustiva de posições finais de xadrez. O início e o final dos jogos de xadrez estão em conformidade com roteiros compartilhados e acordados que podem ser seguidos, ou com regras.

A chegada do "meio-jogo" é assinalada por uma "novidade", um desvio do livro, e é aqui que os jogadores devem jogar sem um roteiro, já que as posições do meio-jogo são únicas de jogo para jogo e não é possível memorizar todas as variações. Dado o número enorme de opções, o território desse meio-jogo é vasto, mas computadores de xadrez são capazes de processá-los seguindo uma lógica simples: o melhor movimento a fazer é aquele em que, após o melhor contramovimento do seu oponente, você fica na posição mais forte. Como você sabe qual é o melhor contramovimento do seu oponente? É aquele que, depois de você dar a sua melhor resposta, deixa-o na melhor forma. O que, claro, requer a pergunta: "Qual é a minha melhor resposta?". É aquela que, após ele ter feito seu melhor contramovimento, você fica na posição mais forte. Essas perguntas resultam em um círculo vicioso que os matemáticos chamam de "recursividade".

Quando Kasparov foi derrotado pelo computador Deep Blue da IBM em 1997, ele estava jogando contra uma máquina extremamente poderosa. Utilizando microprocessadores projetados sob medida, ele trabalhava analisando 200 milhões de posições por segundo. No entanto, mesmo a capacidade de explorar tantos movimentos possíveis não foi suficiente quando enfrentou a realidade matemática inalterável da recursividade. Claude Shannon calculou que levaria 10^{90} anos para explorar todos os movimentos possíveis, consideravelmente mais tempo do que a idade do universo até agora. Esse problema de profundidade de busca significa que os computadores de xadrez não são projetados para analisar todas as possibilidades: seus designers podam as opções de movimentos que as máquinas consideram, focando o poder de computação onde é mais provável que produza uma resposta útil.

Poda é o que os jogadores humanos de xadrez também estão fazendo. Um bom jogador de xadrez usa sua capacidade de reconhecimento de padrões para identificar a situação em que se encontram e focar sua atenção onde é necessário. Profissionais como Kasparov podem analisar três movimentos por segundo, bem menos do que os computadores, de forma que é essencial que eles mirem sua atenção na parte certa do tabuleiro e no problema certo. Eles podem não ter o poder de fogo computacional de computadores de xadrez, mas têm a capacidade de entender uma situação, identificar um padrão e explorar as opções que apresenta. Em sua exploração de mestres do xadrez, *Perception in Chess*, de 1973, William Chase e Herbert Simon descreveram o desempenho de especialistas em xadrez como uma habilidade perceptiva na qual eles podiam reconhecer e recordar padrões do tabuleiro. Eles estimaram que mestres do xadrez adquirem um repertório entre 50 mil e 100 mil padrões que os capacita a identificar um bom movimento sem ter que passar por todas as opções.

A derrota de Kasparov pelo Deep Blue foi um evento histórico. Kasparov havia começado o jogo otimista quanto às suas chances, mas terminou sentindo que havia decepcionado a humanidade. O xadrez foi por décadas o centro de esforços de cientistas da computação para replicar a inteligência humana e finalmente uma máquina havia conseguido — foi um momento importante. O surgimento de mecanismos de xadrez mudou um jogo em que a inteligência intuitiva dos humanos não é mais páreo para a força bruta dos computadores. No entanto, os humanos ainda jogam com outros humanos e exibem uma capacidade de improvisar no meio-jogo quando são confrontados por novas posições no tabuleiro.

Kasparov desistiu do xadrez de linha de frente e novas estrelas surgiram, notadamente o jogador sueco Magnus Carlsen. Carlsen demonstrou um talento prodigioso desde cedo e o cativante filme *Magnus* traça sua jornada desde um jogador precoce, mas ocasionalmente errático até o campeão equilibrado que é hoje. O que é impressionante nele é como ele parece ser um jogador intuitivo, algo que ele reconheceu em um artigo recente quando observou que "você não pode questionar a sua intuição antes de cada movimento". No Campeonato Mundial de Xadrez de 2018, em Londres, ele teve um desempenho virtuosístico contra o americano Fabiano Caruana, vencendo em um *tiebreaker* limitado por tempo. Quando jogava não apenas contra um grande jogador, mas também contra o relógio, Carlsen parecia capaz de entender rapidamente as posições que tinha que confrontar e respondia de acordo.

Pode ser bastante instrutivo traçar paralelos entre a vida e o xadrez. Por exemplo, na vida, como no xadrez, as aberturas podem ser bem conhecidas e padronizadas. Pense como tipos diferentes de interações sociais — desde um encontro com amigos em um bar até uma reunião formal com clientes ou reuniões familiares — são abertas por meio de uma série de movimentos padronizados, tanto verbais como físicos. No entanto, após as aberturas terminarem, as interações podem tomar várias direções inesperadas e reagimos de forma apropriada sem nem mesmo parar para pensar. No entanto, a vida e o xadrez são também bastante diferentes: o xadrez é um ambiente controlado com algumas regras simples e inflexíveis, mas a vida não é. No meio-jogo da vida não há nenhum recurso a um conjunto simples de procedimentos operacionais, e a maior parte do que fazemos não está sujeita a análise rigorosa antes de fazermos.

Computadores de xadrez derrotam humanos porque conseguem computar mais profundamente e mais rápido do que qualquer humano, mas o modo como eles foram desenvolvidos é instrutivo quando os comparamos aos novos sistemas de inteligência artificial que podem jogar jogos ainda mais complexos, como Go. Computadores de xadrez originalmente foram, e em grande parte ainda são, construídos baseados em regras: eles processam o caminho por todas as opções disponíveis e as respostas ideais para linhas de abertura. A principal diferença entre o computador que derrotou Kasparov duas décadas atrás e os computadores de xadrez modernos é que, enquanto a criação da IBM foi grande, personalizada e preparada com carinho por especialistas em xadrez e cientistas da computação para o jogo contra Kasparov, um motor de xadrez de maior potência hoje está presente no dispositivo de bolso que você usa para verificar seu e-mail e suas redes sociais.

No entanto, quando o sistema AlphaGo, da empresa de inteligência artificial DeepMind, de propriedade do Google, derrotou em 2016 o jogador de Go dezoito vezes campeão mundial, Lee Sedol, a abordagem que adotou não foi de força bruta. Go é um jogo de tabuleiro de estratégia para dois jogadores, com pedras pretas e brancas, cujo objetivo é capturar mais território do que o oponente. Apesar da simplicidade das regras, há muito mais movimentos a serem considerados do que no xadrez. Em um tabuleiro de 19×19 quadrados há 10^{360} configurações possíveis de tabuleiro no Go, em comparação a 10^{120} no xadrez, ou seja, 1 milhão de trilhões de trilhões de trilhões de trilhões a mais. Para construir um sistema que pode derrotar um humano no Go foi necessário que a DeepMind adotasse uma abordagem que era muito diferente daquela utilizada em um típico computador de xadrez, uma vez que, em um jogo dessa complexidade, a avaliação de todos os movimentos possíveis demoraria mais do que o tempo de vida previsto do universo.

O AlphaGo usou o que é conhecido como um algoritmo de busca de árvore Monte Carlo para encontrar seus movimentos, com base em conhecimento adquirido por aprendizado de máquina, utilizando uma rede neural artificial que havia sido treinada por jogadores humanos especialistas e por jogos com outros computadores. Após ter atingido um nível de proficiência, a equipe da DeepMind aprimorou o sistema por meio de aprendizado por reforço; movimentos feitos pelo AlphaGo foram "recompensados" ou "punidos", dependendo dos resultados que produziram, antes do computador usar esse feedback para criar estratégias que atingiriam a quantidade máxima de recompensa. O aprendizado por reforço desse tipo é visto na maioria das espécies e, se você já recompensou uma criança pequena por comer tudo que estava no prato ou segurou a colher dela quando ela a usava para cobrir a cozinha de comida, você adotou uma estratégia de aprendizado por reforço.

Essa abordagem funcionou, e a reação à vitória do AlphaGo sobre Lee Sedol foi semelhante à que se seguiu à derrota de Kasparov dezenove anos antes. No entanto, a vitória pela criação da DeepMind foi bem diferente; ela não teve que usar a força para ganhar o jogo, processando um número maior de movimentos possíveis mais depressa do que seu oponente, mas sim aprender a jogar e fazer movimentos que pareciam errados e que se revelaram inspirados. Comentaristas e engenheiros perderam o fôlego quando, no movimento 102 do primeiro jogo, o AlphaGo fez uma jogada totalmente inesperada que um humano provavelmente jamais teria feito. Análises subsequentes demonstram que isso revelou um "entendimento" verdadeiramente novo da estratégia do jogo. O movimento foi descrito por comentaristas como "sobre-humano", nunca visto em 2 mil anos de história do Go.

Tendo derrotado Lee Sedol, a DeepMind aposentou o AlphaGo e começou a trabalhar em um sistema que viria a ser conhecido como AlphaGo Zero, uma versão do AlphaGo que aprendeu o jogo sem o suporte de informações humanas nos primeiros estágios do seu aprendizado. Começou com zero conhecimento do jogo, exceto pelas regras. "No seu centro estava um algoritmo tão poderoso", escreveu James Somers na *New Yorker*, "que você poderia dar a ele as regras dos jogos mais complexos e mais estudados da humanidade e, no final do dia, ele se tornaria o melhor jogador que já existiu".

O xadrez e o Go são jogos complexos e, embora a velocidade do progresso na construção de computadores capazes de derrotar os melhores jogadores do mundo não tenha correspondido às previsões iniciais, os computadores triunfaram em ambos. No entanto, antes de darmos um fim ao poder da inteligência humana na era da máquina, vale a pena refletir sobre o fato de que os melhores computadores de xadrez não jogam xadrez como humanos, mas sim vencem sabendo as regras e processando todos os movimentos possíveis para encontrar o melhor. Suas vitórias são de poder e velocidade de busca mais do que aquilo que se pode chamar de "inteligência". Embora pareça que o AlphaGo e o AlphaGo Zero possuam mais inteligência, suas vitórias são possíveis porque eles adotam uma abordagem fundamentalmente diferente da computação, que é muito mais próxima do modo como os humanos operam.

Os humanos aprendem por tentativa e erro enquanto interagem com o mundo. Somos punidos pelos nossos erros e recompensados quando fazemos as coisas direito, então aprendemos por reforço e respondendo às nossas interações com o mundo. Em outras palavras, é possível dizer que a IA exibida pelas criações da DeepMind progrediu mais quando seguiu abordagens que pareciam uma visão mais incorporada da inteligência.

Além disso, vale lembrar que esses sistemas de jogo como o AlphaGo operam em condições que são bem diferentes da nossa vida diária. O xadrez e o Go são ambientes fixos que podem ser altamente complexos, mas têm tabuleiros com número definido de casas e regras simples. São ambientes de informações perfeitas, onde os dois jogadores são informados sobre os eventos que ocorrem anteriormente e compartilham o mesmo conjunto de possíveis próximos movimentos. Enquanto os computadores de xadrez são programados com base em regras, os sucessos do AlphaGo e do AlphaGo Zero foram possíveis porque adotaram uma abordagem de aprendizado que espelha o que humanos fazem: aprender pela experiência. Ao jogar centenas de milhões de vezes, eles aprendem a identificar o que funciona.

Nossa vida tem um fluxo mais livre, é imprevisível e se desdobra em ambientes em constante mudança. Nós não possuímos as mesmas informações perfeitas que oponentes em um jogo de xadrez — mesmo se usarmos descrições semelhantes a regras para explicar como nossa vida funciona: "Eu pego o trem das seis e quarenta e cinco da manhã" ou "Sempre comemos juntos, como uma família, aos fins de semana" — a vida não obedece a regras. Improvisamos mais do que seguimos um roteiro, seja se estivermos falando, comendo, praticando esportes, cozinhando ou dirigindo. Nenhuma ida de carro às compras é a mesma que a última, o tráfego e as condições do tempo são sempre únicos, e os motoristas não possuem informações perfeitas sobre os outros usuários das ruas. Quando estamos dirigindo, há muitas variedades em jogo, o que dificulta muito a construção de sistemas de computador que possam lidar com ambientes complexos do mundo real como ruas, com uma enorme gama de sinais e estímulos diversos.

Por que é tão difícil fazer um veículo autônomo?

Quando John Krafcik subiu ao palco do encontro de tecnologia South by Southwest em Austin, no Texas, em novembro de 2018, ele jogou uma bomba. O CEO da Waymo, a unidade de carro autônomo do Google, anunciou que veículos autônomos (VAS) não iriam tão cedo para as ruas em grande número. Waymo não foi a primeira empresa a desenvolver veículos autônomos a admitir isso, mas certamente foi a de maior destaque. O Google vem trabalhando publicamente em veículos autônomos por mais tempo do que muitas outras empresas, e o comentário de Krafcik de que "é muito, muito difícil" foi um reconhecimento muito humano da empresa de tecnologia.

É claro que os céticos fazem questão de dizer que prometeram que teríamos carros voadores por agora e isso ainda não se materializou (embora Larry Page, um dos fundadores do Google, seja um grande acionista de várias empresas que os desenvolvem, sendo um deles convenientemente chamado de "Kitty Hawk").[16] Executivos da Honda prometeram que seu carro estaria pronto a tempo para as Olimpíadas de 2020 e a Ford Motor Company previu que veículos totalmente autônomos chegariam até 2021, mas Jim Hackett, CEO da Ford, admite que "o setor superestimou a chegada de VAS". Todas as grandes empresas automobilísticas estão agora voltando atrás em suas promessas, e apenas o idiossincrático e franco Elon Musk permanece convencido de que veículos totalmente autônomos são possíveis no futuro próximo.

Os investimentos que estão sendo efetuados por essas empresas automobilísticas são enormes, e elas contrataram alguns dos melhores cientistas da computação, roboticistas e engenheiros do mundo, mesmo assim o destino desses veículos autônomos ainda está muito distante. Como Krafcik admitiu na sua fala, é até possível que não se consiga produzir um carro que tenha nível cinco de autonomia, ou seja, um veículo que possa dirigir por si só em qualquer rua, em qualquer época do ano, em qualquer tempo e sob todas as condições. Se você perguntar a um grupo de pessoas que trabalham nessa área, eles ficarão divididos de forma mais ou menos igual entre aqueles que dizem que a autonomia nível cinco poderá acontecer durante a vida deles e aqueles que dizem que poderá nunca acontecer. A única coisa com que eles concordarão é que é um problema extraordinariamente difícil.

Então, o que faz com que seja tão difícil desenvolver um carro autônomo? Para começar, observa Krafcik, temos o tempo. Não é só porque a Califórnia é a capital tecnológica do mundo que a maior parte das atividades relacionadas ao desenvolvimento de um carro autônomo acontece lá: é também porque se pode confiar no céu azul desse estado. Chuva forte, granizo, neve e neblina atrapalham os sensores dos VAS. A neve oculta as marcas das ruas, e o carro autônomo precisa delas para saber a sua posição na via. Em segundo

---

16 Kitty Hawk é o nome da cidade onde os irmãos Wright realizaram o primeiro voo do seu avião, o Flyer. (N.T.)

lugar, temos as próprias ruas: embora possa parecer que uma rua é algo que não muda muito, na verdade elas mudam. Pesquisadores da Universidade de Oxford estudaram por um ano um trecho de rua de dez quilômetros na Inglaterra e concluíram que as mudanças ocorrem bastante. Uma das minirrotatórias mudou de lugar três vezes e a vegetação à beira da rua modificou-se ao longo das estações, jogando luz e sombra diferentes na rua. Carros estacionavam em lugares diferentes e de maneiras diferentes. A rua, eles concluíram, é um ambiente altamente variável.

Muitas empresas automobilísticas, mais particularmente a Waymo, da Google, estão adotando uma abordagem que se baseia na capacidade de um carro de "ver" e em mapas extremamente detalhados e em terceira dimensão da rua que marcam características como cruzamentos, entradas de garagem, vias de ligação e mobiliário urbano. No entanto, o mapeamento do mundo com detalhes suficientes é caro e deve ser realizado para cada trecho de rua que um VA irá usar, o que levará um tempo considerável.

O principal motivo pelo qual é difícil desenvolver carros autônomos é que as ruas contêm outros carros com motoristas humanos, bem como pedestres e ciclistas, o que as torna ambientes infinitamente complexos e imprevisíveis. A principal questão é aprender como identificar, entender e prever suas ações presentes e as prováveis ações futuras — apenas um carro que consiga responder a essa variabilidade e incerteza será seguro e bem-sucedido.

Quando você dirige, provavelmente raramente considera como a mais simples das interações envolvendo outros carros é mesmo intrincada. Quando você chega a um cruzamento e encontra outro carro que aparentemente vai virar, como você usa os movimentos desse carro ou do motorista dele para julgar o que irá acontecer em seguida? E como você comunica sua intenção para o outro motorista? Há muita coisa acontecendo aqui: talvez você procure algum contato visual ou linguagem corporal, como um sinal de mão explícito ou um sutil movimento de cabeça indicando que você deve continuar. Os dois motoristas estão lendo a situação e antecipando as ações de cada um. Lucy Yu, diretora de política de FiveAI, uma empresa que trabalha em um serviço de transporte compartilhado totalmente autônomo, chama isso de "teorização do jogo". É o tipo de interação que leva pouco mais de um segundo ou dois e os motoristas mal pensam nisso, no entanto, é uma maravilha diária de inteligência e comportamento humanos que é difícil de explicar.

Dirigir é uma atividade razoavelmente segura; de acordo com uma estimativa, nos Estados Unidos há uma única morte para cada 160 milhões de quilômetros dirigidos. Essa é uma estatística que a maioria dos fabricantes de vas estaria disposta a aceitar, mas eles estão longe de atingir esse nível de segurança. A reprodução desse tipo de habilidade que acontece quando estamos atrás do volante de um carro é espetacularmente difícil. O que é mais significativo é que isso exige carros que sejam capazes de transferir as habilidades que possuem em um ambiente de rua altamente específico para outro. Uma coisa é conseguir navegar com segurança nas ruas largas e iluminadas pelo sol de Phoenix, Colorado, e outra bem diferente é conseguir ter um desempenho tão bom nas ruas cheias e menos organizadas de Roma.

Cada quilômetro que dirigimos nos apresenta milhares de opções e cenários possíveis. Imagine que você está correndo em uma rua e se depara com um pedaço grande de lixo. É o resto de uma caixa de papelão ou algo mais pesado e mais perigoso? No primeiro caso, pode não ter problema continuar em frente, mas se não for isso, é necessário agir. Como você irá responder? Essa pergunta é difícil de responder porque há muitas outras coisas que você levará em conta nos milésimos de segundo que terá para reagir, desde as condições climáticas e o modo como você sente o carro na rua até o que está atrás de você ou o espaço que tem nas outras pistas.

Não há nenhum caminho neural no nosso cérebro que nos prepare para esse pedaço de caixa de papelão, naquele trecho de rua, naquele momento, naquelas condições de rua e de clima, mas sabemos o que fazer, e fazemos. Além da experiência adquirida no tempo que dirigimos, há pouca coisa que pode nos preparar para esse evento e, mesmo assim, conseguimos reagir a ele de forma fluida e rápida. Conforme dirigimos, encaramos esses eventos imprevistos sem dificuldade porque somos capazes de improvisar.

Reproduzir essa capacidade de improvisação é que é o problema mais difícil enfrentado por projetistas de VA. É impossível para os fabricantes de veículos autônomos escreverem algoritmos que possam dizer a um carro o que fazer em cada situação, porque há infinitas soluções. Mesmo se o número fosse finito, mas muito grande e fosse possível preparar um carro para todos eles, você poderia pressupor com segurança que algum cenário novo se apresentaria e causaria um problema. Como diz Mark Woods, um roboticista que está atualmente trabalhando em um dispositivo para explorar a superfície de Marte, projetar um robô para um ambiente que não muda muito é difícil, mas projetar um que funcione de forma confiável em um ambiente dinâmico é uma questão completamente diferente. "A variabilidade do mundo é o problema", observa. "Você não pode moldá-lo totalmente". Steve Wozniak, cofundador da Apple, concorda: "O que fizemos é que enganamos o público para pensar que esse carro será como um cérebro humano para conseguir realmente descobrir coisas novas e dizer: 'Aqui está algo que eu não tinha visto antes, mas eu sei o que está acontecendo e é desse jeito que eu deveria lidar com isso'", ele disse. "Um ser humano consegue fazer isso".

Projetistas de veículos autônomos solucionaram a maioria dos desafios de hardware, e os sensores que usam, como laser e radar, podem ser comprados facilmente. O grande desafio é escrever o software que permite que o carro faça três coisas nas quais os humanos são muito bons. Primeiro, há a percepção — com o que parece o mundo ao redor do carro, qual a sua posição na rua e em relação a outros objetos, e como isso está mudando ao longo do tempo? Segundo, há a previsão — o que esses outros objetos vão fazer em seguida, e quais são os sinais que tornam seus comportamentos previsíveis? Terceiro, há o planejamento — dado o que pode ser entendido do mundo ao redor do carro, e os possíveis comportamentos futuros desses outros atores, qual deve ser seu próximo movimento ou ação?

Essa tríade de habilidades que os motoristas humanos exibem: percepção, previsão e planejamento, precisam ser dominadas pelos sistemas de software que podem executá-las em ambientes que nunca são o mesmo duas vezes. Já que não é possível prever cada eventualidade e programar o comportamento de um carro, os projetistas estão adotando uma abordagem diferente: estão buscando criar sistemas de VA que exibam a mesma capacidade de improvisar dos humanos. O mesmo tipo de conhecimento incorporado que adquirimos pela experiência e prática precisará ser exibido por qualquer carro que espera alcançar a autonomia nível cinco, mas onde conseguimos essa tríade de habilidades?

Jamie Cruickshank, engenheiro de software da FiveAI, vê as habilidades que usamos se desenvolvendo mesmo antes de começarmos a aprender a dirigir. Embora sua explicação se refira ao cérebro, ele na verdade está falando do conjunto mais amplo de habilidades que estão intimamente ligadas ao nosso corpo, como percepção e consciência espacial.

> Como humanos, antes de irmos para trás do volante, no Reino Unido, temos dezessete anos de aprendizado sobre entendimento espacial, interpretação de objetos no mundo ao nosso redor e do comportamento dos outros, sem falar dos milênios de evolução. O que estamos fazendo ao criar veículos autônomos é tentar desmontar isso e ensinar desde o zero para uma máquina sem nenhum conhecimento anterior. Ao desmontar, encontramos muitas coisas que o cérebro humano faz que subestimamos, mas que na verdade são problemas extremamente difíceis de solucionar de uma forma eficiente e robusta.

A observação de Cruikshank coloca o dedo em um desafio significativo. Como se tem entendido desde que começamos a desenvolver inteligência artificial, as habilidades de reconhecimento de padrão que os humanos exibem são difíceis de replicar. O reconhecimento de padrão se refere ao modo como identificamos e entendemos objetos e está intimamente ligado à percepção, que é o modo como as informações sensoriais que os humanos recebem ganham um significado. O reconhecimento de padrão está no cerne da agenda de IA porque é essencial para a inteligência humana — qualquer IA útil precisa possuir isso. A capacidade de reconhecer um padrão é fundamental para o desenvolvimento de carros autônomos seguros, onde a consciência situacional é vital.

Veja uma típica cena de rua, onde há objetos e informações em todos os lugares em uma infinidade de formas: animais, humanos, placas de rua, semáforos e demarcações viárias. Um sistema de computação precisa entender o que e onde os objetos estão, antes de poder prever o que podem fazer em seguida e começar a planejar como reagir. As habilidades de consciência perceptiva e espacial dos humanos são difíceis de replicar; para tentar dar sentido ao mundo ao seu redor como os humanos fazem, os engenheiros de VA desenvolveram sistemas de câmera e sensor e buscaram integrá-los para formar uma visão unificada da rua que o circunda.

De acordo com psicólogos que seguem a tradição Gestalt, uma grande influência na visão de percepção de Merleau-Ponty, os humanos fazem as coisas de uma forma um pouco diferente: nossa percepção, eles sugerem, não é o acúmulo de partes fragmentadas de informações sensoriais, mas surge como um todo coerente, que não pode ser facilmente separado em partes componentes para análise adicional. Percebemos uma cena na rua na sua totalidade e não analisando cada parte isolada dela. É como uma música: as notas obtêm seu significado por serem parte de um todo, em vez da melodia ser construída a partir de notas individuais reconhecíveis. É o fato de que percebemos o mundo como um todo significativo que torna nossos poderes de reconhecimento de padrão poderosos e difíceis de replicar.

Quando o roboticista Rodney Brooks sugeriu que o "melhor modelo do mundo *é* o mundo", ele estava indicando que mesmo com o veículo autônomo mais sofisticado, o modelo do mundo ainda assim seria limitado — e esse é o problema para carros sem motorista. A representação incompleta e imperfeita da realidade e dos seus atores, humanos e não humanos, detém as máquinas. É isso que dá aos humanos e a sua mente incorporada uma vantagem, e parece que continuará assim por muitos anos.

Decisões, decisões

Gary Klein fez carreira estudando tomadas de decisão. Seu famoso estudo envolve comandantes bombeiros americanos e como eles agem quando enfrentam eventos complexos e perigosos. Em sua pesquisa, Klein e seus colegas estavam interessados em entender como bombeiros tomam decisões sob condições de extrema incerteza e com pressão de tempo que não permitem que eles avaliem suas opções. As teorias padrão de tomada de decisão afirmam que comparamos opções alternativas antes de tomar uma decisão, mas Klein e sua equipe suspeitavam que esse poderia não ser o caso.

A sua pesquisa demonstrou que os bombeiros tomam decisões de forma instintiva, não seguindo "árvores de decisão" e comparando opções. Diante de decisões como evacuar suas equipes de um prédio, iniciar missões de busca e resgate ou atuar em um incêndio, os bombeiros usam habilidades de reconhecimento de padrão para entender uma situação e tomar uma decisão. Os bombeiros, ele sugere, "podem fazer uso de repertórios de padrões que eles compilaram durante mais de uma década de experiência real e virtual para identificar uma opção plausível". O que Klein e sua equipe de pesquisa acharam notável foi a capacidade de um comandante dos bombeiros de saber instintivamente quando um prédio ia desabar. Klein sugeriu que eles conseguiam "ler" os sinais, ver indícios perceptivos sutis e responder de acordo: "Os comandantes da área de incêndio eram capazes de usar seus repertórios para antecipar como as chamas provavelmente se espalhariam pelo prédio, observar sinais de que uma casa provavelmente desabaria, julgar quando pedir apoio adicional e tomar muitas outras decisões essenciais". Klein chamou essa alternativa à abordagem analítica da tomada de decisão de "baseada em reconhecimento". A experiência é essencial para o modo como isso funciona, mas ela é descrita com mais precisão como a capacidade de executar reconhecimento de padrão de forma rápida e eficaz como resultado da experiência. Se o plano de ação que eles geraram fosse apropriado, Kein demonstrou, eles seguiriam adiante com ele, mas se parecesse ter pontos fracos, eles o modificariam ou passariam para a opção seguinte.

O combate ao fogo é, claro, um exemplo incomum de ambiente de muita pressão em que é necessário tomar uma decisão rapidamente, mas mesmo assim Klein e sua equipe expandiram sua pesquisa para outros contextos além dos bombeiros, como enfermagem em cuidados intensivos, militares e xadrez, ambientes em que a tomada de decisão pode levar de poucos minutos a alguns dias e envolve números diferentes de pessoas para coordenar. Em todos esses contextos eles encontraram as mesmas estratégias baseadas em reconhecimento, mas descobriram que a experiência era uma grande influência na abordagem de tomada de decisão adotada. Tomadores de decisão com menos experiência apresentaram uma abordagem mais analítica porque não tinham a experiência de exposição a uma gama de diferentes circunstâncias e, portanto, faltava-lhes a capacidade de reconhecer e ler padrões. A pesquisa de Klein também demonstrou que estratégias analíticas foram empregadas quando os dados disponíveis eram abstratos e alfanuméricos e não perceptivos, e quando os tomadores de decisão sabiam que poderiam precisar justificar as decisões que tomaram, por exemplo, em políticas públicas ou ambientes comerciais.

Klein se esforça para indicar que a tomada de decisão baseada em reconhecimento nem sempre é a melhor estratégia a ser perseguida; abordagens analíticas têm seu lugar e ele encontrou com frequência a utilização das duas em conjunto. No entanto, ele alega que as abordagens de reconhecimento são valiosas quando há pressão de tempo e as condições são mais fluidas. Sua conclusão foi de que a aquisição de experiência dá às pessoas a capacidade de ler uma situação, avaliar as opções disponíveis e intuitivamente gerar uma boa resposta. Nossos poderes de percepção, nos quais o corpo é essencial, estão no cerne dessa tomada de decisão.

Os poderes perceptivos que nos dão consciência da situação estão em evidência quando estamos dirigindo. No entanto, da mesma forma que uma decisão rápida e intuitiva pode ser a decisão certa, vale lembrar que os humanos são falíveis e tomam decisões de improviso e sem envolver habilidades analíticas, o que pode resultar em decisões ruins. Da mesma forma, quando estamos atrás do volante de um carro, estamos expondo nossos poderes de percepção, consciência da situação e tomada de decisão, mas estamos longe de ser infalíveis.

Temos uma capacidade extraordinária de improvisar ao longo da nossa vida cotidiana — mesmo quando a demanda sobre nossas habilidades parece familiar, temos que tomar decisões sobre o que fazer ou dizer. E, conforme fazemos isso, estamos tentando entender quais aspectos do nosso conhecimento incorporado utilizar e usando repertórios de movimentos, reações e ações possíveis. Demonstramos essa habilidade especialmente bem sob pressão e no momento, e isso é improvisação. Tentamos uma reação para ver se é adequada ou se funciona para uma situação específica e, se não der certo, nós ajustamos e lembramos de forma que na próxima vez estaremos mais capacitados para reagir a uma situação semelhante.

É fácil pensar que a improvisação é a habilidade privilegiada do grande mestre do xadrez, de um músico de jazz ou de um neurocirurgião que é capaz de reagir intuitivamente a uma nova situação. E também é fácil fetichizar esses especialistas e vê-los como tendo um talento único — é verdade que, dentro dos seus respectivos campos, eles o são, mas na nossa vida normalmente monótona a improvisação também está em jogo, mesmo que não esteja sempre visível.

Capítulo 7

Empatia

"O imitar é congênito do homem (e nisso difere dos
outros viventes, pois, de todos, é ele o mais imitador,
e, por imitação, apreende as primeiras lições)
e os homens se comprazem no imitado."
ARISTÓTELES, POÉTICA[17]

Sentindo-se velho

Foi quando estávamos no meio do caminho da trilha pela floresta
que percebi pela primeira vez o que estava acontecendo. Eu estava
em uma mountain bike, seguindo muito atrás do meu filho de onze
anos, quando de repente me dei conta: eu estava com mais medo de
cair do que jamais tinha estado no passado. Para evitar uma queda
que poderia ferir meu orgulho bem como meu corpo, eu estava inconscientemente diminuindo a velocidade nas curvas inclinadas e
em declive, mesmo com meu filho desaparecendo do meu campo de
visão. Ao mesmo tempo, fiz outra conexão: eu estava ficando velho e
essa sensação de medo e a minha reação a isso estavam intimamente
ligadas. O fato de estar usando óculos multifocais recém-adquiridos
completava esse sentimento de senescência.

Posso ser velho para o meu filho, mas em relação ao mundo que
envelhece rapidamente eu não sou. Quarenta e sete anos pode ser
meia-idade, mas certamente não é velho, e eu tenho a sorte de ser

---

17 Tradução de Eudoro de Sousa, In: Aristóteles. *Poética*. Porto Alegre: Globo, 1966.
p. 71 (N.T.)

bem saudável. No entanto, minha epifania na floresta levou-me a outra constatação. Tendo trabalhado no início da minha carreira em um laboratório de pesquisa e inovação focado em tecnologia para populações em processo de envelhecimento, passei a maior parte daqueles cinco anos explorando a experiência de envelhecimento das pessoas. Ao final daquele período, eu havia sentido que tinha uma boa noção do que é envelhecer e de como as pessoas em diferentes culturas vivenciam os últimos anos de suas vidas. De repente ficou claro para mim que talvez isso não fosse verdade, e era só agora, mais de uma década depois, que eu podia entender a experiência de envelhecimento porque meu próprio corpo estava em declínio. Meu sentido de mudança no corpo tinha me dado a capacidade de lidar com os aspectos físicos e emocionais do envelhecimento.

Em 2008, o arquiteto americano David Dillard fez uma constatação semelhante. Diante de uma redução na atividade econômica após a crise financeira global, Dillard, fundador da D2 Architecture, sediada em Dallas, precisava encontrar atividades significativas para setenta e cinco arquitetos jovens e saudáveis. Ele teve uma ideia: deu à sua equipe problemas de saúde que eram típicos da idade avançada. Ele "diagnosticou" um com início de demência e "deu" a outro uma prótese total de joelho. A uma terceira ele disse que ela estava se recuperando de um AVC e precisava usar uma cadeira de rodas. Ele então tomou medidas para que eles, incluindo ele próprio, pudessem perceber as limitações de visão ou destreza que vêm com a idade. "A primeira coisa foi juntar os dedos com fita adesiva", ele relembra. "Dá uma ideia das limitações da artrite". Com as doenças atribuídas, Dillard e sua equipe passaram um dia e uma noite em uma casa de repouso. E assim nasceu o Projeto Pernoite.

Há 45 milhões de pessoas maiores de sessenta e cinco anos nos Estados Unidos, muitas delas vivendo em comunidades, lares de idosos ou casas de repouso especialmente projetadas. Algumas delas parecem mais hotéis ou cruzeiros do que casas de repouso, mas muitas são voltadas para os mais velhos e frágeis. O escritório de Dillard agora é especializado em projetos para essas comunidades, mas em 2008 não era assim. Naquele momento sua equipe trabalhava em uma série de projetos de construção, porém, quando se tratava de projetos de moradia para idosos, poucos deles tinham qualquer experiência direta com a vida das pessoas para quem estavam projetando esses espaços. Dillard queria corrigir essa lacuna e, quando a recessão começou a bater, ele organizou para que quarenta pessoas da sua equipe visitassem uma casa de repouso por quarenta e oito horas. Eles levaram junto suas doenças recém-descobertas, um caderno em branco e uma vontade de vivenciar o mundo a partir da perspectiva de outra pessoa.

Os arquitetos fizeram algumas grandes descobertas. Um deles estava confinado a uma cadeira de rodas após uma prótese total de joelho. Nos termos precisos de um engenheiro, ele relatou que tinha "apenas 50% da capacidade de carga em um joelho", porém o que isso significava na prática o surpreendeu. Ele se conscientizou de coisas que nunca tinham passado pela sua cabeça antes: "Fiquei muito mais consciente dos limites entre mudanças materiais ao passar pelas portas e manobrar. Percebi como as pessoas estavam usando qualquer peça de mobília pesada como corrimão — se o móvel não está lá, eles têm que usar as paredes para se apoiar". Esse arquiteto aprendeu que esse tipo de "surfe de móveis" era o que as pessoas faziam quando o prédio não fornecia o apoio de que as pessoas mais velhas precisavam.

O Projeto Pernoite transformou os arquitetos. Todos eles falam das suposições que eles haviam feito sobre pessoas mais velhas antes de serem confrontados com suas experiências corporais diárias. No entanto, foi nas instalações para banho que eles enfrentaram a indignidade da vida em uma casa de repouso da forma mais óbvia e direta. Um deles fala sobre ser levado em uma cadeira de rodas pela casa sob o olhar de todos para a "estação de banho", um banheiro hospitalar. Esse arquiteto refletiu sobre o fato de que mesmo sua experiência em escaladas não o havia preparado para a experiência amedrontadora de ser içado sobre uma banheira em um banheiro. Ele percebia agora que, para aqueles com problemas reais de mobilidade, frágeis do ponto de vista mental e corporal, essa experiência deve ser realmente aterrorizante: "Quando você começa a aprender em primeira mão o que é ser um residente dessas casas com essa idade, você olha ao redor e de repente você sente empatia com os altos e baixos emocionais pelos quais a comunidade e os residentes passam".

Dillard percebeu que sua equipe jovem de projetistas e arquitetos nunca poderia entender as pessoas mais velhas que foram morar nos espaços que eles projetam a menos que tivessem eles próprios alguma experiência com isso. O sentimento de ser velho, ele demonstrou por meio do Projeto Pernoite, vem da experiência de ser velho. Dillard entendeu que a empatia com a vida das outras pessoas não vem da leitura sobre como vivem ou mesmo da conversa com elas, mas da tentativa de vivenciar seus mundos por meio do corpo. É a relação entre o corpo e a empatia que este capítulo explora.

O que é empatia?

A ideia de empatia entrou na ordem do dia nos últimos anos. Na campanha eleitoral de 2008, o esperançoso candidato à presidência dos Estados Unidos Barack Obama frequentemente citava o déficit de empatia como uma causa dos desafios do país, porém ele não foi o primeiro político a fazer isso — Bill e Hillary Clinton mencionaram a falta de empatia uma década antes. Em um artigo para o *The Atlantic* em 2013, o jornalista Robert Wright chegou a dizer que "o maior problema individual do mundo é a incapacidade das pessoas ou grupos de olhar para as coisas a partir do ponto de vista de outras pessoas ou grupos, ou seja, de se colocar no lugar do 'outro'. Não estou falando de empatia no sentido de literalmente compartilhar as emoções das pessoas, sentir a sua dor. Estou falando apenas da capacidade de entender e ser sensível à perspectiva do outro".

Wright podia estar correto no seu diagnóstico do problema, mas ele apresentou poucas soluções para lidar com isso, e pressupõe que podemos compreender as perspectivas dos outros sem realmente *sentir* algo pela vida deles. Em grande medida isso se deve ao fato de que a empatia tem sido frequentemente tratada como algo que surge na mente das pessoas, e não que surge no seu corpo e nas suas experiências. Ela é entendida antes de mais nada como um problema de psicologia, em vez de um problema de fisiologia.

A ideia de empatia remonta ao economista Adam Smith e seu livro *Teoria dos sentimentos morais*, de 1759, onde ele argumenta que os humanos têm uma capacidade inata de se colocar no lugar das outras pessoas ou "trocar de lugar em fantasia com o sofredor". A palavra empatia não existia no idioma inglês até 1909, quando o psicólogo americano Edward Titchener criou uma palavra baseada no grego *empatheia*, que significa "em" e "sofrimento".

Os acadêmicos normalmente falam de dois tipos de empatia: cognitiva e afetiva, e a distinção é significativa. Empatia cognitiva é a capacidade de adotar a perspectiva de uma outra pessoa, vendo o mundo a partir do seu ponto de vista ou entendendo "de onde ele vêm". No entanto, quando você tem empatia afetiva você expõe uma capacidade de reconhecer e compartilhar as reações emocionais dos outros a uma situação ou ambiente. Você gostaria que um diretor de funerária ou o padre de uma paróquia demonstrasse empatia cognitiva e entendesse a sua dor, mas você provavelmente acharia que eles não ajudariam muito no seu momento de necessidade se eles apresentassem empatia afetiva. Embora Adam Smith chamasse de "simpatia" o que nós hoje chamamos de empatia, vale notar que você pode ser simpático à situação de alguém ou ao seu estado emocional, como dor, sem efetivamente compartilhá-lo. Empatia, como o autor Roman Krznaric sugere, pode ser considerada como o "ato de se imaginar no lugar de outra pessoa, entendendo seus sentimentos e perspectivas e utilizando isso para guiar suas ações".

Estudos demonstraram diminuição da empatia na sociedade, especialmente nos Estados Unidos e na Europa Ocidental. Por exemplo, uma pesquisa de estudantes americanos publicado na *Personality and Social Psychology Review* revelou que níveis de empatia nessa população caíram 48% entre 1979 e 2009. Assim como acontece com qualquer fenômeno social complexo, existem múltiplas causas, mas três merecem destaque: individualismo, distância e filtros-bolha. Primeiro, conforme Krznaric indica, o mundo ocidental está cada vez mais individualista. Somos incentivados a olhar dentro de nós mesmos e focar em nós e nos nossos sentimentos e emoções. Este não é apenas um outro exemplo de como a mente supera o corpo, é também o que está por trás de uma cultura de autoajuda e narcisismo, na qual o eu é o que importa e as experiências, necessidades ou realidades dos outros desaparecem de vista.

Em seu livro *O fim das distâncias*, de 1997, a economista e jornalista Frances Cairncross argumentou que a expansão da internet, comunicação em massa e mídia eletrônica tornariam a geografia, o fuso horário e as fronteiras cada vez mais irrelevantes. Sua ideia provocadora acabou sendo ao mesmo tempo errada e certa; o mundo está de fato muito mais interconectado, mas as fronteiras e a geografia ainda são importantes, como qualquer refugiado ou político populista atestará. Apesar do crescimento na internet, da conectividade barata e de uma proliferação de modos de se conectar uns com os outros, a distância ainda é uma das maiores barreiras para entender e ter empatia com a vida das outras pessoas. Essa distância é espacial e social; por mais baratas e fáceis que sejam as comunicações, estas não nos colocam fisicamente em contato com outras pessoas, e acadêmicos como Sherry Turkle, autora de *Alone Together* [Juntos sozinhos], sugeriram que elas podem nos fazer *sentir* mais conectados, mas ao mesmo tempo nos separam dos outros. Nós também sofremos de distância temporal: considere nossa incapacidade de sentir empatia pela situação das gerações futuras que lutam contra as mudanças climáticas. Como Krznaric argumentou em um artigo para *Friends of the Earth*, não somos capazes de entender adequadamente o impacto das nossas ações atuais no futuro dos nossos filhos, quanto mais dos filhos daqueles que nunca encontramos em mundos que nunca vivemos.

Apesar de vivermos em mundos que são cada vez mais ricos em informações, os chamados "filtros-bolha" — onde as notícias, visualizações ou informações que vemos surgem de um conjunto de fontes que reforçam nossas visões preexistentes — garantem que não podemos jamais estar certos de que as informações que recebemos não sejam apenas uma fatia específica da realidade, escolhidas de acordo com quem somos e como vemos o mundo. Como redes sociais e sites de notícias usam algoritmos para exibir notícias e visualizações que estão alinhadas com as nossas, cresce o risco de que vivemos em um mundo de informações limitadas. Um personagem do romance de Don DeLillo, *Ruído branco*, de 1985, brinca que "para a maioria das pessoas há apenas dois lugares no mundo — onde eles moram e seu aparelho de televisão", hoje em dia isso parece verdade com relação a smartphones e não a televisões. O resultado líquido desses três fenômenos relacionados é uma incapacidade de ver as coisas a partir da perspectiva de outras pessoas.

O conceito de empatia como conhecemos hoje surgiu do mundo da psicologia, e muitas explicações sobre o que é têm orientação psicológica, mas há também um forte argumento que sugere que o corpo está no cerne de como podemos experienciar e, então, entender a vida dos outros.

O que é um sentimento?

O que estava acontecendo quando eu diminuí a velocidade da minha bicicleta na trilha da floresta? A resposta óbvia é que eu estava sentindo medo. Conforme aumentava a velocidade, eu passei do sentimento de ser um bom pai fazendo algo divertido com seu filho para vivenciar uma sensação de pânico. Eu senti minhas mãos segurando firme no guidão e uma gota de suor escorrendo pela minha testa. Essa reação sugeriu que eu sentia uma emoção, para a qual meu corpo deu uma expressão física.

Esse modo de olhar para as coisas, outro artefato da ideia cartesiana de que a mente e o corpo são distintos, começou a ser contestado nos anos 1870 quando, conforme escreve William Davies, "vários estudos começaram a examinar o corpo dos humanos e dos animais com base na ideia de que ele poderia revelar atividade mental. Essa contestação foi expressa da forma mais integral e influente em um artigo escrito por William James, filósofo e psicólogo americano, que foi publicado no *Mind* em 1884. Em "What Is an Emotion?" [O que é uma emoção?], James perguntou se corremos de um urso porque temos medo ou se temos medo porque corremos. A resposta óbvia, ele disse, de que temos medo e então fugimos, está errada. Temos medo, ele sugeriu, *porque* corremos.

A sabedoria convencional sugere que uma emoção — seja ela medo, raiva ou tristeza — produz sua expressão corporal. Corremos porque temos medo, trememos porque estamos bravos ou choramos porque estamos tristes; o físico segue o emocional. James, no entanto, contestou isso. Ele propôs que, quando percebemos algo, seja um animal amedrontador ou uma mountain bike indo rápido demais, a reação do nosso corpo a isso é que ficamos arrepiados ou suamos — e a experiência dessa mudança corporal é a emoção que sentimos. James argumentou que os estados emocionais não vêm da nossa mente, mas se originam nos nossos corpos. Sem uma expressão corporal em resposta a algo que vemos ou percebemos, perguntou James, o que seria uma emoção?

É quase impossível pensar que tipo de emoção de medo sobraria se não estivessem presentes os sentimentos de batimentos cardíacos acelerados ou respiração ofegante, lábios trêmulos ou membros enfraquecidos, arrepios ou atividade visceral. É possível imaginar o estado de raiva e não ver nenhum rosto vermelho, narinas dilatas, dentes cerrados, nenhum impulso para agir vigorosamente, mas no seu lugar músculos relaxados, respiração calma e um rosto plácido?

Sem essas mudanças físicas, ele respondeu, o sentimento seria meramente cognitivo, algo "confinado totalmente ao âmbito intelectual". Quanto mais ele examina isso, mais convencido fica de que aquilo que normalmente pensamos como expressão ou consequência de uma emoção era, na verdade, essencial para qualquer sensação de emoção ou sentimento. Ele concluiu que a ideia de emoção humana desincorporada não tinha chance de sucesso desde o início e que, se um corpo fosse de alguma forma incapaz de expressar reações físicas, essa pessoa estaria confinada a uma vida sem emoções, vivida puramente no âmbito cognitivo ou intelectual. A análise de James sobre a natureza incorporada das emoções tem uma conclusão profunda: que é errado diferenciar entre sentimentos de natureza emocional e sentimentos que emanam dos outros sentidos, como olfato ou paladar.

Para mim é fácil relembrar os sentimentos que eu tive na bicicleta na floresta, embora não consiga senti-los novamente sem me colocar naquele tipo de situação outra vez, ou sem reproduzir aqueles mesmos tipos de reações físicas à velocidade descontrolada. As implicações dessa ligação entre corpo e emoções são significativas. Primeiramente, ela sugere que não é possível invocar reações emocionais a coisas sem alguma forma de envolvimento corporal. Em segundo lugar, sugere que não conseguimos sentir coisas sem alguma forma de comprometimento ou envolvimento corporal.

No entanto, a teoria de emoções de James e a primazia do corpo tem uma outra implicação, mais intrigante, a saber, que o corpo de fato molda a mente. "Assobiar para manter a coragem não é uma mera figura de linguagem",[18] escreveu. "Por outro lado, passe o dia todo sentado em uma posição de lamentação, suspire e responda a tudo com uma voz lúgubre e a sua melancolia se prolongará". Um trabalho recente na ciência cognitiva e na neurociência demonstrou isso de uma forma que os filósofos do final do século XIX não conseguiram. O corpo realmente influencia como pensamos e sentimos. Quando vemos alguém deprimido e taciturno e dizemos "Levanta a cabeça!", podemos estar ajudando mais do que imaginamos.

Em seu livro *How the Body Knows Its Mind* [Como o corpo conhece a sua mente], a cientista cognitiva Sian Beilock discute a pesquisa que demonstrou que, quando James disse "recuse-se a expressar uma paixão e ela morrerá", ele estava certo. Botox é um tratamento usado normalmente para remover linhas ou rugas do rosto das pessoas, e, em um estudo europeu, pessoas com transtornos depressivos sérios e contínuos foram recrutadas para receber injeções acima e abaixo da sobrancelha. Alguns deles receberam placebos e alguns receberam Botox e, como era um estudo duplo-cego, os médicos que administraram as injeções não sabiam quem estava recebendo o quê. Em seis semanas, os sinais de depressão diminuíram em uma média de 47% para aqueles que receberam o Botox, enquanto aqueles que receberam o placebo não demonstraram nenhuma melhora e não

---

18 *To whistle in the dark* [assobiar no escuro] é uma expressão idiomática do inglês que significa tentar reunir coragem em uma situação difícil. (N. T.)

relataram nenhuma alteração na depressão. Sem querer diminuir a complexidade da saúde mental ao falar disso de forma tão simples, parece que franzir as sobrancelhas pode deixar você triste, enquanto a incapacidade de franzir melhora o modo como você se sente. Outros estudos relataram conclusões semelhantes. O Botox ajuda você a sorrir, e sorrir faz você mais feliz.

Nosso corpo, como esses estudos mostram, envia sinais ao cérebro sobre como nos sentimos, e o grau em que nos permitimos expressar nossas emoções informa como nos sentimos, um argumento apresentado por Charles Darwin em seu livro *A expressão das emoções no homem e nos animais*, antes de James escrever seu artigo de grande influência:

> A livre expressão de uma emoção por sinais exteriores a intensifica. Por outro lado, a repressão de todos os seus sinais exteriores, até onde isso é possível, atenua a emoção. Aquele que se permite gestos violentos aumenta a sua raiva; aquele que não controla os sinais de medo sentirá ainda mais medo.[19]

Se for o caso de o corpo ter um papel central nas emoções que sentimos, como Darwin e James alegam e a ciência cognitiva e a neurociência demonstraram recentemente, como podemos saber como os outros se sentem? E que papel, se houver, tem o nosso corpo no entendimento das ações, motivações e vida interior daqueles ao nosso redor?

---

19 Tradução de Leon de Souza Lobo Garcia, In: Charles Darwin, *A expressão das emoções no homem e nos animais*. São Paulo: Companhia das Letras, 2000. (N.T.)

Espelhando outras pessoas

Durante o início dos anos 1990, um novo modo de entender essas perguntas surgiu de um laboratório em Parma, na Itália, onde uma equipe de pesquisadores estava conduzindo experimentos neurofisiológicos no cérebro de macacos-rhesus. As descobertas desses cientistas têm paralelos intrigantes com as teorias de James e o trabalho de fenomenologistas como Merleau-Ponty e são um bom exemplo da convergência entre as ciências exatas e as ciências humanas em uma visão semelhante de como nossos corpos moldam como pensamos. Mais importante, essas descobertas têm implicações profundas para entendermos o que as outras pessoas estão pensando e sentindo.

Como muitas das grandes descobertas científicas, um folclore surgiu sobre como isso aconteceu. Conta-se que um assistente de pesquisa estava tomando um sorvete depois do almoço no laboratório onde os experimentos estavam sendo realizados; enquanto ele lambia o sorvete, um dos macacos o estava observando e os eletrodos que emergiam da área do cérebro do animal conhecida por coreografar movimentos sugeriram que aqueles neurônios estavam disparando. Antes do almoço, a equipe liderada por Giacomo Rizzolatti tinha conduzido experimentos para explorar a atividade cerebral de um macaco enquanto pegava amendoins e os colocava na boca. O que surpreendeu a equipe enquanto observavam a exibição foi que a mesma área do cérebro do macaco estava se iluminando enquanto olhava o assistente tomar sorvete.

A observação sugeriu que os mesmos neurônios no cérebro do macaco disparavam quando ele *executava* uma ação e quando ele *observava* outra pessoa executando uma ação semelhante, como se as ações que ele observa estivessem acontecendo em seu próprio cérebro. Como o padrão de atividade neuronal associado à ação observada era uma representação da execução da própria ação, Rizzolatti e sua equipe chamaram sua descoberta de "neurônios-espelho".

O macaco estava espelhando em seu próprio cérebro a ação de alguém pegando comida: a atividade cerebral era a mesma se ele próprio estivesse apanhando alguma fruta. Críticos perguntaram se isso significava que o macaco entendia a ação dos outros ou se ele apenas reconheceu o ato de pegar uma banana. A equipe conduziu mais testes para ver o que aconteceria no cérebro do macaco se ele compreendesse o significado de uma ação sem vê-la acontecer. "Se neurônios-espelho realmente mediam o entendimento", eles alegaram, "sua atividade [cerebral] deveria refletir o significado da ação em vez das suas características visuais", e para estabelecer isso eles conduziram dois testes.

Primeiro, eles rasgaram uma folha de papel na frente do macaco e então reproduziram o som do rasgo sem executar a ação. Uma atividade neuronal ocorria quando um macaco podia ver e ouvir o papel sendo rasgado e também quando ele podia apenas ouvir o som do papel sendo rasgado, o que os levou a concluir que o macaco conseguia entender o que estava ouvindo. Com isso estabelecido, eles conduziram outro experimento. Dessa vez, mostraram ao macaco um pesquisador pegando comida e depois ergueram uma tela, de forma que o macaco podia apenas adivinhar o que estava acontecendo. Os mesmos neurônios dispararam quando ele era capaz apenas de imaginar que, por trás da tela, o pesquisador estava pegando comida.

O próximo passo foi demonstrar a existência de neurônios-espelho em humanos, o que eles fizeram com uma série de experimentos utilizando monitoramento eletrofisiológico para registrar a atividade elétrica do cérebro. Tendo concluído que os neurônios-espelho permitem que a ação observada seja entendida, a equipe queria saber se o sistema de espelho nos permitiria entender não apenas o que os outros estavam fazendo, mas o que eles estavam sentindo também.

Imagine ver alguém fazendo uma careta em uma aparente exibição de repugnância a um cheiro desagradável. Relatos anteriores de como vivenciamos o que outras pessoas estão vivenciando sugeriram que realizamos alguma "elaboração" cognitiva do que vemos e chegamos a uma conclusão fundamentada quanto ao que eles estão sentindo. Ocorre um processo de dedução lógica no nosso cérebro que não exige nenhum envolvimento emocional da nossa parte.

A existência de um mecanismo de espelho apresenta uma explicação adicional e complementar: quando vemos alguém sentindo repugnância, essa informação sensorial é mapeada para as partes do nosso cérebro que iniciariam aquela expressão física se estivéssemos nós mesmos vivenciando a mesma coisa. Desse modo, há um mapeamento direto: graças aos neurônios-espelho, estamos efetivamente vivenciando o mesmo estado emocional de repugnância, ou, como Rizzolatti diz, o "observador e o observado compartilham um mecanismo neuronal que permite uma forma de entendimento experimental direto". Isso era bem diferente da lógica fria e dedutiva oferecida pela explicação tradicional de como entendemos o que os outros estão sentindo — ela propunha essencialmente que percebemos emoções nos outros ativando o mesmo estado emocional em nós mesmos. Neurônios-espelho, que disparam quando experimentamos algo e também quando vemos outra pessoa passando pela mesma experiência, sugerem que pode haver mais verdade do que imaginamos na expressão "eu sinto a sua dor".

O que essa equipe de pesquisa italiana descobriu foi anunciado como a chave para desvendar questões antigas sobre como e por que sentimos empatia por outras pessoas. O proeminente neurocientista Vilayanur Ramachandran os batizou de "neurônios da empatia" porque, como ele diz, "é como se esse neurônio estivesse adotando o ponto de vista da outra pessoa". Enquanto alguns chamaram essas células de "neurônios Dalai Lama", sendo de ascendência indiana, Ramachandran optou por rotulá-las como "células Gandhi", em homenagem ao líder indiano da independência, que defendia a dissolução de barreiras entre pessoas de crenças diferentes. Esses neurônios, Ramachandran acredita, quebram nossas barreiras em relação a outras pessoas ao fornecer o mecanismo pelo qual podemos sentir o que elas estão sentindo. Ele e Rizzolatti acreditam que neurônios-espelho explicam como sentimos empatia com aquilo que os outros estão pensando e sentindo.

No entanto, a teoria dos neurônios-espelho pressupõe que só podemos criar essa ponte emocional quando tivermos nós mesmos vivenciado ações semelhantes e elas tiverem sido mapeadas para a área relevante do nosso cérebro. Se não as tivermos vivenciado, podemos reconhecer o que outros estão vivenciando, mas, como não está no sistema motor do nosso cérebro, não vivenciaremos nós mesmos e não seremos capazes de sentir uma empatia total. Quando falamos da importância da empatia em uma sociedade saudável e funcional e dos perigos da sua falta, o espelhamento nos ajuda a entender por que vivenciar a vida ou os ambientes das outras pessoas é tão importante para gerar um entendimento de como elas se sentem. Se a empatia depende de experiência compartilhada, assim ocorre porque apenas podemos sentir realmente como as coisas são para os outros quando tivermos vivenciado o que eles vivenciaram.

O conceito de espelhamento não oferece uma teoria que abrange tudo sobre a maneira como processamos, armazenamos e aplicamos informações sobre outras pessoas e situações sociais. Alguns expressaram dúvida sobre até onde a teoria pode representar uma explicação do nosso entendimento dos outros, uma vez que o funcionamento dos neurônios-espelho é observado mais de perto em termos de ações e atividades motoras no cérebro. Outros pesquisadores questionaram se esses neurônios podem ser considerados uma classe distinta de células. No entanto, neurônios-espelho são considerados vitais para uma gama de características humanas e o conceito foi adotado em uma série de disciplinas como uma explicação possível para os mistérios da condição humana.

Um desses mistérios é como aprendemos. Por exemplo, Ramachandran alegou que os neurônios-espelho estão por trás do "grande salto" na criatividade humana que ocorreu cerca de 40 mil anos atrás. Nessa época, linguagem, uso de ferramentas e criação artística explodiram, embora o cérebro humano tenha se desenvolvido até seu tamanho atual 250 mil anos antes. Ramachandran propõe que os neurônios-espelho, que nos permitem entender as intenções dos outros e desenvolver uma teoria sofisticada das mentes alheias, são o que está por trás do crescimento do empreendimento cultural que surgiu nessa época. Da mesma forma, como esses neurônios nos dão a capacidade de imitar as vocalizações dos outros, ele propõe que eles iniciaram a evolução da linguagem. Dessa forma, Ramachandran coloca a leitura da mente das outras pessoas e o aprendizado por imitação — ambos possibilitados pelos neurônios-espelho — no cerne da sua explicação para o desenvolvimento e expansão da civilização humana.

Aristóteles observou na sua *Poética* que "O homem se diferencia de outros animais no sentido de que ele é aquele mais dado ao mimetismo e aprende suas primeiras lições por meio da imitação", e os neurônios-espelho sugerem que suas observações têm uma boa base na ciência. Quando copiamos outras pessoas, falamos de "macaqueá-las", mas parece que Aristóteles estava certo em aplicar sua observação apenas aos humanos. Primatas não humanos não têm a mesma capacidade de imitação — é raro em macacos e limitado em grandes símios como chimpanzés e gorilas. No entanto, a imitação é um mecanismo pelo qual os humanos aprendem e compartilham não apenas habilidades, mas também linguagem e cultura. Em suma, a comunicação de sentimentos e também de conhecimento se baseia na imitação, e os neurônios-espelho oferecem uma explicação convincente para isso.

Comunicação corpo a corpo

Os neurônios-espelho permitem que nos conectemos com outras pessoas sem palavras e em vários níveis, de forma que não é nenhuma surpresa que a teoria do espelhamento foi adotada em muitas áreas, principalmente por aqueles que exploram como os humanos se comunicam — e não apenas entre duas pessoas, mas também em grupos.

Há uma tendência em ver comunicação como primordialmente verbal. Assim como o domínio da mente em teorias de inteligência nos levou a pensar no cérebro como um computador que processa informações abstratas, as teorias clássicas de comunicação viam habilidades linguísticas como um artefato da mesma forma de processamento, mas de sons e palavras. No entanto, nas últimas décadas o corpo assumiu um papel mais central na pesquisa relativa à linguagem, fala e comunicação.

Enquanto alguns pesquisadores sugerem que a quantificação de qual proporção da nossa comunicação é verbal ou não verbal não faz muito sentido, outros colocaram números nela. O psicólogo Michael Argyle estimou que mais de 65% das informações trocadas em interações presenciais é expresso por meios não verbais, e Shuichi Nobe alega que 90% da fala é acompanhada por gestos. O psicólogo Geoffrey Beattie argumenta que a gesticulação está no cerne da comunicação, surgindo da mesma parte do nosso cérebro que as informações semânticas (ou seja, relacionadas ao significado) que estamos tentando expressar com palavras. Se isso parece implausível, considere o fato de que mesmo quando você está falando ao celular provavelmente está usando uma ampla variedade de gestos com as mãos enquanto anda pela sala — mesmo quando a outra pessoa não pode ver os movimentos que fazemos com as mãos, nós os estamos usando para nos expressarmos. Pessoas que são cegas de nascença também gesticulam quando falam. Qualquer que seja o percentual que estamos dispostos a alocar para cada modo de comunicação, está claro que não usamos apenas palavras, mas também gestos, movimentos e expressões para nos comunicarmos com os outros.

O regente Sir Simon Rattle é um maestro que usa seu corpo para se comunicar. As mãos são essenciais para qualquer regente, mas Rattle é famoso por parecer ser capaz de usar sua orquestra como se fosse um instrumento que ele mesmo estava tocando. Como ele controla esse grupo de aproximadamente oitenta músicos que estão tocando cerca de vinte instrumentos diferentes? Durante os ensaios, um regente usa palavras para se comunicar com a orquestra, mas durante uma apresentação ele está limitado à comunicação não verbal; ele pode apenas se comunicar por meio do seu corpo e da batuta e deve extrair características e sentimentos da partitura sem pronunciar uma palavra.

Os regentes, às vezes, imitam a música que estão regendo por meio de movimentos corporais. Por exemplo, eles podem marchar quando a música é uma marcha ou balançar quando for um suingue. Em outras ocasiões eles podem indicar à orquestra que devem tocar suavemente dobrando os joelhos, abaixando-se ligeiramente e curvando os ombros. Guias de regência recomendam que os regentes usem o fato de que seus músculos faciais podem criar cerca de 10 mil expressões diferentes. Com gestos e expressões faciais, um regente pode extrair sutilezas e emoções para as quais pode nem existir uma palavra óbvia para expressar sua intenção se ele fosse capaz de falar.

Observe o rosto de Rattle enquanto ele conduz sua orquestra por uma peça de música e você verá que a batuta quase parece irrelevante na sua execução. Como escreveu um crítico de música, há uma correlação entre sua linguagem corporal e o som da orquestra: "a naturalidade também é essencial para a linguagem musical de Rattle, e sua linguagem corporal reflete isso. Raramente sem um sorriso no pódio, ele tem um entusiasmo inconfundível por comunicar seu amor pela música que está sendo executada, criando assim um som que é rico, seguro e repleto de calor humano".

Multidões não têm regentes, no entanto elas frequentemente se comportam como se houvesse alguém no seu centro dirigindo o que está acontecendo e como as pessoas estão se sentindo. O público tende a começar a aplaudir ao mesmo tempo, e normalmente termina de aplaudir em sincronia. Reagindo à intensidade daqueles ao nosso redor, podemos aumentar o volume do nosso aplauso e, como se instruído por um regente, o público para de aplaudir quase simultaneamente. Há três modos interconectados de se pensar nisso. Um deles toma emprestado do mundo natural, outro está relacionado ao conceito de espelhamento e o terceiro se baseia nas conclusões de psicólogos que exploram a ideia de cognição social. Todos levam de volta à ideia de que entender os outros e ser capaz de sentir empatia por eles têm um componente corporal crucial.

Corpos que ressoam

Em 1656, Christiaan Huygens, físico, matemático e astrônomo holandês, inventou o relógio de pêndulo. Huygens esteve envolvido na corrida do século XVII para construir um relógio exato que permitiria que os marinheiros localizassem sua longitude com precisão. O sucesso desse esforço foi visto como vital para o comércio mundial e ele rapidamente recebeu uma patente pela sua criação. Em uma carta para seu pai em 1665, ele mencionou uma observação que o intrigou. Ele contou que estava na cama, de onde observava dois relógios pendurados na parede. O que ele observou foi que os seus pêndulos começavam a balançar "em simpatia" um com o outro e, acrescentou, se essa sincronização fosse de algum modo interrompida, eles rapidamente restabeleciam seu movimento harmonioso. Essa observação de sincronização foi subsequentemente relatada no final do século XIX em tubos de órgão que soavam em uníssono quando colocados próximos uns dos outros. Sabe-se que o fenômeno da sincronização espontânea de sistemas oscilantes existe em sistemas vivos há séculos e é frequentemente chamado de *"entrainment"*.[20] Vaga-lumes reordenam-se quando iluminam e o coração humano começa a bater em simpatia com outro próximo a ele. Um dos exemplos mais espetaculares de reordenação ocorre quando revoadas de estorninhos se reúnem em exibições aéreas incríveis de voo sincronizado.

A reordenação é de interesse particular em relação à música. Teorias mais antigas propunham que os ritmos musicais eram computados pelo cérebro do ouvinte, que extraía informações do som antes de transformar isso em ação, como bater o pé. Mais recentemente os psicólogos começaram a ver o movimento musical rítmico como um processo de reordenação, no qual "oscilações dentro do ouvinte se tornam sincronizadas com estímulos rítmicos no ambiente". A ideia comum de que somos "movidos por música" é iluminada por essa explicação mais corporal do efeito que a música causa nos ouvintes.

Reordenação é um fenômeno físico e depende de uma conexão ou ressonância entre pessoas — ou outras criaturas — enquanto o conceito de espelhamento também depende de um elemento físico, conforme observamos outras pessoas e executamos nós mesmos suas ações. Como observa Vittorio Gallese, membro da equipe de pesquisa italiana por trás da descoberta do neurônio-espelho, "quando observamos ações executadas por outros indivíduos, nosso sistema motor 'ressoa' juntamente com o do agente observado". Essa ressonância do nosso corpo com outras pessoas nos permite sentir seus humores, e é esse processo que conecta o regente, sua orquestra e o público.

---

20 *Entrainment* é um termo técnico específico que não possui uma tradução exata em uma única palavra em português. Em um contexto mais descritivo, poderíamos usar expressões como "sincronização de ritmo" ou "coincidência de oscilações". (N.E.)

Se as ações e expressões de Sir Simon Rattle estão sendo comunicadas ao seu público por meio do mecanismo de espelhamento, como membros individuais do público desenvolvem um entendimento de como a música está afetando os outros ao seu redor e como a reação coletiva do público molda o estado emocional de um ouvinte individual? A teoria da cognição incorporada, para a qual existe um grande e crescente corpo de evidência, explica isso ao contestar as teorias tradicionais que alegavam que, quando uma pessoa da plateia vê outra sorrindo e demonstrando estar gostando da apresentação de Rattle, ela tem uma experiência sensorial dessa pessoa da plateia. Ela pode até mesmo agir em resposta, talvez sorrindo de volta, sentindo um afeto em relação a essa pessoa e passando por uma mudança no seu chamado "estado introspectivo". No entanto, as teorias tradicionais pressupunham que o conhecimento de tal experiência residia em formas abstratas e simbólicas na mente, não consistindo em informações sensoriais ou reações motoras que a constituía.

Por outro lado, a teoria da cognição incorporada sugere que o conhecimento existe não apenas como essas formas abstratas, mas que também envolve o estado sensorial, motor ou introspectivo que está sendo parcialmente armazenado no corpo. Em outras palavras, os estímulos sensoriais não resultam apenas em um estado cognitivo, mas em estados corporais também e, por meio do mecanismo de espelhamento, a percepção desses estados em outras pessoas os produz na própria pessoa. A reação emocional do público recebe uma forma física que as outras pessoas do público podem adotar.

O fenômeno diário de bocejar é um bom exemplo dessa ideia. Se vemos alguém bocejando, a necessidade inegável de bocejar toma conta de nós e começamos a sentir cansaço. A risada é outra forma de contágio social — como qualquer criança sabe, assim que uma classe começa a dar risadinhas sobre qualquer coisa, é praticamente impossível não rir também. Bocejar e rir não são apenas estados corporais: eles são contagiantes porque *são* estados corporais.

A ciência mostra que entender outras pessoas não é meramente um processo mental, é algo que o nosso corpo possibilita. No entanto, já que tanto a reordenação como a comunicação corpo a corpo dependem da copresença física, vale a pena refletir sobre onde isso nos coloca, dado que agora nós passamos boa parte da nossa vida em um mundo mediado digitalmente. Conforme o ensino se torna on-line, as reuniões cada vez mais ocorrem via sistemas de videoconferência e encontros em realidade virtual se tornam mais populares, estamos retirando cada vez mais nosso corpo das interações com outras pessoas. Se a leitura do estado mental de outras pessoas e do clima de uma sala depende de copresença física, o que estamos perdendo quando habitamos ambientes digitais?

Criadores de novos sistemas de comunicação estão investindo muito na melhoria da fidelidade do áudio e do vídeo em seus sistemas, e frequentemente incluem canais adicionais de comunicação como funções de bate-papo. Criadores de sistemas de realidade virtual se concentram em fazer os avatares em seus sistemas da forma mais realista possível e trabalham particularmente na melhoria da expressividade das suas características faciais. No entanto, há muitos tecnólogos que percebem que a interação humana presencial depende de uma combinação sutil de movimentos dos olhos, movimentação da cabeça, gesto e postura. A comunicação entre pessoas depende desse senso holístico de interação incorporada, e simplesmente melhorar a qualidade do vídeo ou acrescentar recursos não dará à interação virtual nada parecido com a riqueza das informações sociais que encontros presenciais envolvem. Um emoji pode ser uma maneira útil de sinalizar uma resposta, mas não tem a mesma qualidade contagiosa. Como descobrimos, humor e sentimentos têm uma dimensão incorporada de forma distinta, e sempre haverá limites sobre o que os sistemas de comunicação virtual podem alcançar em seus esforços para dar às pessoas geograficamente separadas a sensação de que estão na presença física de outras.

A ideia de que o entendimento do que outras pessoas estão sentindo depende do corpo é um distanciamento das explicações psicológicas ou cognitivas antes dominantes. Essa nova explicação depende da ideia de que nossos estados emocionais não vêm apenas da nossa mente, mas se originam no nosso corpo devido às conexões íntimas entre suas funções motoras, sensoriais e cognitivas. A ideia de que sentimentos são incorporados em vez de serem fenômenos psicológicos interiores explica por que eles são compartilhados tão facilmente com os outros. Se pensarmos no humor como algo que é incorporado e está do lado de fora, fica mais claro por que somos tão capazes de pressentir o humor de uma sala.

As emoções que associamos a uma experiência estão intimamente conectadas com aquelas sentidas pelas pessoas ao nosso redor. Nesse sentido, elas são criadas e compartilhadas entre as pessoas quando estão juntas e seus sentimentos ressoam entre elas. Estar com outros indivíduos permite que sintamos o que eles sentem.

O espelhamento nos possibilita apreciar como entendemos o que os outros estão sentindo, enquanto a ideia de que nosso corpo ressoa fisicamente entre eles nos ajuda a melhor compreender como os sentimentos podem ser compartilhados por pessoas que estão na presença umas das outras. O contágio de humor e sentimento entre indivíduos é um artefato da natureza incorporada da experiência, já que nosso corpo e, depois, nossa mente, entram em sincronia com os dos outros.

O mistério de como entendemos outras pessoas ou sentimos empatia por elas é normalmente explicado em termos de nossa mente, como quando somos instados a pensar nos sentimentos dos outros, mas nosso corpo desempenha um papel significativo na forma como vemos as coisas a partir de uma perspectiva alternativa. E nosso corpo não é só essencial à forma como entendemos o mundo — ele está no cerne de como lembramos dele.

Capítulo 8

Retenção

**"No que meu corpo se tornou?
Uma memória em uma paisagem?"**
KNIGHT E MCFADYEN

Se o corpo está no cerne da experiência e dos sentimentos, ele também é fundamental para o modo como retemos e recuperamos o conhecimento. Mesmo as pessoas que não leram *Em busca do tempo perdido*, de Marcel Proust, provavelmente ouviram falar das referências à jornada de recordação do autor, que é precipitada quando ele mergulha uma pequena madalena na sua xícara de chá:

> Mas no mesmo instante em que aquele gole, de envolta com as migalhas do bolo, tocou o meu paladar, estremeci, atento ao que se passava de extraordinário em mim. Invadira-me um prazer delicioso, isolado, sem noção da sua causa. [...] E de súbito a lembrança me apareceu. Aquele gosto era o do pedacinho de madalena que nos domingos de manhã em Combray (pois nos domingos eu não saía antes da hora da missa) minha tia Léonie me oferecia, depois de o ter mergulhado em seu chá da Índia ou de tília, quando ia cumprimentá-la em seu quarto. O simples fato de ver a madalena não me havia evocado coisa alguma antes que a provasse.[21]

---

21 Tradução de Mario Quintana, in Proust, Marcel. *No caminho de Swann*. 14ª ed. São Paulo: Globo, 1991. pp. 48-50. (N. T.)

A expressão "momento proustiano" é utilizada para se referir àquelas ocasiões em que um estímulo sensorial — um cheiro ou gosto familiar — aciona a memória. Há muitos eventos semelhantes em todos os sete volumes, e cada um descreve com detalhes o que Proust está sentindo no momento e o que ele está lembrando. Cada um reflete a ligação repetida e contínua entre percepção e memória. Proust reconhece que a memória está localizada tanto no corpo como no cérebro.

A ideia de que o conhecimento está armazenado no corpo vai no sentido contrário da sabedoria recebida de que o cérebro é como um arquivo ou um disco rígido de memórias e conhecimento. Como diz Robert Epstein, o eminente psicólogo, "Não importa o quanto eles tentem, os neurocientistas e os psicólogos cognitivos nunca encontrarão uma cópia da *Quinta Sinfonia* de Beethoven no cérebro — ou cópias de palavras, imagens, regras gramaticais ou qualquer outro tipo de estímulos ambientais. O cérebro humano não está realmente vazio, claro. Mas não contém a maioria das coisas que as pessoas acham que contém, nem mesmo coisas simples como 'memórias'".

Então, se não é no cérebro que as coisas são "armazenadas" diretamente como tendemos a imaginar, como o corpo pode fornecer uma explicação alternativa para como lembramos das coisas? E como podemos distinguir entre os diferentes tipos de memória que o corpo tem?

A ideia de que a memória não é apenas um fenômeno cognitivo não é nova nem está confinada ao mundo acadêmico. O conceito de "memória muscular" é amplamente utilizado para transmitir o fato de que o corpo é capaz de reter conhecimento e agir sem o controle consciente ou ativo da nossa mente. Quando usamos memória muscular, nosso corpo simplesmente parece saber o que fazer.

Referências a memória muscular em conversas cotidianas descrevem nossa capacidade de agir de forma espontânea sem pensar e lembrar qual o tipo de movimento, que é sempre muito preciso, que funciona em uma situação específica. Em contextos acadêmicos, esse tipo de memória é normalmente denominado "memória procedimental" porque nos permite executar procedimentos ou habilidades automaticamente, sem ter que considerar como procedemos de uma etapa para outra.

Essa capacidade de agir inconscientemente, mas sem precisão é encontrada em uma variedade desconcertante de contextos na nossa vida cotidiana. Em vez de ser exclusividade de uma artesã talentosa e experiente ou de um piloto de corrida, ela está em evidência quando damos um laço no cadarço, fazemos uma caminhada, tocamos piano ou digitamos em um teclado. Todas essas habilidades são chamadas "sensório-motoras" porque se baseiam na coordenação da percepção sensorial com o movimento. Como descobrimos em *Prática*, nós aprendemos fazendo, e um jeito de pensar em memória muscular é como um produto adquirido daquilo que Richard Shusterman chama de "hábito sedimentado". Quanto mais fazemos algo, mais proficientes nos tornamos e mais o nosso corpo fica sintonizado com as ferramentas que estamos usando ou com o ambiente no qual estamos. Camada após camada de experiência é assentada no nosso corpo. Uma explicação mais científica sugeriria que, quando executamos essas habilidades, padrões de movimento ficam embutidos no nosso sistema nervoso central — o que entendemos como memória muscular é uma combinação poderosa de músculos habituados e redes neurais do cérebro.

Vestir-se, dar laço no cadarço e escovar os dentes são todos exemplos dessa memória procedimental, mas muita coisa na vida envolve atividades mais complexas que se baseiam na mesma forma de memória, devemos ser gratos a ela porque cria eficiência e é um auxílio à execução. Um escritor diante do teclado pode devotar sua atenção às palavras que está digitando em vez de controlar os movimentos dos seus dedos nas teclas à sua frente. Nesse sentido, um corpo que sabe o que fazer exige menos da nossa atenção consciente para focar no que está fazendo, permitindo que nos concentremos nos aspectos do nosso desempenho que podem se beneficiar mais da nossa atenção total.

A eficiência que surge da combinação de um corpo que sabe o que fazer e do nosso cérebro pode ter consequências tanto úteis como prejudiciais. Embora permita que as pessoas se concentrem em uma tarefa em andamento quando se encontram em um ambiente instável ou desconhecido, estudos de condutores de trem mostram que a familiaridade com uma tarefa pode levar a uma falta de foco, com consequências perigosas.

No entanto, há outras dimensões para a ideia de memória muscular que se estende além dessas habilidades práticas. Na verdade, diz respeito a muito mais do que a capacidade de executar ações sem pensar — refere-se também à capacidade do corpo de lembrar onde está, o que aconteceu ali anteriormente e como se sentiu.

Recordação corporal total

As memórias da infância de Proust que brotaram quando ele provou um pequeno bolo não eram apenas de um tempo, mas também do lugar onde ele passou seus primeiros anos de vida. O bolo tem aromas e gostos específicos, percepção sensorial que aciona memórias, e nossa percepção mais abrangente do mundo resulta igualmente do fato de nós o habitarmos com nosso corpo. O que vemos e percebemos do mundo é a partir do ponto de vista do nosso corpo, e o corpo nos dá o que Shusterman chama de "ponto primordial" — nosso significado no mundo. Estudos experimentais demonstraram que somos capazes de formar mapas de ambientes com a nossa atenção inconsciente conforme navegamos por eles — quando focamos em lembrar de um ambiente, nossos mapas mentais podem ser mais fortes.

Considere o que acontece quando você visita um supermercado que não lhe é familiar. Em geral é uma experiência inquietante estar em um ambiente que está disposto de uma forma diferente daquela que você espera. As frutas e as verduras podem até estar na entrada, mas o resto do layout da loja pode ser bem diferente do que você está acostumado. Normalmente você consegue perambular de corredor em corredor, sabendo onde as coisas estão localizadas, e pegar as coisas das prateleiras sem muito pensar. Como resultado das numerosas visitas à sua loja regular, ela se tornou conhecida para você; você nota as coisas que estão fora do lugar sem precisar conscientemente se envolver com o ambiente da loja. Tem uma sensação guardada na memória do espaço em que está.

As habilidades perceptivas do corpo estão no cerne desse ato de lembrança, e não é apenas com os nossos olhos que nos envolvemos com o supermercado, mas com todos os nossos sentidos. A seção do arroz e do macarrão está próxima o suficiente dos corredores refrigerados para sentirmos frio, mas, conforme vamos em direção à padaria no fundo da loja, a temperatura do ar fica mais confortável e os cheiros mais atraentes. Todos os nossos sentidos estão trabalhando na construção de um mapa multidimensional do espaço e cada vez que visitamos, esse mapa fica mais detalhado e estável. Não são apenas os nossos cinco sentidos conhecidos que nos ajudam a construir esse modelo em tamanho real do mundo, mas também o nosso sexto sentido, a propriocepção. Nossa percepção da posição do nosso corpo em relação ao mundo nos dá uma sensação profunda e incorporada de onde estamos e do que está ao nosso redor, o que é útil quando se está no supermercado. Ajuda-nos a completar rapidamente o que pode ser uma tarefa enfadonha e não desejada e nos permite o luxo de não ter que gastar muita energia mental enquanto a executamos.

No entanto, há uma dimensão mais significativa e experimental do papel que o corpo desempenha naquilo que lembramos: ele também reflete e molda nossas relações com as outras pessoas. Você sempre dorme do mesmo lado da cama e sente que algo não está certo quando, estando fora de casa, acaba do lado "errado" do seu parceiro? Você adota as mesmas posições ao caminhar com ele e tem uma sensação reconfortante de familiaridade que lhe dá bem-estar? É porque as emoções estão enraizadas no corpo que essas posições corporais têm tal dimensão afetiva. Há um alinhamento entre a maneira como nos sentimos no contexto de outras pessoas e as posições que adotamos, e essa conexão entre nosso corpo e nossos sentimentos é construída ao longo do tempo.

Seja a memória do sabor de certo alimento ou o odor de um determinado lugar, as habilidades sensoriais do nosso corpo resultam em memórias que surgem sem muito esforço, mas parecem conter a essência da pessoa, lugar ou momento em questão. A maneira como essa essência pode ser acionada por uma percepção sensorial está espelhada na maneira como o conhecimento cultural pode também possuir uma dimensão corporal.

Incorporando uma identidade

Embora os uniformes usados por padres, juízes, policiais e enfermeiros sejam um componente importante das suas identidades, eles não são o único modo como essas pessoas comunicam quem são. O treinamento para se tornar um policial ou padre leva tempo e exige muito conhecimento especializado, mas ser um policial exige muito mais do que conhecimento e uniforme — antes que alguém possa ser visto como um policial ou padre "de verdade", é necessário realmente incorporar esse papel.

Um policial treinado pode conhecer a lei e as diretrizes que deve seguir, mas é importante que use seu corpo para afirmar sua autoridade em uma situação de ordem pública. Seu treinamento não está limitado ao que é legal e aos procedimentos que ele deve seguir, e inclui também como ele deve se impor em situações de risco e perigo. Da mesma forma, para se tornar um padre, um noviço deve não só dominar as escrituras e aprender a realizar cultos e administrar uma paróquia, mas também aprender como incorporar valores de humildade, devoção e amor. Embora seu treinamento possa não ser tão formal quanto o de um policial, ele ainda assim deve aprender qual posição corporal adotar no momento em que for necessário dar condolências a uma família em luto, como uma combinação de braços abertos, proximidade e expressão facial pode transmitir cuidado e preocupação. Em um famoso artigo a respeito do corpo, o sociólogo francês Marcel Mauss escreveu sobre uma revelação que teve no hospital:

> Eu estava doente em Nova York. Perguntava-me onde já havia visto garotas andando como minhas enfermeiras andavam. Eu tinha tempo para pensar nisso. Finalmente percebi que foi no cinema. Voltando à França, percebi como esse modo de andar era comum, especialmente em Paris; as garotas eram francesas e também estavam andando daquele modo. Na verdade, modas americanas de andar tinham começado a chegar aqui, graças ao cinema. Essa era uma ideia que eu podia generalizar. As posições dos braços e das mãos ao andar formam uma idiossincrasia social, elas não são simplesmente um produto de alguns arranjos e mecanismos puramente individuais, quase completamente psíquicos.

A percepção de Mauss surgiu de uma observação sobre andar, e em outra parte do artigo ele reflete sobre os estilos diferentes de marchar dos britânicos e dos franceses. Claro, marchar é uma habilidade que é semeada nos soldados ao longo de horas de prática no campo de manobra, mas andar é algo que aprendemos nos primeiros estágios do nosso desenvolvimento. Será, Mauss perguntava a seus leitores, que a maneira como andamos é mais do que uma questão de estilo pessoal, é algo que tem uma dimensão cultural maior? Ele estava sugerindo que a maneira como mantemos nosso corpo, sua postura e conduta, passa a incorporar nossos valores culturais ou, como vimos no caso do policial e do padre, profissionais.

O corpo, conforme Mauss o via, não era apenas uma coleção neutra de carne e ossos, mas um repositório de conhecimento cultural, bem como algo que expressa esse conhecimento. A aquisição do status de profissional requer não apenas o aprendizado de uma arte ou ofício, mas também o desenvolvimento de um determinado corpo ou disposição corporal. Os policiais não são simplesmente enciclopédias ambulantes do que é legal, seus corpos uniformizados e treinados são a incorporação da lei e da ordem, e seu treinamento é projetado para criar corpos que incorporam os valores da força policial. O ex-fuzileiro naval Mark A. Burchell, um antropólogo que concluiu o processo de treinamento de trinta e duas semanas de Fuzileiro Naval Real — e participou dele novamente como pesquisador — observa como esse treinamento é projetado essencialmente para destruir o corpo de um jovem e reconstruí-lo como o de um soldado. O processo de formação de soldados de elite é físico por um motivo, e não simplesmente devido à natureza física das atividades de soldado; o corpo é essencial à sua identidade como fuzileiro naval. Como diz Burchell: "seu engajamento corporal repetitivo com a cultura material dos militares, como pistas de obstáculos e outros ambientes de treinamento físico, transformará suas posturas mentais e físicas de uma postura que está sendo testada em uma postura de triunfo", e isso continua ao longo do programa de treinamento, "possibilitando seu progresso gradual em direção à incorporação das suas novas identidades como Fuzileiros Navais

Reais. Nesse momento, o corpo é transformado em uma arma e está pronto para entrar em combate".

Além desses tipos de profissão, vale lembrar que os humanos sempre tomaram decisões culturais sobre como o corpo deve ser aumentado com tinta, enfeitado com condecorações ou alterado fisicamente para fins religiosos ou outros fins culturais. Muitos ritos de passagem, tais quais aqueles documentados por antropólogos como Victor Turner, envolvem alterações corporais como circuncisão. Do modo como ele via, o corpo de um adolescente Ndembu torna-se o corpo de um adulto por meio desse ritual de socialização. O corpo é o produto de um lugar, tempo e cultura, contendo e transmitindo mensagens culturais.

Decorando falas

Quando assistimos à apresentação de atores talentosos, pode ser fácil ignorar o grande número de falas que eles precisam decorar para desempenhar seu papel. Muitos atores não dão importância a essa habilidade e nem sequer a consideram uma habilidade. O ator britânico Michael Caine disse uma vez que "Você deve ser capaz de ficar lá em pé e não pensar naquela fala. Você a tira do rosto do outro ator". Seu comentário reconhece como é importante ser espontâneo, mas pouco revela como ele se lembra de um roteiro. No entanto, dado que muitos de nós passamos muito tempo tentando decorar coisas, é fácil ter inveja da aparente facilidade que os atores têm de memorizar uma grande quantidade de informações. Na escola temos que estudar muitos fatos para as provas, e na vida adulta podemos ter que nos esforçar para lembrar o nome das pessoas ou o que queremos dizer em uma apresentação de trabalho. Então como os atores fazem isso?

Estudos recentes sobre o modo com os atores decoram suas falas mostraram até que ponto seu sucesso se deve à maneira como eles vinculam a ação ao diálogo. Um estudo de pesquisa conduzido por Helga e Tony Noice sobre recuperação de informações no contexto de atuação demonstrou que as falas recitadas por um ator enquanto se movimenta são mais fáceis de lembrar do que as recitadas sem uma ação que as acompanhe. Muitos meses após o estudo, os atores envolvidos conseguiam lembrar suas falas com mais sucesso quando eles estavam representando a ação do que quando estavam sentados. Em outro dos seus estudos, os Noice mostraram como as falas e os adereços usados em uma cena trabalham juntos para ajudar os atores a reterem suas falas. Em um exemplo que eles deram, um ator caminha até uma garrafa, a pega e declara: "É assim que eu resolvo os meus problemas". Sabendo o que seu personagem quer dizer com essa fala, a movimentação e as ações do ator refletem esse significado: "a garrafa representa o significado da situação, e o significado da situação determina quais ações ele executará". Ele poderá tomar um grande gole da garrafa ou girá-la na direção de outro personagem. O significado, as falas e a ação estão intimamente ligados, e então, quando o ator precisa recuperar essas falas, ele pode lembrar o diálogo e a ação — a memória está fundada no corpo e na sua ação. Em vez de apenas sentar e tentar memorizar grandes quantidades de diálogos, os atores podem decorar suas falas executando-as; a evidência dos estudos, incluindo os estudos dos Noice, sugere que isso pode funcionar também em qualquer contexto que não seja o da atuação.

Os cientistas cognitivos diferenciam entre a memória procedimental que nós já vimos, uma forma de memória que pode ser recuperada sem esforço consciente, e a memória declarativa. Esse tipo de memória refere-se àquelas coisas que são conscientemente recuperadas (ou "declaradas") — as datas de reis e rainhas, o vocabulário francês e os elementos da tabela periódica são todos fatos que talvez tivéssemos que memorizar. Relembrá-los tende a envolver esforço consciente, mas, como já vimos, o processo é mais fácil quando associado a ações. Frequentemente nós também lembramos melhor das coisas quando estamos nos ambientes onde primeiramente adquirimos o conhecimento, ou quando reconstituímos as situações que levaram a essa aquisição.

Um estudo famoso de mergulhadores escoceses, realizado nos anos 1970, demonstrou a relação entre ambiente e memória. Os mergulhadores que participaram do estudo estavam de férias perto de Oban, na costa oeste escocesa, quando solicitaram a eles que decorassem listas de palavras de duas e três sílabas em terra firme ou embaixo d'água antes de serem testados sobre o que eles lembravam dessas listas. Depois de tentarem memorizar a lista em terra firme, foi pedido que eles mergulhassem seis metros e lembrassem das palavras sentados no fundo do mar. Os mergulhadores lembraram melhor das palavras quando as condições para lembrar correspondiam ao ambiente original de aprendizado: os pesquisadores mostraram que a memória depende muito do contexto. Outro exemplo mais cotidiano de memória que depende do contexto é ilustrado pelo modo como reagimos quando perdemos algo em casa, como nossos óculos. Muitas vezes procuramos refazendo nossos passos para determinar onde podemos tê-los colocado; dado o papel do contexto na lembrança, não é de surpreender que com muita frequência lembramos onde os deixamos quando voltamos para a parte certa da casa. Nossa recuperação da informação depende não apenas da mente e do corpo — o estudo sugeriu que nosso cérebro e corpo podem usar nosso ambiente para ajudar a recuperar e processar informações.

A mente estendida

A ideia de conhecimento incorporado é um desafio para a suposição de que o cérebro, independentemente do corpo, é responsável por como lembramos das coisas e é onde a cognição ocorre; antes, é a combinação de mente e corpo que é responsável pela memória. No entanto, como vimos neste capítulo, também nosso ambiente afeta como pensamos e lembramos.

Isso significa que objetos e ambientes são parte da nossa mente? O cientista cognitivo Andy Clark, que é algo parecido com uma estrela do rock no mundo da ciência cognitiva, acha que sim. Um artigo que ele escreveu com David Chalmers em 1997 intitulado "The Extended Mind" [A mente estendida] é um dos mais citados na disciplina e deu uma contribuição revolucionária para o pensamento humano sobre o pensar. Eles argumentaram, em termos simples, que os estados e processos mentais são distribuídos em ambientes físicos, sociais e culturais, bem como nos corpos. O pensamento, eles sugeriram, é "suportado" pelas coisas que estão fora da nossa cabeça, não apenas objetos físicos, mas o ambiente.

Nos anos 1990, quando o artigo foi escrito, a agenda Filofax era popular, e eles usaram isso como um exemplo de como os objetos podem nos ajudar a organizar nossos pensamentos e lembrar das coisas — a agenda em papel, o livro de endereços e a lista de tarefas eram uma demonstração da capacidade humana de incorporar objetos e ferramentas ao nosso pensamento. Se alguém pedir que você multiplique 457 por 397, é bem provável que você não conseguirá fazer isso de cabeça (a menos que você seja um talento prodigioso em matemática), e pegará logo um papel e uma caneta. Da mesma forma que a Filofax atua como uma extensão da nossa memória, o papel e a caneta são partes inseparáveis da nossa habilidade cognitiva de realizar contas difíceis. Quando jogamos Scrabble, costumamos pensar que a movimentação das peças é uma ação e não um processo de pensamento, mas a ação de reorganizar é, na verdade, alegam Clark e Chalmers, tão cognitiva quanto física. Estamos pensando com nossos braços, mãos e olhos. Nossa mente não se estende apenas ao nosso corpo, eles argumentaram, mas também ao nosso ambiente físico. Eles propuseram um experimento de pensamento para provar seu argumento:

> Imagine um homem chamado Otto, que sofre de algum comprometimento da memória. Otto carrega um caderno com ele o tempo todo. Esse caderno contém todas as informações que Otto precisa lembrar em um dia específico. Suponha que um dia ele queira ir a uma exposição no Museu de Arte Moderna em Nova York, mas ele não consegue lembrar o endereço. Felizmente, ele pode simplesmente procurar o endereço no seu caderno. Ele faz isso, vê que o museu é na 53rd Street e visita a exposição. Agora compare Otto com Inga. Ela também quer ir à exposição, mas não tem problemas de memória e consegue lembrar do local usando o sistema tradicional de lembrar com base no cérebro.

Ao comparar Otto e Inga, Clark e Chalmers estavam sugerindo que não há diferença significativa entre os dois. Os dois "procuram" a informação: Inga no seu cérebro e Otto no seu caderno, que atua como um tipo de "cérebro externo". Da forma como os autores viam, se uma parte do mundo funcionasse de um modo que seria aceito como parte do processo cognitivo se estivesse acontecendo na mente, então, para todos os efeitos, isso era uma *característica* do processo cognitivo. Quando esse artigo provocador foi publicado pela primeira vez, houve quem ficasse cético quanto a essa posição, incluindo alguns que consideravam um pouco liberal demais a definição de Clark e Chalmers de que tipo de objeto poderia ser considerado como tendo um papel cognitivo.

No entanto, como os smartphones desalojaram a Filofax e se tornaram fundamentais para o nosso dia a dia, os primeiros críticos dessa posição começaram a aderir a ela. Eu me mudei há dois anos e ainda não decorei o telefone de casa, e suspeito que só consiga lembrar uma pequena fração das centenas de números que estão armazenados no meu celular. Uso um software de anotação para tomar nota das coisas, bem como uma lista eletrônica de tarefas. Eu "terceirizei" boa parte da minha memória para o meu telefone. Dessa forma, os objetos físicos no meu ambiente pessoal passaram a ter um papel importante nos meus processos cognitivos — minha mente e o ambiente estão, nesse sentido, "casados".

Embora tenha sido necessária a revolução da tecnologia pessoal para que muitos céticos aderissem à teoria da mente estendida de Clark e Chalmers, não é difícil argumentar que, já que os humanos começaram a fazer artefatos e a criar arte entre 50 e 100 mil anos atrás, eles vêm usando o mundo físico não apenas para auxiliar seu pensamento mas também para armazenar ideias. Um sinal da influência do pensamento de Clark é que alguns arqueólogos agora se referem ao que fazem quando escavam civilizações antigas não como a reconstrução de objetos, mas de "mentes".

A ideia da mente estendida reúne cérebro, corpo e ambiente em uma teoria de como e onde a cognição ocorre. Todos os três trabalham juntos para nos ajudar a reter e lembrar informações, mas também a capacidade de executar tarefas que são simples e complexas.

O conhecimento que retemos em nosso corpo não é apenas um conhecimento procedimental, como o modo como viramos uma panqueca ou dirigimos um carro, mas também está relacionado aos nossos sentidos e memória de lugares, pessoas e experiências. A maneira como encontramos nosso caminho no mundo, lembramos de ocasiões e nos relacionamos com outras pessoas está fundada em nosso corpo. Isso não quer dizer que ele é como uma caixa-forte da qual o conhecimento nunca escapa — certamente é verdade que habilidades práticas podem ficar cegas por falta de prática e precisam ser afiadas — mas o tipo de conhecimento que conseguimos reter no nosso corpo tem uma facilidade de lembrança que é distintamente diferente do tipo de conhecimento factual ou "declarativo" em torno do qual muitos aspectos da vida são construídos, principalmente a educação.

A memória muscular é uma ideia mais ampla do que sugere seu uso em contextos cotidianos, e se refere a mais do que a capacidade do corpo de executar tarefas sem pensamento consciente. Além do conhecimento procedimental ao qual frequentemente nos referimos como memória muscular, o corpo também molda a maneira como experienciamos a vida: como navegamos e lembramos de lugares, bem como os eventos que ocorrem neles.

O pensador francês Gaston Bachelard falou de "consciência muscular", que é um modo agradável de resumir a maneira como o corpo está envolvido não apenas no modo como vivemos, mas também como lembramos. Essa frase coloca uma ênfase pesada na ideia de movimento e conscientização, dando uma expressão física à natureza da memória e deixando você sem nenhuma dúvida de que ele considerava a memória mais do que um fenômeno cognitivo.

Não pela primeira vez vimos como a ciência está começando a explicar as maneiras pelas quais o corpo desempenha um papel na forma como pensamos, sobre as quais outros especularam anteriormente de forma filosófica. No entanto, há ainda muitas lacunas no nosso entendimento científico de como, por exemplo, o conhecimento procedimental é depositado em nosso corpo e pode ser lembrado inconscientemente quando necessário. Contudo, o que está claro é que o nosso corpo é parceiro do nosso cérebro conforme tentamos entender o mundo e lembrar dele.

Capítulo 9

Por que o conhecimento incorporado importa

"Reconsiderarei o conhecimento humano a partir
do fato de que podemos saber mais
do que conseguimos dizer."

MICHAEL POLANYI

Nós já exploramos a maneira como o conhecimento incorporado é adquirido e as cinco características que fazem dele um recurso indispensável da inteligência humana.

Em **Observação** vimos que tirar vantagem dos recursos perceptivos e sensoriais do corpo revela o mundo para nós, e aprendemos que o corpo está no cerne da aquisição de habilidade. Mas dominar habilidades exige mais do que observá-las, e em **Prática** descobrimos como o corpo adquire conhecimento ao fazer e por que, após adquirir esse conhecimento, é melhor deixar que o corpo o execute sem muita orientação consciente.

Em **Improvisação** entendemos que o corpo está no cerne de como percebemos, prevemos e planejamos. O corpo sustenta nossa capacidade de improvisar em situações desconhecidas e de escapar de uma dependência excessiva das regras. Em **Empatia** aprendemos sobre a descoberta de neurônios-espelho que proporcionam uma nova visão da relação entre mente, corpo e nosso sentimento, nosso entendimento e nossa comunicação com outras pessoas. **Retenção** nos mostrou que a memória não é apenas uma habilidade da mente, mas também do corpo e seus ambientes. A ideia de memória muscular se estende para a maneira como vivenciamos e lembramos de pessoas, lugares e experiências.

Ao longo desta parte examinamos essas cinco características individualmente, mas elas devem ser consideradas juntas — o corpo é uma entidade única e os processos em cada um desses recursos estão intimamente relacionados. Tomados em conjunto, eles mostram o que é distintivo sobre as habilidades, entendimento e capacidades que o conhecimento incorporado possibilita.

Embora seja necessário um pouco de teoria para explicar o que o conhecimento incorporado é e como ele é adquirido, é uma forma muito prática de conhecimento. Ele está por trás da execução de todas as habilidades, sejam as simples que executamos todos os dias, como andar ou cozinhar, ou as mais complexas, como tocar piano ou realizar cirurgias. Talvez de forma mais urgente, é importante que, em um mundo onde a automação ameaça substituir humanos em determinados setores da economia, lembremo-nos da capacidade do nosso corpo de executar tarefas complexas. A observação de que é difícil reproduzir em um robô as habilidades motoras finas até mesmo de uma criança pequena serve como lembrete das habilidades que o corpo exibe.

Se o conhecimento incorporado tem natureza prática, ele também é transferível. Sendo desenvolvido por meio de repetição e prática em diferentes ambientes, ele se presta muito bem a ser utilizado em situações imprevistas. Livre de "regras" rígidas que regem a sua operação, é o que está por trás da nossa capacidade de improvisar.

O conhecimento incorporado é uma forma altamente acessível de saber que pode ser adquirido por meio de imersão, observação e ação, e consequentemente não exige professores ou recursos complexos ou caros. Pode ser adquirido por meio de experiência do mundo em vez de instrução formal.

Essa acessibilidade confere ao conhecimento incorporado uma eficiência, e não meramente na forma como é ele adquirido. Quando o conhecimento se torna incorporado, quer dizer que podemos fazer coisas sem pensar muito nelas de maneira consciente; ter um corpo que sabe o que está fazendo nos permite focar na execução de uma habilidade. O artista não pensa em como está segurando o pincel, mas na expressão da sua ideia. O conhecimento incorporado permite que ele foque *naquilo* que está tentando entregar, não em como está entregando.

No nível mais básico, nossa experiência do mundo não pode ser outra coisa senão incorporada, já que existimos no mundo e o percebemos com o nosso corpo, e o usamos sem pensar a cada momento de nossa vida. Nosso corpo nos ajuda a entender o humor daqueles ao nosso redor, além de suas emoções e o que eles estão pensando. Usamos nosso corpo para nos comunicar com outras pessoas e ler a partir do corpo delas o que estão sentindo.

Ao longo de muitos séculos, o mundo ocidental tendia a obscurecer o potencial do nosso corpo para compreender o mundo e o papel dele no que nos torna inteligentes; no mínimo, descartou o corpo como fonte de informações enganosas ou meramente subjetivas. A pressão para uma abordagem desincorporada para entender o mundo marginalizou o corpo ao se basear em representações abstratas. No entanto, por causa disso, o que vem com o corpo, principalmente sentimento e emoção, também foi perdido; em vez disso, optamos por representações secas e factuais do mundo, que proporcionam um relato parcial de como ele é e como ele sente. Trazer o corpo de volta ao jogo é um antídoto à visão reducionista que tenta resumir tudo ao seu padrão, estrutura ou essência mais fundamental. Ajuda a reafirmar a importância de experiências.

Essa tendência reducionista é evidente no modo como países e empresas são administrados. Tecnologia digital, *big data*, inteligência artificial e aprendizado por máquina são todos parte dessa tentativa de reduzir as coisas ao seu nível mais básico. Como escreveu o especialista em gestão Peter Drucker, "O computador é, de certa forma, a expressão máxima da visão de mundo analítica e conceitual de um universo mecânico". Defender o conhecimento incorporado é uma forma de contestar essa visão. No cerne da tentativa de entender a experiência de outras pessoas está a tentativa de vê-la a partir da perspectiva delas e ter uma noção do que elas sabem ou subestimam; o corpo também está no cerne desse esforço.

Na próxima parte do livro exploraremos como o conhecimento incorporado está sendo usado nas **empresas**, na **política e formu-**

lação de políticas, na **criatividade e nos projeto** e na **robótica e na IA**. Aprenderemos em todos eles como as cinco dimensões do conhecimento incorporado que já conhecemos ganharam expressão nessas esferas da vida, e descobriremos como esses campos são intensificados e os resultados aprimorados quando o potencial de conhecimento incorporado é liberado.

Parte 3

Conhecimento incorporado em ação

Capítulo 10

Negócio incorporado

"A pesquisa se tornou uma procuração para clientes.
Bons inventores e projetistas entendem profundamente
seus clientes. A experiência extraordinária do cliente
começa com coração, intuição, curiosidade. Você não encontrará
nada disso em um levantamento."

JEFF BEZOS

No início de 2018, Brian Roberts, presidente e CEO da Comcast, uma empresa de mídia de bilhões de dólares dos Estados Unidos, começou uma tentativa de aquisição de controle do negócio de televisão por satélite da Sky. Muitos consultores estão envolvidos em uma operação tão grande porque há muita análise a ser feita para entender o preço certo e o lucro de tal negócio.

Enquanto visitava o Reino Unido na preparação para a tentativa de aquisição e seus consultores examinavam os números, Roberts decidiu dar um tempo. Em vez de passar o fim de semana reunido com seus banqueiros e consultores, ele entrou em um táxi e foi para um shopping center conversar com vendedores da Sky. No caminho para o shopping, um motorista falante o regalou com as diferenças entre os serviços oferecidos pela Virgin Media e pela Sky. "Era incrível como o motorista tinha muito conhecimento da diferença entre a Virgin e a Sky em todos os aspectos", disse. No tempo que passou com os vendedores, ele pôde ver o imenso orgulho e a paixão que tinham pelo produto enquanto demonstravam alguns dos recursos mais recentes da plataforma da Sky, e teve uma sensação real do motivo pelo qual ela é a força dominante em matéria de TV paga no

Reino Unido. Roberts é um veterano do setor da mídia — seu pai havia criado a Comcast, de forma que ele nasceu na empresa —, mas o que estava faltando para ele era a sensação real do que fazia da Sky um produto diferente.

Roberts decidiu fechar o negócio naquele fim de semana e fez uma oferta pela empresa. O empresário de temperamento suave deixa claro que sua pesquisa em primeira mão não foi o fator decisivo para o negócio, mas serviu como "outro lembrete para mim de como a Sky é impressionante". Em julho de 2018, ele havia reivindicado seu prêmio.

Não é assim que as empresas normalmente operam. Em geral, um exército de bancos de investimentos, consultores corporativos e um corpo de pesquisa é a ordem do dia durante uma aquisição de controle de 22 bilhões de libras. Nesse contexto, o mercado é normalmente visto por pessoas de fora como uma abstração, com pouca atenção ao produto ou aos clientes que o utilizam. No entanto, os mercados não são abstração; eles são compostos por diversos seres humanos com emoções, sentimentos, complexidades e contradições, e tratá-los de forma homogênea é perigoso. Roberts percebeu que às vezes você precisa de uma perspectiva "local" e uma percepção mais instintiva do mercado antes de agir.

Ele não está sozinho; muitas outras empresas e executivos como ele estão se voltando aos seus organismos para entender os mercados em que operam, capitalizando sobre as vantagens do conhecimento incorporado.

Distância, dados, desincorporação

Os mercados são sistemas complexos, onde as partes se envolvem em maneiras de troca por bens e serviços que assumem muitas formas diferentes. Quer a palavra evoque imagens de barracas em uma praça da cidade ou uma troca frenética com *traders* sinalizando com as mãos, os mercados estão cada vez mais escondidos. O projeto, a produção, a distribuição e a venda de muitos bens são altamente globalizados e, mesmo onde bens físicos estão sendo comprados e vendidos, os mercados são cada vez mais eletrônicos e apenas visíveis para a maioria das pessoas como um botão "Compre aqui" em um site, seguido por uma van de entrega alguns dias depois. Os mercados são entidades abstratas e bastante complexas, mas é essencial que os compreendamos.

A economia e a ciência da administração fornecem ferramentas que pretendem ajudar líderes de empresas a dar sentido aos mercados, mas elas têm seus pontos fracos. Em primeiro lugar, os mercados não obedecem a leis imutáveis da mesma forma que o mundo físico o faz, e, em segundo lugar, embora modelos e estruturas, como o "modelo das cinco forças" de Michael Porter ou a "matriz de compartilhamento de crescimento" do Boston Consulting Group, possam agir como ferramentas poderosas de interpretação, normalmente são eles mesmos baseados em abstrações ou suposições.

O economista John Maynard Keynes criou o termo "espíritos animais" para descrever o modo pelo qual as emoções podem movimentar mercados e argumentou que o comportamento econômico normalmente está longe de ser racional. As emoções têm uma forte presença na nossa tomada de decisão, os comentaristas rotineiramente se referem a "sentimento de investidor" ou "confiança do consumidor", reconhecendo o fato de que considerações racionais não são os únicos fatores que afetam a maneira como as pessoas agem. As bolhas do mercado são um bom exemplo de como as pessoas são levadas pelo sentimento de otimismo desvinculado dos princípios econômicos básicos. Os mercados são compostos por humanos imprevisíveis e, quando fustigados por ondas de forças desestabilizadoras como inovação tecnológica, são muito mais dinâmicos e instáveis do que os economistas podem modelar com confiança ou do que os pensadores empresariais gostam de imaginar. Há muitos exemplos de empresas que se veem em desacordo com o mercado. Pergunte para executivos da Nokia ou da Blockbuster qual a sensação quando a realidade de um mercado fundamentalmente modificado derruba sua empresa.

As organizações fazem o que podem para permanecer um passo à frente dos seus mercados ao investir em inteligência e pesquisa.

Grandes empresas têm departamentos inteiros responsáveis por coletar, processar e comunicar informações sobre o mundo além da sua organização. Realmente, como observou o teórico da organização Ikujiro Nonaka na *Harvard Business Review*, "a visão da organização como uma máquina para 'processamento de informações' está profundamente arraigada nas tradições da administração ocidental". Trata-se de um tipo específico de conhecimento que essas organizações são criadas e predispostas a considerar útil — aquele que é "formal e sistemático — dados concretos (leia-se: quantificáveis), procedimentos codificados, princípios universais".

As empresas estão enfrentando a necessidade de desenvolver um entendimento que pode ajudar a prever alterações na direção de um mercado e nas preferências dos seus clientes, mas nenhum deles obedece a regras mecanicistas e previsíveis. Infelizmente, grandes organizações são, como Nonaka observou, em grande medida direcionadas para gerar, processar e comunicar informações quantificáveis e desincorporadas sobre seus mercados e, como resultado, ignoram ou discriminam insights, intuições ou pressentimentos sobre eles. Elas se empenham para serem "orientadas por dados" e deixam os números falarem.

A maioria das empresas tem uma perspectiva cartesiana. Primeiramente, elas veem o mundo como algo que pode ser entendido a partir de uma realidade objetiva. As abordagens e tecnologias que usam para criar essa visão objetiva — pesquisas, segmentações e *big data* — refletem a ideia de que é possível desenvolver uma visão objetiva do mundo acima de tudo e o desenvolvimento disso deveria ser uma prioridade.

Em segundo lugar, essas empresas estão sob a influência da ideia de que as respostas estão na cabeça das pessoas. Um desenho animado aparece na rede social profissional LinkedIn mostrando executivos vendo uma apresentação chamada "Dentro da Mente do Consumidor". Eles estão olhando para uma imagem do cérebro dividido em segmentos que incluem "trabalho", "viagem" e "meus filhos", mas não se vê em lugar algum a marca de picles que eles comercializam. "Inconcebível", um deles declara, surpreso que não há lugar para seu produto na mente desse consumidor. "Esse consumidor é fiel à marca". Embora seja uma visão cômica, ela revela uma linha comum de pensamento.

Evidência adicional da lealdade do negócio à distinção mente-corpo de Descartes aparece no seu entusiasmo pela neurociência, cujo advento levou a uma enxurrada de tentativas para identificar quais partes do cérebro iluminam quando as pessoas veem logos e imagens da marca. Isso ficou conhecido como "neuromarketing" e revela a esperança de empresários e do pessoal de marketing de conseguir ativar as regiões do cérebro dos consumidores que estão conectadas com uma emoção específica se eles fizerem a propaganda correta.

No entanto, as ideias tradicionais que priorizam a mente sobre como as pessoas ou os mercados podem ser entendidos estão sendo contestadas e uma nova perspectiva sobre como poderia ser o conhecimento do mercado está surgindo. Para sabermos mais, vamos nos juntar a alguns executivos que estão montando suas barracas em um parque nacional no sul da Califórnia.

O acampamento

A equipe que foi de Nova York para a Califórnia em novembro de 2014 não parecia exatamente pronta para o acampamento. A maioria deles tinha mala de rodinhas, perfeita para uma viagem de negócios envolvendo uma série de reuniões e uma ou duas noites em um hotel, mas não ideal para o que meus sócios e eu tínhamos planejado para eles. Além disso, embora estivesse quente em San Diego, a roupa deles parecia um pouco fina. Esses viajantes a negócios, uma equipe sênior da sede norte-americana da fabricante de pilhas Duracell, pareciam mal preparados para o que estava por vir.

Fomos direto para uma loja de equipamentos para atividades ao ar livre nos arredores da cidade, onde encontramos três grupos de entusiastas dessas atividades que haviam concordado em se juntar a nós no acampamento. O primeiro trabalho era garantir que os recém-chegados estivessem preparados para a noite à frente. Um dos moradores locais disse a eles que estaria frio nas montanhas após o pôr do sol e recomendou jaquetas e sacos de dormir. Ele explicou aos novatos enquanto andávamos pela loja que a classificação *tog* — uma medida das propriedades de isolamento térmico — desses itens poderia ser utilizada para determinar o aquecimento que eles proporcionam. Também examinamos a grande variedade de lanternas oferecidas e eles foram orientados sobre as especificações técnicas dos equipamentos, cujo brilho é medido em lúmens. As prateleiras de exposição da loja mostravam as medidas teóricas das especificações de um produto, mas nós logo descobriríamos o que isso poderia significar na prática.

Foi uma viagem de duas horas até o Lake Morena County Park, a poucos quilômetros da fronteira com o México, mas uma parada em um Walmart para obter licenças de pesca prejudicou bastante o cronograma. Quando chegamos, o calor do dia estava se dissipando rapidamente e tínhamos que nos instalar de maneira rápida antes que escurecesse. Como campistas sem experiência, nossa falta de habilidade foi revelada pelo modo como montamos nossas barracas em lugares que estavam em risco de escoamento de água. Foram os detalhes pequenos e banais que revelaram os experientes entusiastas de atividades ao ar livre: um cavou um pequeno buraco abaixo de um tanque de água portátil para coletar o excesso de água quando os pratos estivessem sendo lavados e evitar a formação de uma poça enlameada. Outro campista nos mostrou seu copo com isolamento térmico que funcionava também como chaleira e podia ferver a água com segurança em uma fração do tempo necessária usando uma lata de comida equilibrada precariamente em um fogão.

Em outro lugar do acampamento, os outros campistas estavam se instalando, embora intimidados pelo modo como os campistas experientes lidavam com seu ambiente e equipamento. Como novatos, aprendemos mais com os erros que cometemos do que com a instrução direta, e fomos repreendidos pelo guarda florestal por pegarmos lenha no mato ao nosso redor em vez de comprarmos um feixe diretamente com ele. Mais tarde, quando estávamos sentados ao redor do fogo, começamos a entender o motivo para ter uma seleção de lanternas tão grande na loja: a iluminação não era um problema menor na escuridão do parque.

Um campista apontou para um conjunto de luzes de LED baratas que ele havia fixado nos galhos baixos da árvore. Esse era seu truque, ressaltou, para ter iluminação agradável e de baixo nível que não concorresse com o brilho quente da fogueira. Aprendemos, de maneiras bem práticas, sobre as diferentes funções de lanternas de cabeça e lampiões. A luz penetrante de uma lanterna de cabeça poderosa é perfeita para uma tarefa como cozinhar ou procurar algum equipamento no fundo de uma barraca, mas em uma conversa na fogueira ela transforma quem a está usando em um interrogador. A ideia de ter várias lanternas havia parecido uma extravagância anteriormente, mas agora não parecia mais uma má ideia.

Após uma noite de socialização com os outros campistas, os novatos foram para a cama, deixando conspicuamente suas malas de rodinhas do lado de fora da entrada da barraca. Apesar de um leve desconforto que é companheiro do campista inexperiente, a maioria de nós dormiu bem. De manhã, os campistas regulares fizeram um trabalho leve de cozinhar e preparar o café em seus fogões, enquanto nossas tentativas apenas serviram para mostrar que não tínhamos o tipo de destreza de acampamento sobre a qual estávamos ansiosos para aprender mais.

Assim que o sol apareceu por trás do pico de uma montanha, nós voltamos à conversa que tivemos na loja de equipamentos para atividades ao ar livre; o que havia parecido ser mero detalhe sobre produtos com excesso de engenharia estava começando a fazer sentido. Na noite anterior, a temperatura havia caído vertiginosamente e nós tínhamos nos retirado para as nossas barracas para buscar camadas extras. A classificação *tog* dos nossos casacos e sacos de dormir de repente pareceu menos uma discussão teórica e mais uma discussão de importância prática. É somente quando você está tiritando de frio em uma barraca às três horas da madrugada, com a temperatura caindo abaixo de zero, que a diferença entre as várias classificações *tog* se torna aparente, enquanto uma visita ao mato no meio da noite faz lembrar do valor de uma boa lanterna de cabeça. Descrever lanternas em termos de tarefa ou funções que podem ter e discriminar entre elas em termos do seu brilho ou design agora parecia sensato. Ao sermos expostos a esses produtos no contexto em que são utilizados e entender como suas descrições teóricas se traduzem em benefícios práticos, desenvolvemos um entendimento de como um campista experiente pode amar seu equipamento.

Depois do café da manhã, alguns foram caminhar e outros foram pescar. O grupo da caminhada estudou cuidadosamente o equipamento que eles levam em caminhadas quando estão fora da cobertura da rede elétrica. Acidentes acontecem, eles nos lembram, e você não pode confiar sempre em um telefone para pedir ajuda: um equipamento apropriado de GPS é necessário se você quer mesmo ir para um lugar mais isolado. Embora nosso acampamento em uma área de camping em um parque nacional parecesse mais um passeio de um dia nos subúrbios para esses campistas experientes, foi possível perceber a importância de estar bem-preparado. O que estava ficando claro para a equipe da Duracell era que as pessoas que levam as atividades ao ar livre a sério colocam seu conforto e segurança nas mãos dos seus equipamentos, e que grande parte desse kit é tão confiável quanto as baterias que o compõem.

Minha empresa, a Stripe Partners, levou esses executivos para acampar, o que era incomum. Normalmente, quando os líderes empresariais querem entender um tópico, eles encomendam uma pesquisa e esperam um relatório. Mas a equipe da Duracell queria entender o mundo ao ar livre, um mercado importante para seus produtos, e disseram estar abertos a fazer as coisas de um modo diferente. Decidimos tentar algo distinto porque não acreditávamos mais que a melhor maneira de desenvolver conhecimento era lendo um relatório sobre as experiências de outras pessoas. Perguntamo-nos como seria se déssemos aos executivos sua própria experiência de acampamento, para ajudá-los a desenvolver um entendimento incorporado disso.

Foi um risco levar a equipe da Duracell para acampar. A empresa estava no processo de ser vendida para a Berkshire Hathaway, de propriedade de Warren Buffett, e, embora fosse "negócios como sempre", os riscos eram altos devido ao seu novo proprietário, famoso por não ser extravagante. O acampamento também foi uma estratégia corajosa para a minha empresa. Nossos clientes poderiam ter dormido muito mal e decidido acabar com o nosso experimento e voltar para o conforto dos seus lares no interior de Nova York.

A princípio, talvez o maior risco do projeto fosse nossa subversão às normas da pesquisa empresarial. Uma abordagem mais típica poderia ter envolvido uma entrevista conduzida no conforto de uma casa aquecida, longe do parque nacional, e uma busca minuciosa nas garagens dos campistas para examinar seus equipamentos e discutir o que tínhamos encontrado. Nossos clientes poderiam ter participado dessas entrevistas, mas as atividades teriam sido mais sedentárias, sem o frio, o desconforto e a vulnerabilidade do acampamento.

A equipe da Duracell queria chegar no cerne do mundo ao ar livre. Estavam ansiosos por entender o papel das pilhas nas atividades das quais as pessoas participam, mas também queriam ter uma ideia do que era esse mundo. O que motiva as pessoas a trocarem os subúrbios pelo mato, e qual é o apelo emocional de estar nos parques nacionais dos Estados Unidos? O salto que estavam preparados para dar era o do aprendizado com seus corpos, por meio da experiência direta, o que os tornava vulneráveis não apenas aos elementos, mas também uns aos outros. Acampamento é um acontecimento íntimo, e se colocar em um ambiente desses com colegas de trabalho é incomum na vida corporativa. Não havia pontos de fidelidade de hotel a ganhar com a noite sob a lona.

Mais tarde naquele dia nós desfizemos o acampamento e voltamos para San Diego, onde passamos os dias seguintes trabalhando no que havíamos observado e vivenciado, e explorando o que nossos aprendizados poderiam significar para a entrada da Duracell no mercado de atividades ao ar livre. Um plano de comunicação integrado que desenvolvemos com a empresa continuaria para se tornar um dos mais bem-sucedidos de sua história. A propaganda inspirada no acampamento, que mostrou o escalador Kevin Jorgeson escalando o Dawn Wall no Yosemite National Park na escuridão, viralizou na comunidade de atividades ao ar livre e rapidamente teve 8 milhões de visualizações no YouTube. Jorgeson é um escalador bastante conceituado e suas visões sobre a relação entre equipamentos e experiência estavam em sincronia com o que tínhamos descoberto no nosso acampamento. Como ele comentou depois, "Quando você está lá fora, luzes e pilhas se misturam com a construção da sua experiência. Você confia nelas. Você sabe que irá funcionar. Na maioria das vezes você confia no seu material e foca no movimento e não no equipamento. A mesma coisa vale para a sua fonte de energia".

Jeff Jarrett, o diretor de marketing que aprovou nossa viagem de acampamento e a propaganda que fluiu dela, concluiu que seu sucesso dependeu do fato de que a equipe que trabalhava no projeto "simplesmente tinha entendido" a comunidade de atividades ao ar livre. Eles aprenderam na prática o que motiva e envolve entusiastas da vida ao ar livre e os detalhes precisos que animam suas experiências nesses cenários. Isso foi traduzido em uma propaganda que falou diretamente ao público que pretendia atingir. Como Jarrett disse mais tarde, "o tom, a mensagem e a linguagem estavam em perfeita sintonia com o mundo ao ar livre".

Terças-feiras de 2G

A equipe da Duracell trocou um conhecimento desincorporado, objetificado e abstrato sobre pessoas e a vida ao ar livre por um entendimento corporificado desse mundo. Eles haviam sentido o ar puro e frio das montanhas e aprenderam a habilidade necessária para acampar por meio de tentativa e erro e da observação dos outros. Mas nem toda empresa tem orçamento ou coragem para fazer o que eles fizeram, e às vezes a coisa mais importante que um negócio pode fazer é tentar garantir que suas equipes incorporem o mundo para o qual eles estão projetando produtos.

Uma experiência visceral estava no cerne da expansão do Facebook no mundo emergente. O site que iniciou sua vida em um quarto de alojamento em Harvard se tornou um destino diário para metade dos usuários de internet no mundo, mas por volta de 2013 uma mudança na forma como as pessoas estavam usando as redes sociais exigiu que a empresa agisse. A revolução do smartphone fez com que os computadores perdessem a primazia na forma pela qual as pessoas interagiam com a internet, e o Facebook começou realmente a decolar nos mercados emergentes. Esse crescimento foi especialmente pronunciado em países como a Índia e trouxe um desafio adicional para a empresa: à medida que mais consumidores adquiriram smartphones, os dispositivos Android mais baratos, com mais variação de software de sistema operacional do que o iPhone da Apple, tornaram-se mais populares. Os gerentes de produto e os engenheiros da empresa começaram repentinamente a desenvolver softwares para telefones em vez de para computadores, um mercado que eles não entendiam tão bem, e para consumidores que utilizavam dispositivos com os quais eles não estavam tão familiarizados. Eles precisavam de um plano.

Tom Alison, agora VP de engenharia no Facebook, era responsável por garantir que as centenas de milhões de novos usuários em mercados como a Índia pudessem usar a rede social. Um gerente de engenharia da sua equipe que havia crescido na Índia sugeriu que ele levasse uma pequena equipe para lá por umas duas semanas — isso não era comum na época, mas Alison concordou e a equipe partiu para explorar como era a vida para usuários do Facebook lá. Eles passaram um tempo em cibercafés, foram a vilarejos que ficavam no limite das redes de celular e conversaram com muitos usuários. Eles também realizaram análises técnicas das redes de celular e de internet, assim poderiam entender como eles estavam trabalhando. Alison lembra de um encontro especialmente memorável com "um cara que literalmente abria o aplicativo do Facebook e o colocava ao lado da sua cama à noite antes de dormir, assim quando amanhecesse ele teria baixado conteúdo suficiente para ter uma boa experiência".

Essa foi uma experiência totalmente diferente para os engenheiros que estavam acostumados com redes super-rápidas no Vale do Silício, e a história se tornou emblemática do que muitos usuários indianos de internet passavam quando usavam produtos do Facebook. Mais do que isso, como Alison observa, os engenheiros costumam levar as coisas para o lado pessoal, e quando eles descobriram que sua criação não funcionava, eles começaram a se preocupar com o fato de que muitos na organização em expansão do Facebook teriam pouca ou nenhuma compreensão dessa realidade importante. "Isso começou", Alison relembra, "a conversa sobre 'Como mostramos a mais pessoas de modo visceral que o que elas estão construindo não funciona para esse grande grupo de pessoas?'" A resposta foi as 2G Tuesdays (Terças-feiras 2G), um meio de possibilitar que as equipes de produto utilizassem seu produto em redes que fossem menos rápidas e estáveis do que a infraestrutura 4G com que estavam acostumados e que eles tinham presumido que era a norma para todo mundo.

Os funcionários do Facebook rodam uma versão apenas para uso interno do aplicativo popular em seus telefones, o que lhes dá a oportunidade de tentar novos produtos e recursos antes de serem enviados para centenas de milhões de usuários em todo o mundo. A equipe de Alison tirou proveito disso e introduziu um recurso. Todas as terças-feiras um pop-up perguntava aos usuários se eles gostariam de trocar para 2G; se eles aceitassem, o dispositivo se comportaria como se estivesse em uma rede lenta e irregular durante a próxima hora. Os engenheiros tinham construído um software que simulava as condições de rede nos países em desenvolvimento e muitos de outros grupos adotaram a prática, obtendo sua própria exposição semanal à experiência indiana. "Você vivencia o próprio Facebook de modo muito diferente em 2G", diz Alison. "É um sentimento verdadeiramente visceral quando você vê seu próprio conteúdo nesse tipo de conexão".

O sucesso do Facebook em mercados emergentes foi significativo. Em junho de 2015, eles lançaram uma versão do aplicativo famoso que foi especialmente criada para usuários de telefones antigos em redes mais lentas. Em março de 2016, o Facebook Lite tinha mais de 100 milhões de usuários ativos mensais, e um ano depois tinha mais de 200 milhões, fazendo dele o aplicativo que cresceu mais rápido até hoje. Ao adaptar proativamente seu produto para mercados com baixa banda larga e garantir que suas equipes de engenharia e de projeto entendessem as condições desses mercados, o Facebook encontrou sucesso onde outras empresas ficaram esperando que a conectividade da rede melhorasse.

As 2G Tuesdays não foram uma "bala de prata" em termos de obter sucesso em mercados emergentes, mas sim parte de uma iniciativa mais ampla para entender e construir produto para países como a Índia. Os executivos do Facebook colocaram a questão em lugar de destaque na agenda. Alison falou sobre a iniciativa em uma reunião geral da empresa, enquanto outros funcionários começaram a usar Android de baixo custo ou "telefones com recursos mais simples" e escreveram sobre a experiência em blogs da empresa. Ao focar em mercados emergentes dessa forma, o Facebook estava respondendo à mudança para celular bem como levando a sério mercados menos saturados e menos desenvolvidos. Parte integrante disso, como Alison observou, foi a "necessidade de tentar retirar alguns desses padrões inerentes de tendência que eram específicos de um país desenvolvido, e especificamente do Vale do Silício". O esforço continua até hoje.

No entanto, Alison acredita que o sucesso das 2G Tuesdays deve-se à recriação fiel da experiência de rede lenta e também à reprodução daquelas experiências estimuladas em formas que não podem ser compartilhadas dentro da empresa. Apenas uma pequena equipe viajou para a Índia, mas a tecnologia permitiu que a experiência 2G fosse estendida a toda a empresa de forma que equipes que trabalhavam em muitos produtos diferentes pudessem sentir elas mesmas como seria usar esses produtos fora do Vale do Silício.

Espalhar essas experiências de 2G na organização para dar a mais pessoas uma experiência pessoal em redes lentas não foi o único impacto dessa iniciativa — também permitiu que as pessoas entendessem o que os dados estavam dizendo a elas. Elas poderiam agora olhar para um relatório de mercado que mostrasse quantos usuários estavam em redes lentas e quantificar o sentimento que elas tinham encontrado. Alison alega que, para ter um impacto em grandes organizações, "As pessoas precisam entender os dados e precisam ter a experiência visceral". Os dados sem a experiência fazem pouco sentido e a experiência sem os dados tem pouca influência em uma organização. A combinação, na sua visão, resultou no reconhecimento em todos os níveis da empresa de que a conectividade de rede era um viabilizador de crescimento em mercados emergentes.

Feito na rua principal

Não muito tempo atrás as pessoas reciclavam devidamente seus resíduos plásticos domésticos e pensavam pouca coisa mais sobre questões ambientais: lavar copinhos de iogurte e recipientes de leite era a sua contribuição. Então, de repente, algo mudou e a questão do plástico nos oceanos foi parar nas manchetes. Em questão de meses, canudos de plástico e mexedores de café foram banidos, os supermercados começaram a testar corredores sem plástico e garrafas plásticas de água de uso único foram consideradas inimigo público número um.

A aparente promoção do plástico, da noite para o dia, para o topo da agenda é um lembrete de que pode ser difícil para empresas no nosso mundo em constante movimento perceber os sinais que preveem uma mudança nas atitudes e comportamentos do consumidor. O cenário corporativo está repleto de resquícios de empresas que não perceberam a mudança ou perceberam e não agiram. Por exemplo, a empresa de fotografia Kodak chegou a parecer imortal, mas agora parece irrelevante, não tendo conseguido se adaptar à chegada da fotografia digital. Alguns estudos sobre o que deu errado culpam uma falta de entendimento de mercado, enquanto outros apontam para a incapacidade da organização de atuar sobre o quadro apresentado pela pesquisa de um boom emergente em fotografia digital. De qualquer forma, a Kodak se tornou um exemplo de empresas que desapareceram realçadas em um estudo da McKinsey, que descobriu que a vida útil média de uma empresa no Índice S&P 500 de empresas líderes dos Estados Unidos diminuiu de sessenta e sete anos nos anos 1920 para apenas quinze anos hoje em dia. O estudo propõe que, em 2027, 75% das empresas atualmente listadas no S&P 500 terão desaparecido. A vida para empresas é, como disse Thomas Hobbes, "desagradável, selvagem e curta".

Para evitar o destino da Kodak, as empresas estão investindo significativamente no monitoramento de ambientes de mercado. Esse trabalho pode tomar muitas formas, desde pesquisa de opinião e pesquisa de acompanhamento até relatórios de "tendências". Esse trabalho é projetado para parecer amplo e em escala. Normalmente ele olha para alguns anos adiante, e o produto virá com títulos bombásticos como "10 megatendências que estão moldando o nosso mundo". Em termos gerais, parece sensato aparentar ser abrangente e global. A ideia de que olhar para uma cidade e para um número pequeno de pessoas poderia proporcionar uma perspectiva útil sobre o rumo que as coisas estão tomando não parece realista.

Um pequeno grupo da equipe de *homecare* norte-americana da Procter & Gamble se reuniu em uma grande casa de madeira em Portland, Oregon, com uma equipe da minha empresa, Stripe Partners. Essa seria nossa casa por uma semana, e nosso foco era entender o "consumidor verde atual" — pessoas que têm consciência do seu impacto ambiental e estão ansiosas para fazer o que puderem para minimizar sua pegada ambiental. Nosso objetivo era ajudar suas equipes a tornarem seus lava-roupas, uma das maiores categorias de produto da empresa, mais ecologicamente corretos, ao longo de um curto período.

Durante aquela semana, além de conduzir entrevistas com as pessoas em suas casas, tentamos incorporar o mundo de pessoas que estavam tentando ser mais "verde". Utilizamos pasta de dente e outros cosméticos orgânicos, deixamos de comer carne e alimentos processados, e usamos produtos naturais para a casa, além de visitar comunidades, centros de reaproveitamento de materiais e lojas de cooperativas. Uma noite levamos nossas roupas, com o perfume da aula de ioga Bikram daquela manhã, para a Spin Laundry Lounge, uma lavanderia natural, e passamos um tempo com os hipsters de Portland enquanto nossas roupas eram lavadas com lava-roupas sem produtos químicos.

Isso pode parecer divertido, e foi — não é sempre que consigo lavar a minha roupa com clientes ou praticar a postura do cachorro olhando para baixo com executivos seniores de uma das maiores empresas dos Estados Unidos. No entanto, embora as atividades pudessem parecer menos do que sérias, elas foram organizadas com o objetivo claro de ajudar nossos clientes a desenvolverem o conhecimento incorporado de outro "mundo". Em vez de se basear em estatística sobre como as pessoas mostram preocupação com o meio ambiente ou falam sobre essas questões, nossa abordagem foi direcionada para nos dar uma noção real de como é administrar uma casa, cuidar dos filhos, gerenciar um orçamento doméstico e levar em conta o meio ambiente. Lavar a roupa em casa fez um dos químicos da equipe perceber como suas suposições sobre lava-roupas sem produtos químicos realmente não eram precisas. Ele pressupôs que sua roupa de corrida precisaria de lava-roupas extra para deixá-la limpa e então colocou uma dose dupla, mas algum tempo depois ele estava esfregando o chão enquanto uma torrente de bolhas caía da máquina. Ele percebeu que podia confiar no lava-roupas natural para fazer espuma suficiente para lidar com roupas esportivas fedidas.

$$\sim\!\sim$$

Nos anos seguintes à viagem de acampamento, nossa primeira tentativa de colocar os princípios de corporeidade em prática em um ambiente corporativo, tornamos a abordagem incorporada essencial na maneira como ajudamos nossos clientes a resolver desafios complexos. Em cada projeto, em vez de apenas ficarmos olhando planilhas, dados de mercado e outro conhecimento quantificado, encontramos modos de empregar nosso corpo e não apenas nosso cérebro para entender o mundo de outras pessoas.

Isso nos levou a raves sem celular em armazéns em San Francisco e oficinas de soldagem na Baviera e a aulas de *spinning* em Los Angeles. Usamos protetores auriculares durante refeições com clientes, passamos horas em fliperamas japoneses e nos agarramos nas alças de ônibus com os nossos clientes enquanto fazíamos um trajeto de quatro horas por São Paulo para ir trabalhar. Todas essas experiências são criadas para nos levar, e os executivos com quem fazemos isso, a uma jornada de descoberta na qual seus sentidos e não os dados são o ponto de partida.

O conhecimento incorporado que resulta dessas experiências tem vários benefícios que o tornam um aliado poderoso da empresa. Primeiramente, ele é sentido e emocional e não frio e distante. Em segundo lugar, é prático e não teórico. Em terceiro lugar, é baseado em pessoas e não em documentação para levar a mensagem para a organização e fazê-la circular lá dentro.

Primeiro, toda a tecnologia intelectual de estratégia comercial está configurada em torno de ideias e necessidades de tomadores de decisão racionais, que simplesmente precisam de bons dados para tomar as melhores decisões. Neste mundo tecnocrático, a ênfase no que pode ser contado — dados empíricos — oculta o que não pode ser contado, a saber, emoções subjetivas, intuição e experiência. O caso de amor das empresas com dados normalmente significa que elas usam essa abordagem para entender o mundo, ou seu instinto é transformar a experiência humana em pontos de dados. O que se perde nesse ato de tradução é qualquer sensação do motivo pelo qual algo importa e do que as pessoas fora da empresa gostam. O poder de expor pessoas de uma empresa ao mundo é que isso permite que elas sintam coisas por elas mesmas. A adoção de uma abordagem incorporada que depende de experiências pode muitas vezes encantar novamente executivos de empresas, e frequentemente ficamos impressionados pelo modo como essas experiências levam as pessoas a entender o que é que elas fazem e por que isso é importante.

Segundo, como Ikujiro Nonaka observou quando descreveu a empresa ocidental moderna como semelhante a uma planilha de Excel em tamanho real, a chave para uma empresa de sucesso não está no "processamento" de informações objetivas. Ao contrário, ela depende da exploração das percepções, intuições e pressentimentos tácitos e muitas vezes altamente subjetivos de funcionários individuais e da disponibilização dessas percepções para teste e uso pela empresa como um todo. O conhecimento incorporado adquirido por meio de experiência não é teoria e abstração; ele está fundamentado nas observações que fizemos, de forma consciente ou não, e naquilo que o nosso corpo percebeu e colocou em ação por meio da prática. O químico que enche uma lavanderia com bolhas é capaz de reavaliar suas suposições sobre lava-roupas ecológicos e levar esse conhecimento adiante quando começa a trabalhar em uma nova formulação.

Terceiro, o conhecimento incorporado não apenas é mais prático, mas pode ter mais impacto quando pessoas e não documentos são os transportadores dele para uma organização. Descobrimos que eles são mais capazes de alternar entre as necessidades dos seus clientes e as restrições das suas organizações, usando suas próprias experiências como uma medida para aquilo que importa para as pessoas.

O comentarista empresarial Flint McGlaughlin refletiu sobre um ponto semelhante quando fez essas observações sobre a distinção entre estratégia como algo que é documentado e estratégia como algo com que as pessoas concordam e incorporam:

> Não quero que a minha equipe foque em estratégia; quero que eles foquem em se tornar estrategistas. Estratégia é formal. O campo foi relegado à disciplina de um especialista. Ao fazer isso, os líderes passaram a depender de especialista para informar sua direção. No entanto, é apenas quando a estratégia está incorporada em uma pessoa viva e que respira que ela pode ser posta em prática. A separação entre a estratégia e o estrategista criou uma lacuna entre planejamento e execução. Ela fixa a estratégia como um evento periódico e não como um processo em andamento. Uma estratégia vencedora não é declarada; ela é vivida.

Uma experiência compartilhada cria a base não apenas para o conhecimento, mas para a própria estratégia se tornar incorporada e não um documento que junta pó em uma prateleira.

Ao aplicar algumas teorias de conhecimento incorporado à empresa, nós repetidamente ouvimos as mesmas palavras mencionadas pelos executivos com quem trabalhamos. Eles muitas vezes se referem à "sensação visceral" que eles têm em relação a alguma coisa, ou a "intuição que vem das entranhas" em relação àquilo que precisam fazer em seguida. Essas expressões sinalizam a natureza corporal de como eles aprenderam e onde esse conhecimento reside. Essas respostas à experiência também mostram como é difícil expressar esse outro tipo de conhecimento. Vale a pena apontar aqui para os resultados tangíveis de ganhar conhecimento incorporado por meio da experiência; as equipes que passaram uma semana vivendo vidas naturais lançaram no mercado americano vários produtos de muito sucesso que ganharam prêmios, algo que eles atribuem ao fato de "estarem apenas conquistando seu consumidor".

Empresas humanas

Escrevendo em 1989, Peter Drucker, um dos maiores especialistas em administração do século XX, avisou do risco que as empresas correm por se basearem em dados e informações desincorporados — ele estava preocupado que isso retardaria a capacidade deles de avaliar a realidade dos mundos em que operam. Ele estava escrevendo em um momento em que os computadores ainda não eram uma visão comum nos escritórios e bem antes dos *big data* se tornarem realidade, mas ele tinha uma boa compreensão dos antecedentes históricos dessa alteração em direção a uma sociedade de informação e de como as empresas estavam evoluindo. O que ele viu foi que "lógica analítica e estatística, que usam quantificação para converter experiências e intuição em informação, definições, informação e diagnóstico" estava se tornando o modelo operacional dominante de muitas grandes organizações. Em outras palavras, da forma como Drucker via isso, as organizações não estavam apenas começando a usar computadores — elas também estavam começando a pensar e agir como eles.

Drucker nunca afirmou ser um futurista, mas suas previsões parecem extraordinariamente proféticas. A tecnologia da informação não apenas transformou o modo como as empresas vendem, planejam, avaliam e analisam suas operações, ela alterou a maneira como elas tentam encontrar e entender o mundo. A concepção mecânica do mundo que Descartes e seus contemporâneos desencadearam levou as abordagens analíticas a afastarem as mais perceptivas. Como vimos antes, isso resultou em calculadoras e computadores, que provavelmente são a mais pura expressão da visão do mundo analítico. Como o tratado *Principia Mathematica*, de Bertrand Russell e Alfred Whitehead, demonstrou, qualquer conceito pode ser expresso de forma lógica em zeros e uns se for possível torná-lo preciso.

Essa ideia teve um apelo evidente para muitas empresas e grandes organizações, mas o problema é que a vida é tudo menos precisa, e é difícil reduzir os mercados a princípios subjacentes rigorosos ou elevá-los a essas abstrações sem perder o significado. Os mercados são animados por "espíritos animais" e as pessoas são conduzidas por emoção. Elas contêm muitas contradições e não agem de acordo com leis físicas imutáveis. Entender tanto as pessoas como os mercados depende não apenas de dados, mas do desenvolvimento de um sentimento e de uma intuição informada que não é baseada em abstração, e, sim, em experiência.

No entanto, percepção, sentimento e intuição são normalmente descartados nas empresas. Um relatório de 2014 da consultoria empresarial PwC intitulado "Intuição e Gigabytes" parecia lamentar o fato de que, apesar dos progressos em ciência dos dados, os executivos de análise estão tomando decisões baseadas em instinto. Enquanto isso, uma pesquisa de 2016 da mesma equipe relata que, quando perguntados sobre o que as pessoas usarão para tomar suas próximas decisões, 33% dos executivos dizem "experiência e intuição", embora pareça que isso é algo que os autores querem ver erradicado. Dizer que você usa suas entranhas em um negócio é como admitir a prática de adivinhação pelo exame das vísceras, no que os romanos se baseavam para entender a vontade dos deuses e para prever o futuro.

O prêmio Nobel Daniel Kahneman escreveu extensivamente sobre a ideia de intuição na vida e nas empresas e argumenta que o problema com a intuição é que parece a mesma coisa independentemente de estarmos certos ou errados. Em seus textos sobre tomadores de decisões em empresas, ele critica os executivos que deixam que seus sucessos passados os embalem em uma sensação de autoconfiança injustificada em ambientes onde se espera que eles sejam decisivos e rápidos. No entanto, em um mundo de informações imperfeitas, ambiguidade e incerteza, o julgamento sempre será necessário. Consenso e comitês podem levar a indecisão e decisões indiferentes, que podem ser tão prejudiciais como conclusões apressadas. A questão então se torna como garantir que a intuição das pessoas seja baseada em experiências relevantes.

Levar uma equipe de executivos de uma empresa multinacional para acampar pode parecer um modo bizarro de imaginar uma estratégia, mas funcionou. Vemos o véu da ignorância ou da desconexão levantar quando as pessoas saem de suas mesas e se juntam a nós em jornadas ao mundo de outras pessoas. Essas aventuras permitem que eles troquem experiência generalizada por experiências específicas e relevantes que podem informar boas tomadas de decisão. Em nosso trabalho, testemunhamos como as pessoas dão sentido a dados por *sentirem* as coisas.

A teoria do conhecimento incorporado demonstra como os corpos percebem, aprendem e adquirem conhecimento e entendimento por meio da experiência. Os exemplos do acampamento, do simulador de 2G e da casa em Portland demonstram como a exposição direta ao mundo pode possibilitar esse sentido de entendimento. Quando Drucker definiu conhecimento no contexto de empresa, ele não estava se referindo especificamente a conhecimento incorporado, mas poderia: "Conhecimento é informação que muda algo ou alguém — seja ao se tornar motivo para ação, ou fazendo com que um indivíduo (ou uma instituição) seja capaz de ação diferente ou mais eficaz".

No próximo capítulo, encontraremos outro campo: política e formulação de políticas, em que os mesmos modelos mecanicistas de como as coisas funcionam, e suposições sobre a melhor maneira de entendê-las, estão se decompondo à medida que as muitas certezas antigas se rompem. Não são apenas as empresas que estão desenvolvendo conhecimento incorporado que podem informar decisões.

Capítulo 11

Política e formulação de políticas incorporadas

"O único modo de aprender é por encontro."
MARTIN BUBER

O cantor norte-americano Gil Scott-Heron estava errado quando disse que "a revolução não será televisada". A maioria das guerras e rebeliões é coberta de forma mais do que adequada pelas emissoras, mas a cobertura de ponta a ponta nem sempre parece resultar em muito reconhecimento dos seus horrores imediatos e contribui ainda menos para que entendamos o sofrimento e a reconstrução que se seguem.

A guerra na Síria começou em 15 de março de 2011 e ainda não terminou. O número de mortos está acima dos 500 mil, enquanto 13,1 milhões de pessoas, de uma população de 22 milhões, precisam de ajuda humanitária. Outros 5,6 milhões fugiram do país e mais 6 milhões estão desabrigados. A guerra não é mais exibida todas as noites em nossas televisões e raramente demanda a nossa atenção; ela foi suplantada nas nossas telas pela guerra civil no Iêmen que, no momento em que escrevo, tirou 70 mil vidas desde 2016. As dificuldades e o consequente colapso econômico significam que 14 milhões de uma população de 29 milhões do país estão à beira da inanição. O tamanho do sofrimento é enorme, mas a Síria e o Iêmen contabilizam uma fração de um número ainda mais inacreditável: o Alto Comissariado das Nações Unidas para Refugiados estima que há 68,5 milhões de pessoas que foram deslocadas à força em todo o mundo, sendo 40 milhões de pessoas deslocadas internamente, 25,4 milhões de refugiados e 3,1 milhões de pessoas que pediram asilo.

Como muitos outros, eu assisto e leio o fluxo constante de notícias terríveis do Iêmen, Síria, Myanmar e outros lugares, mas acho difícil compreender o tamanho do sofrimento, angústia e violência. É fácil ficar momentaneamente chocado, mas é igualmente fácil ficar vacinado contra isso. Como a fotógrafa e crítica Susan Sontag disse, "em um mundo saturado, não, hipersaturado com imagens, aquelas que deveriam importar têm um efeito reduzido: nós nos tornamos endurecidos. No final, essas imagens apenas nos tornam um pouco menos capazes de sentir, de ter nossa consciência atormentada". Ocasionalmente uma única imagem consegue produzir uma onda de empatia que faz o mundo agir. A fotografia tirada pela jornalista turca Nilüfer Demir de Alan Kurdi, um menino sírio de três anos da etnia curda que se afogou no Mar Mediterrâneo em setembro de 2015, é um exemplo disso. No entanto, de modo geral, as imagens sombrias passam e as estatísticas surpreendentes se acumulam, como os cadáveres, sem serem notadas.

Em uma época em que uma quantidade aparentemente ilimitada de informações está ao nosso alcance e sabemos mais do que nunca sobre eventos ao redor do mundo, entendimento e envolvimento emocional podem ainda nos desconcertar. Fatos, números, infográficos e comparações históricas nos dão um entendimento factual, mas desincorporado. Podemos ter compaixão pela situação das pessoas, mas, independentemente da qualidade da notícia, é difícil compreender o tamanho de uma situação e sentir empatia verdadeira.

A empatia importa porque vivemos em mundos distantes de outras pessoas, e entender o mundo a partir das perspectivas dos outros pode reduzir conflitos, mal-entendidos e preconceitos. Sem empatia, é difícil nos mobilizarmos para agir, e sem mobilização, pode ser difícil formular e comunicar respostas políticas. Os formuladores de políticas também precisam ter experiências.

A simulação de refugiado

Os milhares de contêineres de transporte empilhados no vasto porto de contêineres de Kwai Tsing são testemunhos da importância de Hong Kong no negócio de transporte, e é aqui, com o fluxo mundial de mercadorias, que a Crossroads Foundation começou. Foi em 1995, após as enchentes devastadoras no norte da China, que Malcolm e Sally Begbie, moradores de Hong Kong, começaram sua primeira coleta de roupas usadas para os 2 milhões de pessoas que tinham perdido suas casas. Inicialmente eles coletaram e enviaram dezenove caixas de roupas, mas as coisas cresceram rapidamente. Uma cidade devotada à aquisição de coisas materiais tinha pouca "cultura de segunda mão", mas os Begbie logo enviaram outras setenta e duas caixas e mais um terceiro lote antes de mandarem uma remessa de quase 250 caixas de peças de vestuário e roupas de cama usadas.

O trabalho da Crossroads Foundation continua até hoje, ainda enviando mercadorias de Hong Kong e de outros lugares para locais necessitados em todo o mundo por meio do seu sistema on-line Global Hand. Quando completou dez anos de existência, a fundação decidiu celebrar o aniversário não oferecendo um jantar de gala em um hotel cinco estrelas, mas tentando mostrar às pessoas de Hong Kong por que existia. Como explica David, filho de Malcolm e Sally, que hoje administra a fundação, eles se perguntaram o que aconteceria "se pudéssemos trazer essas pessoas para cá e, quando elas viessem, pudéssemos despojá-las de seus pertences? E se déssemos a elas martelos e pregos e deixássemos que construíssem cortiços? Deixaremos que durmam no chão, comam com as mãos, façam uma rua quebrando pedras apenas por um dia. Podemos ajudá-las a sentir uma fração do que é a vida das pessoas que servimos". E então nasceu a ideia de criar experiências que permitem que outras pessoas se coloquem no lugar dos pobres do mundo.

Eu sou uma das mais de 200 mil pessoas que vivenciaram essa simulação. Em maio de 2019, meu ônibus serpenteava afastando-se de Hong Kong, passando pelo terminal de embarque e indo em direção ao antigo quartel Gurkha, onde está localizada a Crossroads, e eu não tinha ideia do que me esperava. David havia dito muito pouco para os outros doze participantes e para mim e nós logo percebemos que isso era intencional. A incerteza sobre o que estava por vir era um tema importante e adequado. É a mesma coisa que acontece com os refugiados e os pobres, a cujas vidas seríamos expostos ao longo das próximas vinte e quatro horas. No entanto, para eles isso é uma situação de longo prazo.

Após uma curta instrução, arrastamo-nos hesitantes por uma porta sem identificação até um grande armazém, onde homens agressivos com uniforme do exército nos disseram que deveríamos deixar nossas casas naquela noite, mas que seríamos levados para um lugar seguro. Fomos levados para um canto do *set* e nos vimos em um acampamento temporário, onde soldados suspeitos e armados exigiram que disséssemos nossos nomes e de onde éramos. Eles nos bombardearam com perguntas e nos separaram das famílias com as quais tínhamos sido agrupados. A sala tinha muito barulho de helicópteros voando sobre nós, morteiros e gritos de agonia, e a atmosfera era desnorteante. Constantemente nos faziam mudar de lugar no *set* e os soldados tiraram nossos relógios e telefones. Em minutos, meus olhos estavam pregados no chão à minha frente — eu temia que, se olhasse para cima, poderia atrair atenção para mim. Uma rápida olhada para os outros indicou que todos nós tínhamos adotado a mesma tática. Fomos empurrados para barracas improvisadas e as luzes se apagaram, mas o abuso dos soldados continuou, até que uma pancada estrondosa quase me matou de susto. As luzes foram acesas e houve mais gritaria quando o soldado apontou para um corpo no chão. Colocaram-me numa cela e, quando perguntaram meu nome, eu fiquei paralisado. Havia recebido uma nova identidade por vinte e quatro horas, mas no estresse da situação me deu um branco. Foi então que senti o frio sombrio do metal de uma arma contra o meu pescoço.

Um ciclo de três dias e três noites foi repetido nos quarenta e cinco minutos seguintes, até que a voz de David anunciou que a simulação tinha acabado e nós fomos levados a um cômodo decorado como a sala de recepção de um ditador militar. Sentamo-nos em almofadas e David apareceu para avaliarmos a atividade. Como em todas as avaliações que faríamos nas próximas horas, ela incluía uma discussão sobre as nossas reações ao que tinha acabado de acontecer conosco, uma exploração dos fatos do problema, as histórias contadas por pessoas em situações semelhantes e um convite para refletir sobre como essa experiência nos afetou como indivíduos ou profissionais. "Você se perdeu da sua esposa na viagem. Você não tem telefone. Nenhum acesso à internet. Como você vai encontrá-la?" Como eu tinha trocado meu telefone pela liberdade de sair da cela, a pergunta fez um sentido estranho. Realmente, como?

Após a simulação inicial de deslocamento e subsequente avaliação, cada "família" foi construir seus acampamentos com papelão, plástico corrugado e pedaços de lona. Estávamos em uma fase da simulação em que saberíamos mais sobre o que acontece após o choque inicial do deslocamento — as consequências de um novo e ainda perigoso modo de vida. David nos perguntou quanto tempo em geral achávamos que alguém permanece refugiado. Nossa resposta ingênua foi três ou quatro anos, mas ele disse que a média é mais próxima a vinte e sete anos. Então, enquanto para nós o abrigo que estávamos construindo naquela noite era temporário, para outras pessoas poderia ser a casa delas por muitos anos. Segui a sugestão de David e adicionei vinte e sete à minha idade, e vi que esse abrigo, um pouco menor do que os barracos de dois metros quadrados típicos dos moradores de comunidades do mundo, poderia ser a minha casa quando eu tivesse setenta e quatro anos. Mal era adequado para uma única noite, quanto mais para uma geração.

Mais tarde tivemos que acender uma fogueira e esquentar um simples guisado, que comemos com as mãos. Ao fazermos isso fomos lembrados de que comida quente é algo que os refugiados raramente têm e podem envolver trocas: mulheres que vão além dos limites de um acampamento para pegar madeira muitas vezes são estupradas, enquanto os homens que se arriscam para evitar que isso aconteça normalmente são mortos. Está quente e úmido fora do armazém e estamos bebendo água — tivemos a sorte de não precisar entrar em filas para isso. As Nações Unidas tentam fornecer dezesseis litros de água por dia para refugiados, e nos pedem que pensemos sobre a logística desse fornecimento para acampamentos que podem conter dezenas ou centenas de milhares de pessoas. Quando os doadores dizem que querem que o seu dinheiro seja usado em "soluções", eles esquecem, acrescentou David, que necessidades básicas como água devem ser fornecidas em primeiro lugar, antes de levar em consideração as preferências pessoais de como a doação deve ser gasta.

Muitas informações factuais e anedóticas que recebemos durante o tempo que passamos como refugiados foram compartilhadas por David após cada fase da simulação. Às vezes são histórias de pessoas que ele encontrou em acampamentos que a Fundação ajudou, outras vezes ouvimos relatos direto da fonte. Em uma ligação de vídeo por WhatsApp do norte da Uganda, David Livingstone, um amigo de David, fala sobre o tempo que passou como criança-soldado, quando foi sequestrado pelo Exército de Resistência do Senhor na rebelião que começou no norte de Uganda em 1987. Ele nos conta que crianças-soldado normalmente recebem ordem para matar seus pais ou irmãos como um rito de iniciação antes de serem retirados à força da sua família. Ao voltar da guerra para a sua comunidade, ele esperava ser recebido de braços abertos, mas foi tratado como espião e jogado na prisão. Contou que acordou em uma cela de prisão congelante ao lado do corpo frio de uma outra criança-soldado.

No entanto, muito do que aprendemos na simulação não vem de anedotas, histórias, reflexões pessoais e fatos, mas de como somos encorajados a relacionar nossas experiências com a vida de outras pessoas. Sem um relógio, que havia trocado por comida mais cedo naquela noite, eu tinha pouca noção de tempo. Deitado sob um cobertor de avião em uma cama de jornal, tentando encontrar uma posição confortável por volta das quatro da manhã, lembro do que David nos disse antes. Quem trabalha com ajuda humanitária fala que, quando as pessoas dormem em acampamentos, o sono é estressante e superficial. O trauma não permite um sono profundo, e os sons de gritos de agonia fornecem um fundo aterrorizante para os sonhos. Eu, ao contrário, tenho poucas preocupações assim. O *jet lag* é tão culpado quanto o desconforto do chão de concreto por eu não conseguir dormir, e o nosso abrigo é uma cabana relativamente confortável e com ar-condicionado. Eu posso estar longe dos horrores de um grande campo de refugiados, mas estou mais próximo do que jamais estive e anseio pelo início do novo dia para que não tenha mais que ficar só com os meus pensamentos.

Na manhã seguinte, enquanto acendemos novamente nossa fogueira e preparamos um mingau ralo e sem gosto, discutimos um assunto que por algum motivo me afetou. Quando vemos na televisão imagens de refugiados, é fácil imaginar que eles podem ter recebido treinamento em habilidades de acampamentos ou são naturalmente adeptos de uma vida rústica. Seus abrigos parecem sólidos e organizados e suas habilidades com o fogo e a cozinha parecem bem aprimoradas. No entanto, eles tiveram que fazer profundas alterações para se adaptarem a um novo modo de vida. Deixaram bons empregos, apartamentos com ar-condicionado, geladeiras cheias e outros confortos domésticos. Um refugiado sírio não tem treinamento para a vida que leva agora. Os ajustes que estamos tendo que fazer, que obviamente são triviais em comparação com os dos refugiados, servem como um lembrete de que, para os refugiados, esse modo de viver também já foi totalmente estranho. Essa constatação pode ser óbvia, mas eu nunca havia pensado nisso nesses termos até estar colocando mingau de aveia na minha boca com um pauzinho.

No segundo dia da simulação, a vida assume uma estrutura familiar, embora cansativa. A exposição às experiências é seguida por uma avaliação que atua para reestruturar as coisas. No entanto, é a natureza muito física dessas experiências que é a base para o nosso entendimento das coisas. As experiências nos enfraquecem, colocando-nos em um estado físico e emocional que é consistente com as vidas que estamos tentando entender. Estou cansado, sujo, com fome e debilitado fisicamente — eu não sirvo para um modelo tradicional de aquisição de conhecimento, mas sinto que meu corpo é flexível e pronto para se envolver com informações relevantes. O estado do meu corpo é totalmente apropriado para me ajudar a entender as vidas dos outros.

Eu aprendi bastante durante as vinte e quatro horas sobre a vida de outras pessoas, sobre soluções e iniciativas e sobre as condições que criam alguns dos problemas antes de mais nada. A Global X-perience foi criada para ser um "cruzamento entre os estilos de vida dos ricos e dos pobres", e, enquanto estou nela, exploramos muitas dimensões da vida dos refugiados, desde o deslocamento inicial até as tentativas de encontrar certa estabilidade. Também exploramos HIV/aids e cegueira, condições que impactam de forma desproporcional a vida dos pobres do mundo, e todas as simulações são criadas ou entregues por pessoas com experiência direta nas experiências que vivemos.

Uma versão de uma hora da simulação de refugiado é executada em Davos todos os anos, e possivelmente é um dos poucos eventos onde champagne e canapés não são servidos. Algumas pessoas criticam sua presença e zombam da ideia de ser um refugiado por uma hora, tendo viajado em um avião particular no dia anterior; isso pode ser uma reação compreensível, mas não considera um ponto essencial. Aqueles que trabalham no mundo da política humanitária reconhecem que o acesso a campos de refugiados e zonas de conflito é difícil, é perigoso para visitantes e atrapalha as equipes que trabalham no local, que têm que criar e oferecer excursões pelos seus grandes e complexos acampamentos. Davos é normalmente descartada porque é um lugar para falar de negócios, mas, como Filippo Grandi, o Comissário das Nações Unidas para Refugiados, pontuou para pessoas que participaram da simulação em 2017: "tudo que eu vim aqui dizer, vocês acabaram de vivenciar".

As simulações da Global Crossroads são vivenciadas por escolas, empresas e outras organizações o ano todo e seu impacto é claro. Empresas globais da moda com 4 mil fábricas na Ásia redesenharam suas cadeias globais de fornecimento, instituições beneficentes e escolas foram criadas e vidas melhoraram. David está convencido de duas coisas: uma é que a empatia que a experiência proporciona faz com que muitos participantes sejam capazes de fazer perguntas melhores em vez de agarrar a primeira solução que lhes ocorrer. Em segundo lugar, "se as pessoas devem se envolver em uma questão de forma sustentável, deve haver combustão interna". Ele afirma que "eu posso fazer alguém se sentir culpado para doar uma vez ou eu posso constrangê-lo a doar fazendo com que seus colegas doem, mas, se eu quero que você se envolva, isso precisa ser feito pelo coração. O que é extraordinário sobre essas simulações", ele reflete, "é que, com elas, a empatia parece vir junto".

Antes de voltar para Kowloon para tomar o banho quente com que vinha sonhando desde a minha noite em claro, David compartilhou comigo uma observação final. A Turquia tem mais de três milhões de refugiados dentro das suas fronteiras, juntamente com uma profunda instabilidade social. Pediram à Global Crossroads que considerasse abrir uma instalação permanente na Turquia para ajudar a aprofundar o entendimento entre os dois grupos de pessoas que agora devem viver lado a lado. Eles estão convencidos de que, se um número suficiente de turcos passar algum tempo na simulação de refugiados, isso poderia ajudar a mudar o clima político.

O embaixador com sapatos sujos

Ao longo dos últimos anos no Reino Unido, Bruxelas e além, um dos inevitáveis debates tem sido as causas e o provável modelo do Brexit. Ele foi corretamente caracterizado como um debate entre fatos e sentimentos, entre especialistas e homens nas ruas, e entre questões concretas como comércio e ideias conceituais como soberania. Durante todo esse processo, os diplomatas em cada capital europeia tentaram entender esses argumentos e aconselhar os seus governos da forma mais útil possível.

Simon Smits, embaixador holandês no Reino Unido, é um desses diplomatas. Um diminuto, porém ousado, funcionário público, tomou como missão pessoal entender como será o comércio entre o Reino Unido e a Holanda após a Grã-Bretanha sair da União Europeia. A política comercial é sabidamente complexa e as negociações podem levar décadas. Passando de uma era de comércio sem atrito dentro do mercado comum europeu para uma era mais incerta, ele não reivindica uma especialidade ou um monopólio de sabedoria, mas sente que tem uma boa abordagem para entender as questões a partir da base — ou melhor, a partir da cabine elevada de um caminhão de carga.

209

Smits tem experiência prévia com caminhoneiros: quando estudava em Oxford, costumava pegar carona em caminhões desde a Holanda, onde seus pais moravam, até Londres. Em troca de um pacote de maços de cigarro e a promessa de alguém com quem conversar, eles concordavam em transportá-lo também. "Quando houve o referendo do Brexit", explicou Smits, "pensei, 'Tenho que fazer isso de novo, porque quero ver como o transporte é organizado hoje em dia'".

Smits então pegou carona em um caminhão que estava transportando um motor de avião da Rolls-Royce do Aeroporto de Schiphol para a Escócia, via Aeroporto de Heathrow. Cada etapa dessa viagem trouxe experiências e observações interessantes. Eles foram parados em Calais por um funcionário da alfândega confuso, o que deixou a viagem um pouco mais longa do que o previsto. Como conta Smits, "tivemos um atraso de cerca de quarenta e cinco segundos no controle de passaporte em Calais — eles viram meu passaporte diplomático e perguntaram, 'O que um embaixador está fazendo como copiloto em um caminhão?'". A tentativa de Smits de vivenciar as fronteiras sem atrito foi enfatizada pelo atrito que a sua presença na cabine causou.

A existência de uma fronteira rígida dentro do mundo sem fronteiras da UE foi revelada a ele quando o motorista do caminhão o convidou para examinar os amassados em sua cabine que foram feitos quando ele passou pelo acampamento de refugiados Selva de Calais e as pessoas tentaram entrar no seu caminhão. Smits naturalmente estava ciente das tentativas dos refugiados mantidos na França de entrar no Reino Unido, mas apenas como uma questão de política externa; agora ele entendia o que poderia ser passar pelo corredor polonês em um caminhão como caminhoneiro autônomo.

Smits ficou cerca de oito horas com o motorista naquele dia — tempo suficiente, ele achou, "para saber sobre sua vida, seus problemas, seus desafios". Ele desceu em Heathrow e o motorista descansou antes de continuar para a Escócia; Smits voltou para o escritório no centro de Londres, que ele não queria que se tornasse o centro do seu universo diplomático. O escritório tem vista para o Albert Memorial em Kensington Gardens, e Smits tem consciência de que essa vista agradável pode incentivar um retiro para "certo tipo de bolha onde você conversa com pessoas que pensam como você, conversa com colegas, e vocês todos têm a mesma atitude mental. O que pode ser muito confortável, mas não oferece necessariamente os sinais corretos do que está acontecendo em outros lugares".

O contraponto a essa história é a experiência de um posto avançado do Ministério das Relações Exteriores e Commonwealth do Reino Unido em Teerã no final dos anos 1970. Após a Revolução Iraniana em 1979, quando os islamistas derrubaram o xá do Irã, secular e apoiado pelo ocidente, e introduziram uma teocracia liderada pelo Grande Aiatolá Khomeini, um clérigo xiita de setenta e sete anos, o Secretário de Relações Exteriores do Reino Unido, David Owen, encomendou uma investigação interna para entender por que os diplomatas britânicos não tinham previsto a deposição do xá, que representava a perda de um aliado chave em um país rico em petróleo.

O relatório foi publicado recentemente de acordo com a "regra dos trinta anos", que permite que documentos confidenciais sejam liberados três décadas após sua elaboração. O documento identificou como o Reino Unido havia se concentrado em tentar entender o xá e aqueles próximos a ele, o que significou que eles não notaram ameaças ao seu regime vindas de outros lugares. Ele sugeriu que os britânicos haviam exagerado na popularidade do xá e subestimaram o apoio que os movimentos de oposição estavam ganhando. No entanto, uma conclusão extraordinária foi que os britânicos não estavam conseguindo ter uma visão autêntica do que estava acontecendo fora dos salões e empresas iranianos. Como se reconhecendo a veracidade dessa crítica, um antigo embaixador no Irã na era pós-revolucionária faz uma observação estranha: "Quando o meu pessoal entrava no meu escritório, eu sempre olhava se os sapatos deles estavam sujos. Se não estivessem, eu sabia que eles não estavam saindo da embaixada e encontrando pessoas na cidade".

O relatório da Revolução Iraniana explorou uma questão resumida por um diplomata britânico sênior que leu o dossiê a partir de uma perspectiva do Oriente Médio de hoje: "Como é possível saber quando o país sobre o qual você está informando está entrando em uma situação revolucionária? Quais são os sinais indicadores que devemos procurar?". Smits e alguns dos seus colegas no Ministério das Relações Exteriores britânico têm uma resposta parcial para essa pergunta: evite se esconder atrás das paredes da embaixada e não deixe de sair para o mundo. No entanto, embora o Ministério das Relações Exteriores faça essa pergunta sobre o Oriente Médio turbulento, o quadro político doméstico tem sido tempestuoso também. Como alguém poderia saber que isso aconteceria?

Medindo sentimento

Em seu poema "O Cidadão Desconhecido", de 1939, escrito logo após ter imigrado da Inglaterra para os Estados Unidos, W. H. Auden escreveu o epitáfio para um homem conhecido do estado por meio das agências e empresas com as quais ele entrou em contato. Ele sugere que os editores poderiam estar seguros de que ele havia comprado seu jornal, e prevê com confiança sua resposta às propagandas que eles veiculavam. Auden também está sugerindo que os pesquisadores de opinião pública poderiam distinguir e rastrear seus pontos de vista, seja sobre a importância de contratar um plano adequado de poupança ou suas impressões sobre as questões políticas do dia, como a guerra. Os órgãos do estado poderiam, Auden está sugerindo, se consolar com sua capacidade de entender seu nível geral de satisfação com a ordem das coisas.

Por um lado, é uma crítica à extensão da vigilância do governo, mas também é uma sátira sobre a vida média desse cidadão exemplar, conhecido pelo número da previdência social JS/07/M/378. Ele comprou todas as coisas certas e tinha as visões certas e, se não fosse esse o caso, "nós certamente teríamos ouvido falar". No entanto, o poema também sugere os limites do que pode ser conhecido por meio da abordagem estatística do estado.

Turbulências políticas como a chocante eleição de Donald Trump e a vitória da campanha *Vote Leave* [Vote Sair] no referendo do Reino Unido sobre a União Europeia, de 2016, resultaram em perguntas sobre como esses eventos poderiam ter sido previstos. Eles têm sido usados para sugerir que as pesquisas de opinião não mais funcionam, mas, embora isso possa parecer plausível, na verdade não é o que acontece. Os principais pesquisadores de opinião, como Ben Page da Ipsos MORI, apontam para pesquisas acadêmicas independentes que não apoiam a alegação de que as pesquisas estão ficando menos precisas. "Não há nenhuma tendência de aumento perceptível nos erros de pesquisa na última década", enfatiza, "embora haja flutuações".

Métodos de pesquisa mudaram consideravelmente ao longo desse período. Por exemplo, pesquisas com base na internet surgiram no final dos anos 1990, mas não houve nenhuma melhoria ou degradação dramática desde então. No entanto, os institutos de pesquisa estão aumentando a pesquisa com outras metodologias, incluindo metodologias altamente tecnológicas que leem ondas cerebrais, usam dispositivos de rastreamento com GPS para entender as movimentações das pessoas em cidades e usam tecnologias de imagem cerebral para entender mudanças no sentimento das pessoas. De acordo com Page, essas abordagens combinadas adicionam cerca de dez pontos percentuais à precisão da pesquisa.

Uma área de inovação na opinião pública tem sido a tentativa de entender melhor a profundidade dos sentimentos das pessoas. Sabe-se bem que declarar intenção de voto não conta quase nada se alguém definitivamente não pretende votar. Page relata que sua empresa vem utilizando uma abordagem neurocientífica chamada "Tempo de Reação Implícita", onde a velocidade da resposta a uma pergunta é considerada indicador da força de um sentimento. O resultado do referendo do Brexit foi de muitas formas o resultado do voto de pessoas que raramente votaram em eleições anteriores. A campanha *Leave* veiculou incansavelmente mensagens que amplificaram os fortes sentimentos das pessoas sobre questões emotivas; na maioria dos casos, o sentimento superava os fatos.

Apesar das evidências que contestam a alegação de que as pesquisas não funcionam, persiste a sensação de que elas não são capazes de captar a complexidade da opinião pública; a divisão entre a vida de políticos, formuladores de política e o público está aumentando. Como a pesquisa do economista Sir Andrew Dilnot mostrou, entre 1963 e 2013 houve uma disparidade crescente em distribuição de renda no Reino Unido, o que significou um abismo cada vez maior entre os que recebem menos e os que recebem mais; consequentemente, dissipou-se qualquer sensação de que possa haver uma "experiência média" de sociedade britânica. Como o consultor político Lynton Crosby afirma, todos nós tendemos a pensar que somos "normais", mas os números contam uma história diferente. Nossa vida é diferente da de outras pessoas, e resolver essa lacuna de entendimento é mais necessário do que nunca em um momento em que a narrativa política corrente e as preocupações diárias das pessoas parecem tão distantes.

A história dominante contada por políticos e formuladores de política ao longo dos últimos vinte ou trinta anos é uma história fria e racional sobre direitos, méritos da globalização e benefícios do multilateralismo. A narrativa crua, tecnocrática e política excluiu ideias sobre pertencimento, identidade e sentimentos, e uma narrativa política dessa natureza surgiu em grande parte devido ao domínio da economia como um modelo explanatório da sociedade e sua intromissão em muitas áreas da nossa vida. No entanto, a perspectiva tecnocrática é factual e se esforça para manter o sentimento fora do seu relato do mundo; uma descrição factual da sociedade pode ser correta, mas sem sentimentos se torna distante e indiferente, e não é vista como um relato que capta as realidades das outras pessoas. O sociólogo William Davies afirma que os argumentos de especialistas de que são capazes de ter uma perspectiva imparcial, que está indisponível para o "homem das ruas", é o que torna suas opiniões tão distantes da vida das outras pessoas.

Se é cada vez mais difícil para as elites entenderem a experiência de vida das outras pessoas, o fato de que as estatísticas não são capazes de revelar as complexidades das experiências diárias não as ajuda. As estatísticas podem contar uma boa história, mas têm capacidade limitada de contar uma história humana com nuances. Os principais instrumentos dos quais a classe política e de formulação de política dependem para entender o público são as pesquisas de opinião e os grupos focais. No entanto, não precisamos olhar muito para trás para encontrarmos inspiração sobre como preencher a lacuna entre essas vidas tão diferentes.

O escritor George Orwell dominou a arte do entendimento de mundos que estão distantes do seu próprio mundo, e colocou o corpo no centro dos seus esforços para incorporar a experiência de outras pessoas. Um dos mais proeminentes escritores políticos do século xx, ele se propôs a aprender sobre pobreza não como um construto teórico, mas como uma realidade vivida. Seu entendimento da pobreza nasceu não de coleta de dados e teorização cerebrais, mas a partir de uma experiência verdadeiramente visceral e incorporada da pobreza. Como escreve seu biógrafo Bernard Crick, "ele vivia mal, exatamente como os mendigos viviam, e nunca tinha mais do que uns poucos *shillings*[22] com ele, realmente ele não tinha no total mais do que algumas poucas libras".

Orwell teve vários períodos de vida entre os pobres, primeiro na França e depois na Inglaterra, e seu relato dessa época foi publicado em um livro intitulado *Na pior em Paris e Londres*. Em Paris, ele viveu em um bairro de cortiços, muitas vezes passando dias sem comida embora trabalhasse na cozinha opressivamente quente de um elegante hotel parisiense. Em Londres, ele "vagueava", vivendo em casas pobres ao redor da cidade e passando os dias tentando juntar dinheiro para conseguir uma cama para aquela noite e para comer alguma coisa. O relato de fome de Orwell é especialmente poderoso porque, como ele prontamente admitiu, foi a primeira vez na sua vida que o filho de um funcionário público colonial que foi educado em Eton vivenciou a dor de estar completamente faminto:

> A fome nos reduz a uma condição de total fraqueza e incapacidade de pensar, mais parecida com as sequelas da influenza do que qualquer outra coisa. É como se você tivesse se tornado uma água-viva, ou como se o seu sangue tivesse sido drenado e substituído por água morna. A inércia total é a minha principal lembrança da fome; isso, e ser obrigado a cuspir com muita frequência, sendo que o cuspe era curiosamente branco e floculante, como cuspe de cuco.

---

22   *Shilling* era uma unidade monetária britânica que equivalia a 1/20 de libra. (N.T.)

Vagueando por Londres e trabalhando como um *plongeur* [lavador de louça] mal pago em Paris, a fome se tornou uma experiência corporal direta em vez de uma preocupação teórica. Orwell tem muitas observações sobre como os pobres são vistos na sociedade, e a roupa foi essencial para essa experiência. Ele escreve sobre a compra de um casaco quente em uma loja de roupas usadas em Walworth Road, em Londres, e como essas "roupas novas colocaram-me instantaneamente em um mundo novo" onde pessoas abastadas respondiam a ele de forma bem diferente. Orwell descobriu que o ato de se vestir de forma diferente o transportou a um universo paralelo, um universo que era sujo e malcheiroso, ao qual ele normalmente não teria nenhum acesso.

"Ele não era", como escreveu seu contemporâneo Jack Common, "como as outras almas de Bloomsbury, [...] ele era um intruso, um rebelde, um vagabundo, ele vivia e escrevia no submundo mais baixo da pobreza". Por muitos anos, Orwell foi um escritor batalhador que vivenciou pobreza, humilhação e fracasso. Isso sem dúvida alguma o deixou mais perto do mundo dos pobres, mas ele alegou apenas ter vivido entre eles, e não ter se tornado ele próprio um vagabundo. Ao fazer isso, acreditava ter se livrado dos preconceitos que vieram com a sua educação privilegiada. Também está claro que a popularidade duradoura de Orwell como autor e o recente aumento de interesse por *1984* e *A revolução dos bichos* são devidos em grande parte à profunda percepção das pessoas que esse tempo nas ruas deu a ele. Orwell suportou frio, fome, percevejos e sujeira, pressionando a si mesmo para incorporar mundos que eram bem distantes daqueles da sua classe social. Ele é um modelo, mesmo que um modelo extremo, do que pode ser uma abordagem incorporada do entendimento dos mundos políticos de outras pessoas.

Contato corporal com o corpo político
A experiência visceral de Orwell com a classe baixa modelou sua escrita posterior, mas ele permaneceu um jornalista e autor, apesar da sua influência subsequente, ele não era um ator no palco político e não es-

tava envolvido em formulação de política. É a lacuna entre formuladores de política e o público que obteve muita atenção nos últimos anos.

Larry Summers foi economista e consultor na Casa Branca durante as eras Clinton e Obama. Ele vive agora em Harvard e é um exemplo perfeito da elite das costas dos Estados Unidos que políticos populistas como Trump condenam por sua visão isolada e acadêmica de mundo. Summers é honesto sobre a visão do mundo que sua formação e carreira profissional inculcaram nele, admitindo prontamente que durante boa parte da sua vida ele viu o mundo pelo "prisma de modelos adequado a dados estatísticos".

No entanto, no verão de 2018, Summers teve uma epifania quando dirigia de Chicago a Portland, uma viagem de cerca de 32 mil quilômetros, evitando as rodovias de várias pistas e limitando-se a estradas menores, de duas pistas. Summers e sua esposa dirigiram pelas cidades pequenas dos Estados Unidos, cruzando as Grandes Planícies e as Montanhas Rochosas. Mesmo as cidades maiores pelas quais passaram, como Dubuque, em Iowa, Cody, no Wyoming e Bozeman, em Montana, não são nomes familiares, e eles muitas vezes passaram por avisos recomendando que enchessem o tanque em um posto de gasolina, já que seriam outros 80 quilômetros até que passassem por qualquer forma de habitação humana. Eles cruzaram cidades fantasmas e hotéis e cafés abandonados. Como Summers concluiu mais tarde naquele ano, "descobri o restante dos Estados Unidos nas minhas férias de verão".

Summers e sua esposa observaram coisas simples que tocaram fundo neles. Havia placas nas estradas sinalizando interesses que estavam muito distantes daqueles do seu estado natal, Connecticut: outdoors contra o aborto e com propaganda de jantares em igrejas, clubes de caça e feiras locais. Eles também ficaram perplexos, após muitos anos habitando o mundo dos nerds da política que o Anel Viário de Washington circundava, que não era sobre política que as pessoas estavam conversando nos bares ou vendo na televisão. As pessoas estavam discutindo problemas locais e se preocupando menos com questões globais do que com a erosão do seu estilo particular de vida.

Summers percebeu que há "outros meios de entender a economia e como ela funciona". É fácil escarnecer da simplicidade dessa observação, e seu relato dessa viagem no *Financial Times* provocou muitos comentários perguntando por que ele havia demorado tanto para perceber que esse lado dos Estados Unidos existia. No entanto o *mea--culpa* público de Summers é importante tanto por sua honestidade como pela simplicidade do tratamento que ele recomendou contra a "alienação do formulador de política": "vá para algum lugar diferente". A vantagem de fazer isso para formuladores de política, Summers sugere, não é apenas que eles perceberão que há outros modos de entender o mundo, mas que eles verão o quanto a vida de outras pessoas é diferente da sua própria.

O termo que as elites das costas norte-americanas normalmente usam para se referir à região central dos Estados Unidos que Summers e sua esposa visitaram é "Estados de Sobrevoo", uma expressão abreviada, às vezes usada de forma depreciativa, para o interior geográfico, cultural e demográfico entre as duas costas "cultas". Uma característica do crescimento do populismo é sua dimensão geográfica profunda; as oportunidades econômicas, perspectivas culturais e visões políticas fortemente contrastantes de cidades e áreas rurais dão uma dimensão espacial óbvia para o atual momento político. Como Summers sugere, superar essa distância "indo lá" é muito importante — há dimensões para a vida das pessoas que podem ser melhor entendidas por meio de abordagens incorporadas.

No seu livro *White Working Class* [Classe trabalhadora branca], escrito para tentar explicar a vitória de Donald Trump em 2016, a socióloga Joan Williams mostra a importância de entender códigos culturais que estão incrustados no modo como as pessoas vivem suas vidas. Ela pensa em Bill Clinton como "um dos gênios da minha geração". Clinton nasceu em uma cidade pequena do Arkansas, filho de uma enfermeira e com um padrasto que era um alcoólatra vendedor de carros. Embora tenha se tornado membro da elite administrativa profissional, ele nunca se esqueceu de onde veio ou dos valores que sublinham a cultura da classe trabalhadora branca, importante para moldar opiniões políticas. Clinton entendia os códigos de classe das duas seções da sociedade e tentou superar essa divisão, enquanto sua esposa Hillary tinha dificuldades nesse aspecto. Ela falava de igualdade de gênero e de quebrar o "teto de vidro", mas, como Williams observa, quebrar o teto de vidro não é algo que preocupa as mulheres brancas da classe trabalhadora. O domínio desses códigos é importante para obter vitória política, e é algo que Trump obteve. Trabalhando muitas horas em empregos entediantes e sem futuro, a classe trabalhadora branca almeja dar ordens em vez de receber ordens. O bordão de Trump no seu programa de televisão *O Aprendiz*, "Você está demitido!", incorpora isso com perfeição.

O populismo ganhou terreno por várias razões, mas a principal delas foi a capacidade de políticos populistas de tocar os sentimentos e emoções das pessoas. No vácuo criado pelos diagnósticos abstratos e tecnocráticos dos problemas gerados pela globalização, surgiu um discurso político que fala com pouca base em fatos, mas com reconhecimento dos estados emocionais das pessoas e consciência dos códigos culturais ressonantes.

Gostemos ou não, no atual momento, os fatos não parecem tão eficazes como os sentimentos. Isso não quer dizer que os fatos não importam, mas precisam estar mais bem informados por um entendimento da vida e da realidade cotidiana das pessoas. As políticas precisam falar dos problemas que as pessoas enfrentam e em uma linguagem com a qual elas se identificam. Surgiu uma divisão entre o que Davies chama de "objetos abstratos de conhecimento" e "experiência das pessoas na vida cotidiana", o que significa que a "falta de emoção, que originalmente era tão crucial para [...] a autoridade [de especialistas e formuladores de políticas] os deixa suscetíveis a ataques por serem frios e egoístas". Como a viagem de carro de Summers pelos Estados Unidos o ensinou, se temos que falar de questões que são importantes para as pessoas, precisamos entendê-las melhor — e, para fazer isso, é necessário "ir lá".

Políticas para os mundos das outras pessoas

Quando eu fui um refugiado sírio por vinte e quatro horas, adotei o papel de alguém que havia fugido de casa. Fiz um abrigo, acordei várias vezes durante a noite, fiz sacos de papel para ganhar os 2,50 dólares por dia, quantia com a qual 3 bilhões de pessoas em todo o mundo vivem, e comi mingau com um pauzinho de uma tigela amassada. Eu vivenciei dimensões da vida de outras pessoas com as quais, se não fosse por isso, eu poderia nunca ter tido contato, e senti algumas das emoções que elas podem vivenciar. Quando tudo acabou, eu voltei para Hong Kong, tomei um banho e saboreei uma cerveja gelada, porém senti que o entendimento que tinha das questões com que me deparei mudara profundamente.

A empatia não é uma panaceia para lidar com problemas altamente complexos e sistêmicos, e os críticos dizem que há diferença entre ver as coisas a partir da perspectiva de outras pessoas e entender as questões estruturais subjacentes. Mas talvez seja errado ver essas coisas como mutuamente opostas: minha experiência da simulação da Global X-perience foi que o modo como o meu corpo foi ao mesmo tempo privado e sobrecarregado sensorialmente me deixou mais preparado para entender as questões macro e estruturais *e* entender como se sente uma pessoa que está no centro delas. Eu aprendi por causa da vulnerabilidade do meu corpo, não apesar dela.

A maior parte do ensino baseia-se na transmissão de conhecimento em ambientes sem contexto e depende pouco de efetivamente "estar lá". No entanto, como descobri por meio de privações de curto prazo naquela simulação, é somente por meio do envolvimento visceral que somos verdadeiramente capazes de aprender e entender. A teoria do conhecimento incorporado nos mostra que o envolvimento emocional não é uma barreira para o aprendizado — é um apoio a ele e uma condição para entender as realidades das outras pessoas. Se distanciamento e objetividade frios e racionais são uma das causas de muitas das nossas dificuldades, talvez abordagens incorporadas, engajadas e com emoções do entendimento possam ser um passo em direção à solução de muitos dos nossos desafios?

A ideia de que o distanciamento físico do mundo é necessário para ver corretamente pelo "prisma de modelos, adequados a dados estatísticos" teve um impacto profundo nos formuladores de políticas e nos políticos. Seus modelos do mundo podem ter sido precisos, embora muitas vezes não fossem, especialmente no mundo das finanças, mas eles não se dirigiam à experiência das pessoas. Abriu-se então um abismo que é ao mesmo tempo cultural e geográfico — superar esse abismo exige colocar o corpo para trabalhar como um instrumento de experiência e análise.

A teoria do conhecimento incorporado mostra que usamos nosso corpo para observar sinais no mundo ao nosso redor que de outra forma não seriam detectados. É por meio dos recursos sensoriais do nosso corpo que conseguimos perceber e compreender esses sinais e desenvolver uma "estrutura experimental" que nos permite dar sentido às informações factuais sobre a realidade das outras pessoas.

Os exemplos que você viu neste capítulo não são isolados. Instituições beneficentes para pessoas sem teto organizam eventos como o *Big Sleep Out* [Vamos Todos Dormir na Rua] para levantar fundos *e* dar às pessoas uma oportunidade de incorporar o mundo dos moradores de rua. Uma instituição beneficente voltada para a hanseníase espelha a deficiência sensorial causada por danos nos nervos utilizando luvas para dar a sensação da perda de destreza que acompanha a doença. Um grupo de pesquisa de relações exteriores executa simulações imersivas para ajudar seu público a se adaptar às mudanças de cenários políticos. Todos esses exemplos ilustram um entendimento crescente de que, para dar às pessoas uma noção do que os fatos significam, é necessário ajudá-las a entender como é senti-los.

Capítulo 12

Criatividade e projeto incorporados

"A percepção humana é limitada pela nossa corporeidade —
nós apenas aprendemos a perceber objetos físicos
quando interagimos com eles. Devemos agir primeiro
para conhecer a realidade."

DENNIS SCHLEICHER, PETER JONES E OKSANA KACHUR

Animando a percepção

Uma das empresas mais criativas e bem-sucedidas do último quarto de século é a Pixar, cujos estúdios lançaram uma série aparentemente sem fim de *blockbusters* de desenhos animados. O público no mundo todo ficou encantado com personagens adoráveis e peculiares como Buzz Lightyear e Nemo e impressionado com o modo como o estúdio cria cenários, caracterização e estados de espírito que são simultaneamente de outro mundo e realistas. A atenção incessante aos detalhes nos seus filmes resulta em uma atmosfera que transborda em cada fotograma.

O processo de criação de filmes que são fantásticos, mas também reconhecíveis, não depende unicamente de inspiração criativa. Os detalhes refinados não são retirados da cabeça da equipe em um passe de mágica. A Pixar não faz brainstorming ao desenvolver os enredos e personagens dos seus filmes — ao contrário, eles saem do estúdio em Emeryville, na Califórnia, para incorporar as experiências que querem replicar.

Quando a Pixar estava fazendo *O Bom Dinossauro*, o diretor Peter Sohn disse à sua diretora de fotografia Sharon Calahan que ele queria que o filme passasse um ar de "pioneiro" rústico. Calahan tinha em mente Jackson, no Wyoming, como um lugar que pudesse alimentar sua imaginação — era um lugar que ela tinha visitado antes e suspeitava que serviria como inspiração criativa. Uma viagem de reconhecimento foi organizada, assim a equipe poderia mergulhar na paisagem rústica e em seus amplos horizontes. Eles navegaram pelo Snake River, exploraram os cânions, aventuraram-se pela Targhee National Forest e observaram a Via Láctea sem a interferência da iluminação feita pelo homem. A diretora de fotografia gostou de ver seu diretor explorando um novo ambiente. "Pete não tinha passado muito tempo em uma área como aquela, e eu o vi descobrir aquele mundo, como ele pode ser cruel, como o tempo pode mudar em um piscar de olhos, como tudo é rústico." Calahan diz que "o inspirou a encontrar o tom do filme. Ele queria aquela sensação de céu aberto — quando há baixa umidade no ar, você realmente consegue ver por quilômetros".

Calahan e Sohn não foram os únicos funcionários da Pixar que saíram do escritório em busca de ideias criativas. A equipe de *Procurando Nemo* aprendeu a mergulhar e, quando surgiu um enredo sobre a fuga de Nemo, o peixe-palhaço, por um ralo, eles visitaram o sistema de esgoto de San Francisco e descobriram que é possível um peixe voltar para o mar.

A equipe que fez o filme *Ratatouille*, de 2007, dedicou uma energia considerável para garantir que os prazeres multissensoriais da comida, bem como os ambientes onde ela é criada, pudessem ser recriados para o seu público. Uma equipe passou duas semanas comendo em restaurantes parisienses com estrela Michelin e entrevistando seus chefs. As cozinhas dos restaurantes sofisticados são estressantes, barulhentas e quentes, com um redemoinho de movimentos, as vozes altas de chefs impacientes comunicando urgência e uma dedicação à perfeição em escala industrial, mas têm uma intimidade doméstica.

A característica central de uma cozinha profissional são as "estações", cada uma com uma tarefa específica ou uma responsabilidade pela produção de um único prato. Em *Anyone Can Cook: Inside Ratatouille's Kitchen*, membros da equipe técnica do filme explicaram como eles reproduziram com fidelidade esse princípio de organização:

Começamos estruturando a estética da cozinha em torno de um conceito culinário francês simples, o *mise en place* [traduzido como "tudo em seu lugar"]. O *mise en place* é especificamente isso; para qualquer que seja o prato que está sendo preparado, todos os ingredientes e ferramentas são previamente medidos, organizados, reunidos e colocados em um lugar em comum antes de começarem a cozinhar. Isso facilita a localização de todos os componentes necessários conforme a intensidade e a pressão da cozinha chegam ao seu ápice. Esse conceito é simples, elegante, funcional e proporciona uma sensação básica de relacionamento entre o chef, a cozinha e a sua comida.

A reprodução da cozinha começou pelas estações e a equipe focou em garantir que o público do filme pudesse entender a demarcação de espaço e como isso mudou durante o filme, conforme Remy, o rato, vai ficando mais experiente. Sendo um ambiente multissensorial e uma verdadeira despensa de estímulos para nossos corpos, as cozinhas ofereceram à equipe da Pixar uma orgia perceptiva. Fisiologicamente, somos projetados para absorver tudo o que uma cozinha movimentada tem para oferecer, com sensores químicos, mecânicos, visuais e térmicos que são capazes de dar sentido à cozinha.

Todos esses insumos se tornaram matéria-prima para a criatividade da equipe quando pensavam como fazer o cenário parecer crível e a comida real e deliciosa. Para a equipe de produção, a cozinha e a comida eram mais do que apenas pano de fundo; eles "a trataram quase como se fossem personagens que cresciam e se modificavam com o enredo", e para conseguir esse efeito eles se propuseram a orquestrar essa experiência para o público.

Uma forma pela qual a equipe da Pixar tornou a recriação da cozinha autêntica foi desenvolvendo um forte contraste entre ela e a área de jantar. Uma era um foco de correria, enquanto a outra era um ambiente calmo em que as pessoas podiam conversar. No entanto, é na cozinha, onde grande parte da ação acontece, que se concentrou quase toda a atenção. A elegância mecanizada de uma cozinha sofisticada foi reproduzida, com uns poucos toques domésticos. As máquinas industriais de lavar louça reproduzidas com fidelidade expelem colunas de vapor quando suas portas são abertas. Grandes fogões com detalhes em bronze estão no centro de cada estação, juntamente com uma seleção de pesadas panelas de cobre, esses fogões e panelas exibem marcas de queimado cuidadosamente feitas. No entanto, a equipe também incluiu detalhes pessoais do tipo que eles tinham visto nas cozinhas parisienses que visitaram, como prateleiras de temperos pintadas a mão e cestas de ervas frescas.

Garantir que a comida parecesse comestível e deixasse o público salivando representava um desafio específico. A equipe técnica deu atenção especial a um prato de vieiras refogadas porque era "um prato de comida principal que ocupava muito tempo de tela". Eles também ficaram obcecados com os movimentos gentis do chef colocando com amor uma vieira em uma cama de alho-poró.

Ed Catmull, o presidente da Pixar, diz que são esses esforços que fazem a diferença entre filmes que são derivados do que já foi feito antes e filmes que brilham com atenção aos detalhe e nuances. Ele acrescenta que se pode argumentar que os públicos não sabem como é a cozinha de um restaurante parisiense de alto nível, então por que isso é importante? Sua resposta é que o público sabe quando é exato — simplesmente parece certo. Um bom exemplo desse detalhe é revelado em uma mancha aparentemente sem importância no braço de Colette, a chef do restaurante. Veja de perto as cenas em que ela aparece e você verá uma queimadura de uma grade do forno no seu pulso — um ferimento comum em uma cozinha profissional do qual a equipe havia ouvido falar durante a pesquisa.

O sucesso de *Ratatouille*, que venceu o Oscar de Melhor Filme de Animação e foi indicado para outros três Oscars em 2008, faturando mais de 620 milhões de dólares em todo o mundo, mostra a diferença que a exposição ao mundo pode fazer no setor criativo. Ela impede que a equipe de criação caia em representações estereotipadas e permite que eles tinjam suas criações com a energia e os detalhes do mundo real. A Pixar mostra que, se você quiser reproduzir ou interpretar um ambiente com fidelidade, faz sentido atacar sua profundidade e riqueza multissensoriais. As equipes de Catmull demonstram que, quando você adota uma abordagem incorporada para entender o mundo, o quadro que você pinta repercutirá com o seu público.

As equipes criativas da Pixar não têm muito uso para apresentações em PowerPoint. Não só elas preferem ter experiências reais como também conversam entre si por meio de storyboards para cada cena de uma forma altamente animada, incluindo movimento, emoção e expressão nessas "sessões de crítica". Do campo para o filme, a Pixar incorpora os ambientes aos quais quer dar vida com sua própria perspectiva diferenciada. O desempenho está no coração da maneira como eles reúnem e desenvolvem as ideias para seus filmes de sucesso. Esse desempenho, planejado ou não, também é encontrado em outros campos em que entender os detalhes mais refinados é essencial para o sucesso.

O assalto

Novos produtos são criados por meio de uma série de exercícios intelectuais onde devem ser defendidos e justificados, o que significa que a maioria dos produtos existem como conceitos ou ideias especulativos por um considerável período. Produtos de tecnologia em particular são concebidos em locais geograficamente distantes de onde serão usados, com a participação de engenheiros que pensam sobre quais funções uma tecnologia será capaz de oferecer, e como.

Apesar do fato de que os protótipos iniciais de produto são muitas vezes testados antes do lançamento, grande parte do que chega às lojas geralmente vem do estágio conceitual do pensamento do produto; consequentemente, o que é lançado normalmente tem muito pouca participação das pessoas que usarão o produto em seu cotidiano. A menos que aconteça algo que dê às equipes do produto um choque de realidade — elas podem obter esse feedback por meio de um encontro casual ou projeto e, às vezes, pelo feliz casamento dos dois.

Foi esse o caso em 2014, quando uma equipe da Motorola Mobility viajou para o Brasil. No ano anterior, a empresa, que era então de propriedade do Google, havia lançado um smartphone de baixo custo chamado Moto G como continuação de seu carro-chefe, o Moto X.

Ele se tornou o smartphone mais vendido da história da empresa, para surpresa desta, e ajudou a Motorola a retomar uma participação de mercado significativa no Reino Unido, na Índia e no Brasil, o quarto maior mercado de smartphones do mundo.

Em 2014, a Motorola precisava aproveitar seu sucesso em mercados emergentes como o Brasil e a Índia, uma fatia do mercado de smartphones à qual *players* dominantes como a Samsung e a Apple não tinham dado muita atenção. Para isso, gerentes de produto e pesquisadores elaboraram uma nova estratégia para desenvolver características especiais para seus clientes com maior consciência orçamentária. As equipes de produto garantiram que o Moto G de segunda geração seria projetado tendo o Brasil e a Índia em mente. Parte disso significava um maior uso de pesquisa, mas não a pesquisa tecnológica usual. Stokes Jones, um antropólogo e experiente testador de software de experiência do usuário, criou um programa de pesquisa imersiva que levou as equipes de projeto de produto da Motorola às casas dos usuários e permitiu que eles recebessem e testassem novos produtos por semanas ou meses de cada vez antes de dar feedback às equipes de produto.

O Brasil tem fama de ser um país com muitos crimes e está entre países do mundo com as maiores taxas de homicídios. Pequenos furtos, roubos de carteira, roubos de bolsas e assaltos são comuns. Os brasileiros também têm que combater um fenômeno chamado arrastão, em que um grupo de criminosos trabalha em conjunto para assaltar pedestres, banhistas ou foliões. Muitas casas nas cidades brasileiras estão envoltas em grades de metal para impedir a entrada de intrusos, um indício da alta taxa de criminalidade. Sendo assim, esse era o "laboratório vivo" perfeito para desenvolver e testar o aplicativo Moto Alert, um aplicativo de segurança pessoal desenvolvido para permitir que proprietários de telefone que se encontram em perigo enviem rapidamente uma mensagem de emergência para contatos previamente selecionados ou para a polícia. Esta receberia a localização do usuário em um mapa do Google e poderia iniciar um resgate.

No verão de 2014, membros da equipe de produto Moto G voaram da Califórnia e de Chicago para o Brasil. Eles estavam trabalhando em vários protótipos de um aplicativo que acreditavam que poderia ajudar a responder ao contexto dos bairros mais pobres. O Moto Alert tinha passado pelas etapas normais de projeto de produto, progredindo de uma ideia em um *Post-it* a um conceito bem desenhado, para um *wireframe* de interação, e era agora um protótipo interativo em telefones sendo testado por usuários brasileiros. Havia chegado o momento do feedback.

Em um bairro dominado pelo crime e que é vizinho de uma favela, a equipe foi à casa de Rogério — um planejador de eventos corpulento de trinta e três anos que adora baladas. Sentados na sala de visitas, eles começaram a discutir o que Rogério achava do novo telefone e dos seus recursos.

Ele disse que tinha gostado do novo Moto G. Para provar, revelou que ele e seus amigos, ante a alegação de que o telefone era à prova d'água, levaram seus smartphones para o chuveiro para ouvir música! Ele então explicou que gostou da ideia de um recurso de alerta de emergência, mas reclamou que levava muito tempo para ser ativado. Em particular, disse que não gostou do fato de ter que abrir o telefone e encontrar o aplicativo antes de conseguir ativá-lo. Sua preocupação era que isso dificultaria o envio de um alerta durante um assalto. O gerente de produto ficou um pouco na defensiva diante desse feedback direto sobre o que Rogério via como uma falha crítica do projeto. Deu algumas sugestões de como melhorar o processo de abrir o telefone e encontrar o aplicativo, mas nenhuma delas tratou da preocupação principal de Rogério: a de que não era viável achar que alguém conseguiria colocar a mão no bolso e tirar o telefone enquanto estivesse sendo assaltado.

Parecia para Rogério que a equipe da Motorola não estava ouvindo nem levando sua opinião a sério, o que o estava deixando frustrado. Ele havia sido assaltado três vezes nos últimos dois anos. "Veja", ele disse, "eu sei do que estou falando. Vocês querem saber como é ser assaltado no Brasil?" Sem parar para ouvir a resposta, ele desapareceu da sala e voltou vinte segundos depois, brandindo uma faca de cozinha de dezoito centímetros. "Posso demonstrar?", ele perguntou à equipe, calmamente. Depois de assentirem com a cabeça, Rogério agarrou o gerente de produto pelo pescoço e colocou a faca em sua garganta enquanto prendia seus braços, e disse: "É assim que a gente é assaltado no Brasil!".

Então Rogério disse ao gerente de produto: "Agora eu quero que você tire o telefone do bolso e avise seu amigo!". O gerente de produto, que momentos antes tinha tentado contornar a crítica, lutava para pegar o celular, e foi nesse momento que a equipe da Motorola percebeu que não iria funcionar querer que os usuários abrissem o aplicativo e olhassem para seu telefone para tocar em um botão em um momento de perigo. Em situações como essa, os usuários do telefone precisavam conseguir soar o alarme de um modo diferente.

O evento havia sido planejado como uma sessão de feedback oral entre um usuário brasileiro e a equipe da Motorola que partiu dos Estados Unidos, e encenar um assalto com uma faca não era parte do plano — no entanto, Jones acreditava no poder da experiência na prática e havia organizado a sessão para incentivar que acidentes felizes como esse ocorressem. Agora que havia ocorrido um, todos sabiam o seu significado.

A frustração de Rogério havia crescido porque ele não conseguia passar sua mensagem em palavras, e sua demonstração física transmitiu para o gerente de produto o que ele tinha tentado comunicar. O projeto do aplicativo, ele tinha tentado dizer à equipe, tinha sérias falhas para o contexto que a Motorola tinha em mente: um contexto em que outra pessoa tinha controle sobre o seu corpo e você não queria que o assaltante soubesse que você estava tentando conseguir ajuda.

O gerente de produto sentiu a pressão do corpo de outra pessoa sobre o seu, a contração da respiração, a sensação de impotência e a incapacidade de fazer o que ele havia dito para o usuário fazer em uma situação semelhante. Essa experiência o levou a uma conclusão que ele não teria aceitado quando foi comunicada oralmente. O impacto na equipe de produto da Motorola foi profundo: ela levou para casa o argumento sobre a realidade dos crimes e a utilidade de um recurso de alerta. Mais profundamente, fez com que eles percebessem que o aplicativo que eles estavam desenvolvendo precisava de uma reformulação fundamental. Como Jones relembra, "Isso ajudou a equipe a cruzar o abismo entre o seu mundo e o mundo de Rogério bem depressa. Nós entendemos vivamente que um aplicativo de segurança pessoal tinha que satisfazer antes de tudo as necessidades do contexto de segurança, mesmo que isso significasse desafiar as convenções do que significa ser um aplicativo".

Algumas das suposições sobre como os aplicativos de celular funcionam foram expostas pela experiência. Primeiro, que os aplicativos são usados quando estamos concentrados neles e, segundo, que os utilizamos com as nossas mãos ou podemos instruí-los com as nossas vozes. A terceira suposição é que nos sentimos à vontade quando as outras pessoas sabem que estamos usando nossos telefones para executar alguma ação. Em outras palavras, a maioria dos aplicativos é projetada com um contexto ideal em mente — algo como sentado em um Starbucks com um cappuccino.

Embora essas suposições sejam em geral verdadeiras no uso normal de aplicativos, nenhuma delas se aplica a situações para as quais o Moto Alert foi projetado para dar suporte: durante assaltos ou roubos, no entanto, a equipe vinha construindo um produto que se baseava nessas suposições. Até a simulação do assalto, eles tinham apenas pensado de forma conceitual sobre as ocasiões em que seu recurso de segurança seria usado. O encontro com Rogério forçou-os a confrontar essa realidade.

O conhecimento incorporado de Rogério veio da experiência com a situação e do teste do aplicativo Moto Alert por duas semanas; ele conseguiu sentir o que não funcionaria sobre esse produto por essa combinação. O compartilhamento desse conhecimento por meio da sua encenação ajudou a equipe de produto a perceber que, se seu aplicativo não pudesse ser acionado secretamente enquanto você está sendo assaltado, ele seria inútil. A versão revista do Moto Alert não exigia as convenções normais de aplicativo para abrir, ler, rolar e tocar — o feedback de Rogério havia forçado a equipe a entregar um recurso de produto de segurança pessoal que pudesse ser ativado sub-repticiamente usando a tecla de volume, com o mínimo esforço. A intervenção impetuosa de Rogério resultou no projeto de um recurso que poderia ser usado sem olhar para a tela do telefone ou mesmo sem tirá-lo do bolso.

É fácil ouvir como é ser assaltado com uma faca, mas ter uma lâmina apontada para a sua garganta é outra coisa completamente diferente, mesmo no ambiente controlado de uma sessão de feedback sobre o produto. Mostrar em vez de dizer é normalmente o caminho para uma comunicação mais poderosa de ideias, especialmente quando o que estamos tentando comunicar foge de uma fácil expressão ou compreensão.

Bodystorming

As pessoas que projetam os produtos que usamos na nossa vida diariamente tendem a não pensar nelas mesmas meramente como fabricantes de objetos. Poucos objetos são isolados; muitas vezes são uma peça só em sistemas muito maiores. Por exemplo, um carro se conecta à internet para rastreamento de manutenção e desempenho, e à infraestrutura, como estradas, sinais e postos de gasolina, bem como a sistemas legais e de seguros. Como resultado, o trabalho de projetar coisas exige que se pense em mais do que apenas a forma física. Um smartphone pode ser uma peça bonita de design de produto, mas também é um portal ou um fornecedor de várias experiências diferentes. Os títulos de designers hoje em dia refletem a mudança para o que Joseph Pine e James Gilmore chamaram em 1998 de "economia de experiência". Agora existem "designers de experiência de usuário" e "gerentes de experiência de cliente". As pessoas que trabalham com usuários para entender como novos produtos e serviços podem integrar suas vidas são chamadas de "experiência do usuário" ou "pesquisadores de ux". Hoje em dia, os lugares e espaços da vida moderna, on-line e off-line, são "preparados" por "arquitetos da experiência". A experiência tem toda a importância na economia do consumidor atual.

Projetar produtos e serviços que se adequarão à vida das pessoas exige conhecimento íntimo a respeito delas; muito disso pode ser coletado em conversas com essas pessoas, mas há algumas coisas que elas consideram como certo e têm dificuldade em expressar. Em outras ocasiões, pode não ser fácil fazer o tipo de pergunta que você quer fazer, e nessas situações é necessária uma abordagem diferente.

Veja o trabalho da famosa consultoria de design IDEO, que trabalhou em um projeto para criar um desfibrilador automático implantado no peito que, quando necessário, daria choque no coração de seu usuário para que voltasse a bater. Era uma pesquisa difícil e perigosa para se fazer diretamente, mas a equipe sabia que eles precisavam entender como isso seria para a pessoa que receberia o choque. Como é não saber onde você estará quando o desfibrilador agir, e como essa incerteza afetará a sua vida?

Para saber mais, a equipe viveu com pagers normais que agiram como substitutos do desfibrilador, e quando o pager vibrava, eles reagiam como se tivessem levado um choque e registravam suas experiências. Onde eles estavam, o que eles estavam fazendo, quem estava ao lado deles e como eles reagiram? Durante o estudo, um participante estava segurando seu filho pequeno, enquanto outro estava trabalhando com ferramentas elétricas.

Entender como observadores reagem a esse evento súbito foi crucial no processo de design, porque a próxima medida a ser tomada com urgência era obter cuidados médicos profissionais. A equipe de design queria saber qual seria o melhor meio de garantir que isso acontecesse, mas não era algo que poderia ser facilmente perguntado em um formato de pergunta e resposta. Esse conhecimento é obtido de forma mais precisa por meio do que as pessoas fazem, em vez do que elas acham que poderiam fazer.

As ações podem algumas vezes falar mais alto e de forma mais precisa do que as palavras, mas também pode acontecer que, como a natureza dos produtos e as tecnologias ao nosso redor mudam, nossas interações com eles também mudem. Se a relação que temos com a mais simples das ferramentas, como uma chave de fenda ou um martelo, está fundamentalmente incorporada, como projetamos tecnologias poderosas quando o modo como interagimos com elas está igualmente incorporado, mas seus recursos são bem mais complexos? Como a natureza da computação muda, pensar sobre o papel do corpo torna-se mais importante do que nunca.

Em 1991, o cientista da computação Mark Weiser, gerente no centro de pesquisa da Xerox em Palo Alto, na Califórnia, escreveu um artigo na *Scientific American* que se tornaria uma contribuição que influenciou bastante o campo da ciência da computação. Em "*The Computer for the 21st Century*" [O computador para o século XXI], Weiser imaginou uma terceira era da computação que não estava "no mainframe", nem apenas em desktops, mas distribuído em um ambiente de centenas ou mesmo milhares de dispositivos, e sua visão do que se tornou conhecido como computação "ubíqua" ou "pervasiva" animou o mundo da tecnologia desde então. Se você tem um dispositivo de música sem fio, um termostato conectado ou um dispositivo controlado por voz como um Echo da Amazon na bancada da sua cozinha, você está vivendo em um mundo de computação pervasiva, onde ela se tornou, literalmente, parte do ambiente em que vivemos.

Como a computação mudou, também mudou a maneira como interagimos com ela. Nossos dispositivos nos dão um retorno "tátil", sinalizando coisas para nós não apenas com bips ou luzes, mas por meio de vibrações — o toque é um modo importante de interação com a tecnologia. Podemos igualmente emitir instruções com a nossa voz ou desbloquear dispositivos com o nosso rosto. A interação homem-computador já exigiu que nos sentássemos em frente a um terminal e perfurássemos linhas de código em símbolos altamente especializados; agora podemos instruir computadores com o nosso corpo. Vivemos na era da interação incorporada.

Dado que a computação está no ambiente e está incorporada, não seria nenhuma surpresa encontrar abordagens incorporadas da criatividade naquelas pessoas que estão explorando e projetando formas novas e inovadoras de dispositivos e serviços de computação. Quando a interface é imaterial — você apenas fala com um Echo da Amazon, que não tem tela — torna-se mais importante compreender as características físicas, sociais e interacionais dos ambientes em que a computação opera. Por exemplo, uma coisa é receber em uma tela dicas sobre o tipo de música que você pode querer ouvir, mas é bem diferente ficar em frente a um dispositivo sem tela e descobrir o que você quer ouvir. Quando a computação se liberta das convenções de interface familiares, nossa abordagem para descobrir como as pessoas interagem com ela precisa ter um alcance mais livre também.

Uma resposta a esse desafio é a ideia de *bodystorming*, um método que parece ter sido batizado como uma recusa direta em aceitar que as melhores ideias ou percepções vêm de brainstorming. O designer Colin Burns, de uma equipe que foi a primeira a usar e documentar a técnica, define *bodystorming* como "reencenar as atuações das pessoas comuns e viver com os dados de forma incorporada por meio de atuação e improvisação". Quando eles fazem *bodystorming*, os designers expressam em ações ideias para tecnologias ou recursos específicos de um dispositivo para ver como é interagir com ele. Em vez de apenas falar sobre uma ideia e ver como as pessoas reagem a ela, ou prever como elas poderiam usá-la, quem faz *bodystorming* usa a atuação para chegar a um entendimento.

O *bodystorming* pode ocorrer em estúdios de design, preparado para imitar o cenário do usuário ou sem muito mais do que alguns adereços simples. Alternativamente, alguns designers como Jane Fulton Suri, que liderou o estudo do desfibrilador da IDEO, fez do mundo o seu palco — ela investigou as necessidades dos passageiros para um novo serviço de trem desempenhando um papel durante uma viagem de trem real. Independentemente do *bodystorming* ser encenado em um escritório ou no mundo, seu objetivo é transportar os participantes para fora do escritório ou de espaços que não têm nenhuma semelhança com o contexto relevante. Mas o *bodystorming* não é apenas brainstorming na natureza — é uma atividade diferente porque não se baseia apenas no cérebro e convoca o corpo para reagir ao mundo.

No início dos anos 2000, Margie Morris, uma psicóloga clínica no Grupo de Saúde Digital da Intel, estava desenvolvendo um sistema baseado em telefones celulares que ela chamou de "Telefone de Humor", um serviço para rodar em smartphones que ela havia projetado para ajudar as pessoas a controlarem a ansiedade e o estresse. Tendo entendido a ligação entre estresse da meia-idade e complicações coronárias como ataques cardíacos em uma idade mais avançada, ela estava determinada a desenvolver um sistema de fácil uso que poderia ajudar as pessoas a responderem ao estresse em casa e no trabalho. As pessoas lhe haviam contado sobre a ansiedade que uma reunião semanal com o gerente no trabalho provocava, ou como engarrafamentos lhes causavam uma raiva incontrolável. Antes de dedicar tempo de design e recursos caros ao projeto, Morris queria primeiramente entender como a sua ideia poderia funcionar nesses tipos de situação. Como, por exemplo, poderia a interação com um telefone incentivar alguém a respirar fundo e controladamente durante uma reunião penosa com um chefe odioso? E como isso pode se comparar a um engarrafamento em um trajeto diário? Essas eram perguntas importantes e ela adotou uma nova abordagem para esclarecer suas implicações para as fases subsequentes do design.

Morris empregou uma trupe de atores profissionais para representar cenas que os participantes de sua pesquisa haviam relatado como de alto estresse: um bebê berrando que interrompe uma videoconferência feita de casa, aquela tão temida reunião semanal e o trajeto asfixiante na rodovia. Seus colegas se reuniram para assistir à apresentação dos atores e então discutiram o que poderia acontecer depois, que tipo de interação poderia ser apropriada na situação e como a tecnologia poderia motivá-los. Esse *bodystorming* foi projetado para avaliar suas suposições atuais sobre como as interações dos usuários com o aplicativo Telefone do Humor poderia funcionar, mas Morris também o usou para gerar novas ideias. Depois de assistir à cena, foi pedido que o público sugerisse modos alternativos para o sistema engajar o usuário e ajudá-lo a controlar seu estresse.

Para que uma nova tecnologia seja bem-sucedida, nossas interações com ela devem ser naturais. Parece inapropriado usar o Telefone do Humor em certo cenário, mas plausível ou mesmo desejável em outro? Nossas interações com tecnologias muitas vezes dependem do fato de o uso do dispositivo parecer natural ou estranho. Nem sempre isso é fácil de prever, e é difícil saber até que o sentimento tenha sido vivenciado. O *bodystorming* é utilizado por designers de produto como um modo de explorar como diferentes interações podem ser sentidas, como explicam os designers do Instituto de Tecnologia da Informação de Helsinki: "Os participantes do *bodystorming* podem se concentrar mais na descrição de aspectos do problema que não são observáveis, como aspectos psicológicos, sociais (como relações interpessoais) ou interacionais (como tomada de palavra em conversas)". Dramatizar se torna um ato que revela coisas que de outra forma passariam despercebidas ou não seriam compreensíveis apenas por meio de palavras.

Em um mundo em que produtos e interfaces estão se dissolvendo nos ambientes ao nosso redor e serviços são responsáveis por uma proporção cada vez maior de atividade econômica, o *bodystorming* é um modo poderoso de explorar como as pessoas poderiam reagir ou interagir com ideias do design. Ele não só pode ser usado para extrair insights antes de comprometer recursos caros para construir um dispositivo ou tecnologia como também pode ajudar designers a chegar ao âmago do que pode ser a experiência de usuário ótima para um produto.

Representando o conhecimento

A sala de conferência em um hotel parisiense comum foi um cenário improvável para uma apresentação improvisada. Estávamos chegando ao fim de um workshop de dois dias. Do lado de fora, o sol de maio brilhava e uma brisa fresca soprava, enquanto do lado de dentro havia sinais reconhecíveis de um encontro corporativo: pessoas demais em uma sala pequena, o cheiro rançoso de café inferior, salgados e doces não consumidos e suportes de tablets imitando couro. No entanto, apesar da familiaridade do cenário, o que aconteceria em seguida era novidade.

O encontro era a culminação de vários meses de atividade na Air Liquide, uma empresa francesa que produz gases industriais. Um braço do negócio vende cilindros do que é conhecido como "gases embalados" para soldadores, trabalhadores, laboratórios, bares e pubs. É um bom negócio, mas a Air Liquide enfrenta desafios de concorrentes e oportunidades abertas pelo desenvolvimento da tecnologia. Uma equipe de inovação vinha trabalhando em uma ideia de um novo produto que poderia entregar novos serviços para seus clientes. A princípio, a ideia era simples. A equipe do novo produto havia listado as características e descrito seus benefícios, mas eles ainda tinham muitas dúvidas: o que os clientes achariam da ideia? Eles veriam os mesmos benefícios? E que oportunidades existiam para fazer coisas novas e interessantes com essa inovação?

A equipe de executivos reunidos no hotel conhecia bem seus clientes e tratava muitos deles pelo primeiro nome. Eles os visitavam com frequência para conversar sobre seus negócios e como resultado tinham um conhecimento bom e instintivo dos mercados nos quais operavam. Esse tipo de conhecimento fica abaixo da superfície e é difícil de ser articulado, mas como a equipe de inovação que executava o projeto poderia tirar proveito disso?

Demos aos executivos da Air Liquide mais de uma hora para apresentarem ideias sobre como a inovação que lhes foi apresentada poderia ser útil para os clientes. Depois de listar os desafios que esses clientes enfrentavam, era hora de ser criativo. Não havia muitos adereços, mas os executivos rapidamente usaram sua mente, seu corpo e o que puderam achar ao redor deles. Em um canto da sala, uma equipe encheu uma mochila com garrafas de água mineral vazias e criou um cenário em que soldadores em um canteiro de obras não conseguiam trabalhar com cilindros de gás grandes e imóveis. Em outro canto, uma equipe montou um dispositivo fictício para verificar os cilindros que entram e saem de um depósito porque sabiam que rastreá-los era uma grande dor de cabeça para eles e seus clientes.

Chegou logo a hora de compartilharem suas ideias. As apresentações, embora planejadas, eram bastante improvisadas; não havia roteiro, mas todos foram capazes de adotar os papéis que lhes foram atribuídos. Um encontro tenso entre um vendedor e um cliente cínico captou, de forma quase realista demais, como essas interações estranhas podem se desenvolver. O público riu nervosamente, reconhecendo bem demais as exigências desmedidas do cliente.

Em outro esquete, uma equipe que imaginou um agente artificialmente inteligente que era capaz de auxiliar e vender para o cliente acabou percebendo, no meio da apresentação, que o que era uma boa ideia na teoria não funcionaria na prática, e a riscou da lista de ideias a serem levadas adiante. No papel, a proposta podia estar à altura das exigências, mas o ato de encená-la fez com que a ideia de conversas afetadas entre um *bot* alimentado por IA e um cliente parecesse absurda. O acordo tácito parecia ser que essa não era a maneira como a Air Liquide queria engajar seus clientes.

As equipes da Air Liquide que fizeram os papéis de vendedores e clientes gostaram das suas interpretações e se jogaram nelas. Um executivo sênior até acabou encenando a ideia de sua equipe com uma grande folha de papel nas costas, na qual estava desenhado o grande "S" vermelho do Super-Homem. Todos acharam fácil representar seus próprios papéis, bem como adotar os maneirismos dos seus clientes, o que é mais interessante. Ao assumir suas personalidades, eles puderam ver que os entendiam melhor do que imaginavam e colocaram esse conhecimento em ação para informar quais de suas inovações deveriam ver a luz do dia. Por meio da atuação, eles deixaram explícito o conhecimento implícito — não apenas para eles mesmos mas para os outros ao redor deles. Ao criar e então representar suas ideias, eles se valeram de um reservatório de entendimento tácito.

Atuar nos ajuda a comunicar ideias, emoções e sentimentos para as pessoas ao nosso redor. Fazemos isso todos os dias quando gesticulamos ou demonstramos algo que estamos tentando descrever com palavras, mas o *bodystorming* faz disso uma virtude. No entanto, a atuação consegue mais do que simplesmente tornar a comunicação mais simples ou mais efetiva — também nos ajuda a entender melhor as coisas. Como a cientista cognitiva Sian Beilock relata, "nossas ações dão sinais para a nossa mente sobre como o mundo funciona". Um exemplo simples disso é contar as coisas nos dedos; outro é a pesquisa que demonstrou que há ganhos significativos de aprendizado entre alunos que aprendem conceitos por meio de experiências corporais bem como de demonstração ou leitura sobre conceitos em livros. Beilock e seus colegas mostraram que o que surge com ações de um corpo acrescenta novas informações para os nossos pensamentos. Não apenas as informações são expressas e recuperadas com mais facilidade quando usamos nosso corpo — ideias das quais sequer estávamos cientes que tínhamos em nossa mente ganham expressão.

Como a equipe da Air Liquide descobriu, quando você está criando um produto que será essencial no dia de trabalho do seu cliente, vale considerar como ele funcionará para dar suporte aos usuários pretendidos. No entanto, a representação não ajuda apenas a comunicar o que você sabe — ela também amplia isso.

O design é poderoso quando incorpora a realidade dos mundos em que as pessoas vivem. Um grande design preza e leva em conta o ambiente social e físico que modelará seu uso. A Motorola foi capaz de produzir um telefone que respondeu às realidades culturais e sociais do Brasil e aos desafios enfrentados por usuários do país quando perceberam como era importante que o telefone entregasse sua promessa de segurança.

No entanto, o design também precisa antecipar circunstâncias ou ambientes que ainda não são uma realidade ou que podem não ser obviamente aparentes. Por exemplo, nos últimos anos se tornou possível compartilhar carros com completos estranhos, usando o recurso *pool* em aplicativos de corridas compartilhadas como Uber, Lyft e Ola. Isso pode parecer um pouco estranho, embora a existência de um motorista proporcione uma presença mediadora entre os passageiros. Como empresas como a Waymo começaram os testes iniciais de "táxis-robô", torna-se importante pensar como a ausência de um motorista pode alterar a experiência e as interações entre passageiros nesse novo tipo de espaço.

Projetar para um mundo em transformação exige um entendimento dos comportamentos existentes das pessoas, mas também das suas motivações e crenças mais profundas. Nem sempre é fácil para os seres humanos articularem isso, mas nosso corpo é um poderoso instrumento para recuperar conhecimento por meio de representação que, de outra forma, seria difícil expressar. Como as equipes da Air Liquide descobriram, nós frequentemente precisamos atuar para reconhecer o que já sabemos.

A representação de ideias no mundo criativo e de design é poderosa porque grande parte dele é colaborativo e multidisciplinar. Designers, pesquisadores, engenheiros e empresários precisam compartilhar um entendimento que proporciona os fundamentos para ação coletiva. Como eles articulam esse entendimento e o que fazem com isso provavelmente será muito diferente. Um designer o usará para desenvolver simulações enquanto um engenheiro começará a pensar em como o habilitará, mas ambos precisam entender o que estão tentando habilitar e por quê. Durante a representação de uma interação, seja encenada em um *bodystorming* formal, seja mais improvisada como o "assalto" no Brasil, o público e os atores se conectam pela representação. Eles veem a mesma ação e as reações dos outros a ela, construindo uma imagem coletiva do que está ocorrendo. A cognição pode se tornar colaborativa quando o conhecimento é representado, e é a partir desse processo de pensamento compartilhado que um grande design surge.

A criatividade exige saltos de imaginação, mas também exige atenção ao detalhe. As pequenas coisas importam e nosso corpo é capaz de absorver o detalhe que podemos processar inconscientemente, mas que contribui para a nossa experiência de uma situação. A equipe da Pixar percebeu e absorveu tudo sobre um ambiente que transportará seu público para aquele mundo. Podemos não estar cientes do modo como nosso corpo permite que juntemos os milhares de pequenos detalhes que constituem um ambiente — o *mise en place* — mas, como a equipe da Pixar sabe, percebemos quando algo não está certo. Seu compromisso de realizar meticulosamente aquele filme em formato digital é um dos motivos pelos quais seus filmes são tão populares.

Uma reação a esses exemplos das empresas grandes e criativas pode ser que o uso do corpo serve apenas para pessoas mais criativas; o oposto é verdade. O corpo é um recurso livre que tem uma capacidade incrível de absorver e armazenar informações sobre o mundo. É também o dispositivo de comunicação mais poderoso que temos. Embora seja certamente verdade que empresas como a Pixar sejam um berço de gênios criativos, esse gênio existe devido a práticas específicas, sendo que muitas delas colocam o corpo no centro das coisas.

Em muitas organizações, um monte de notas em *Post-its* e um "brainstorm" é o ápice da prática criativa, e a ideia de representar cenários, fazer esquetes e usar adereços pareceria bizarra. No entanto, o sucesso comercial de empresas que estão pensando com seu corpo sugere que o palco está pronto para as notas em *Post-it* darem lugar à trupe de teatro. Fomos levados a pressupor que a mente é uma fonte de ideias, criatividade e conhecimento, mas a ação cria pensamento, e é por isso que o design e os produtos que fazem sentido intuitivamente para as pessoas surgem quando colocamos nosso corpo, e não apenas nosso cérebro, para trabalhar.

Capítulo 13

Inteligência artificial e robôs

"Cérebros não vêm como entidades isoladas, como vêm os computadores. Eles vêm com corpos. Os corpos são sua interface com o mundo e, como alguns argumentariam, não pode haver pensamento sem corporeidade."
HENRY MARSH

Quando a filha mecânica mítica de Descartes foi jogada ao mar do barco que seguia para a Suécia, a ideia de criar objetos que podem reproduzir, ou mesmo ultrapassar, a inteligência dos humanos não foi abandonada com ela. Assim como o mito do autômato Francine continuou vivo, também continuou viva a ambição que ele representou. Desde a criação do Turco em 1769, uma máquina que alegavam que poderia ganhar de humanos no xadrez e só foi revelada como um embuste nos anos 1820, até o HAL 9000, a IA no filme *2001: Uma odisseia no espaço*, de Stanley Kubrick, e os replicantes em *Blade Runner — O caçador de androides*, a fascinação com a ideia de reproduzir inteligência em nível humano não desvaneceu.

No filme de Kubrick, HAL toma a forma de uma voz inicialmente amigável, mas depois profundamente sinistra, e de uma luz vermelha, não exatamente imaterial, mas também não um robô. Em outras instâncias da ficção científica, entidades artificialmente inteligentes são robôs desajeitados ou difíceis de distinguir de humanos. O fato de as formas de inteligência artificial serem tanto materiais como imateriais é instrutivo, uma vez que o desenvolvimento da robótica e da IA estão intimamente ligados. Contar a história de como essas tecnologias se desenvolveram, quais desafios elas enfrentaram e o que os cientistas poderão desenvolver no futuro exige a combinação de vários relatos do que é inteligência e como ela pode ser reproduzida.

Uma discussão sobre inteligência, inteligência artificial e robôs corre o risco de tocar em algumas questões filosóficas espinhosas: para começar, há a questão do que queremos dizer com inteligência. Em vez de cair em um atoleiro de definições, adotarei definições semelhantes de duas pessoas que dedicaram suas carreiras a pensar sobre essas questões. Rodney Brooks é um dos principais roboticistas da atualidade e usa uma definição de inteligência brutalmente simples. Ele sugere que é "o tipo de coisa que humanos fazem praticamente o tempo todo". Ele utiliza essa definição porque, enquanto muitos pesquisadores da IA têm grandes ambições — a missão da empresa de IA do Google, DeepMind, é "solucionar inteligência [e] usá-la para fazer do mundo um lugar melhor" — ele prefere focar nas coisas que fazemos na nossa vida cotidiana que dependem de inteligência consideravelmente mais simples. Como veremos, ele tem um fascínio contínuo por insetos, entre outras coisas, porque argumenta que vale a pena pegar uma forma de vida aparentemente simples e entender como ela interage com o mundo em vez de tentar recriar robôs de nível humano. Solucione isso primeiro, ele alega, antes de seguir em frente. Outro roboticista, Alan Winfield, adota uma definição semelhante, sugerindo que a inteligência aparece na capacidade de humanos e animais de alcançar seus objetivos em uma ampla variedade de ambientes. Para ele, a inteligência é caracterizada pela capacidade de aprender, adaptar e aplicar conhecimento em ambientes em transformação. A definição pode ser simples, mas a tarefa de criar inteligência, seja em formas materiais ou imateriais, é muito difícil.

Essas visões de inteligência têm duas características em comum. Primeiro, elas não colocam o cérebro em primeiro lugar e não sugerem que a inteligência está unicamente no ato de processar informações e na capacidade cognitiva; não se trata de ser capaz de derrotar humanos no xadrez ou no Go. Segundo, elas são definições "pé no chão" e de baixo nível e afirmam que a inteligência é demonstrada não na solução de equações mas em atividades práticas e não espetaculares executadas em ambientes dinâmicos. A inteligência, eles sugerem, diz respeito à adaptabilidade, tendo a capacidade de saber o que fazer, e como fazer isso, em um mundo em constante mutação. Nesse sentido, a visão deles de inteligência tem muito em comum com a do biólogo da evolução, o canadense George Romanes, descrita em seu livro *Animal Intelligence*, de 1882, de que inteligência é uma capacidade do animal de ajustar seu comportamento de acordo com as suas condições.

Roboticistas e pesquisadores de IA descobriram que essa questão de adaptabilidade ambiental está no cerne de seus esforços e tratar dela depende de como se entende a operação da inteligência. Ambos os campos tiveram que tentar responder se a inteligência se trata do processamento de regras que descrevem o que o mundo "parece" e como ele opera, ou se ela surge organicamente de interações com o mundo. Criar agentes inteligentes que atingem seus objetivos em ambientes dinâmicos exigiu grandes mudanças em nossas abordagens para construir robôs e agentes artificialmente inteligentes.

Roboticistas e desenvolvedores de IA que tratam desse desafio concluíram que a inteligência depende da corporeidade. Essa conclusão, que foi responsável pelos progressos que foram feitos nesses campos, fornece uma explicação do motivo pelo qual há limites para o que pode ser alcançado no domínio da inteligência artificial.

As promessas iniciais e as suposições de IA

O campo de IA nasceu em 1956, durante um workshop de verão de oito semanas em Dartmouth, uma cidade universitária em New Hampshire. O encontro resultou na publicação de um livro intitulado *Computers and Thought* [Computadores e Pensamento] e o estabelecimento de vários centros de pesquisa em universidades norte-americanas. Os participantes da conferência semearam a ideia de inteligência geral artificial (AGI), uma inteligência que tem a capacidade de entender e aprender qualquer tarefa intelectual que um humano pode realizar.

Dado que os participantes daquela conferência eram matemáticos, cientistas da computação e cientistas cognitivos, não é de surpreender que a visão da inteligência que foi expressa nos anos iniciais da pesquisa de IA se baseasse em modelos de cognição humana que espelhavam a forma como computadores operam. A visão dominante naquela época era que o cérebro, como um computador, é definido pela sua capacidade de manipular símbolos abstratos. Os delegados da conferência afirmaram que a criação de inteligência artificial dependeria da possibilidade de desenvolver um manipulador funcional de símbolos que fosse capaz de seguir regras.

Nos anos iniciais da pesquisa de IA, o objetivo era reproduzir uma mente em um computador que conseguisse traduzir informações sobre o mundo real em "símbolos" que pudessem ser processados de acordo com um sistema de lógica. Para ser eficaz, eles acreditavam que uma IA precisaria de "um sistema de armazenamento central que conecta as informações sobre conceitos, indivíduos, categorias, objetivos, intenções, desejos e tudo o mais que um sistema pode precisar". Nesse ponto, a pesquisa de IA não via inteligência como algo que estivesse conectado com o mundo, mas como um ato de processamento de símbolos que o representasse; eles equiparavam cognição à computação.

Nos primórdios desse campo emergente, os sistemas para realizar tarefas como reconhecimento de objeto ou forma eram todos desenvolvidos em condições controladas de laboratório, de forma que a desordem do mundo não pudesse se intrometer. Esse tipo de IA era desincorporada, tanto na sua visão fundamental do que é inteligência como no modo como a replicava. Com o tempo, essa abordagem recebeu o nome de "GOFAI", ou "boa inteligência artificial à moda antiga". Como a descreve Larissa MacFarquhar, a GOFAI pressupunha que "a mente era um tipo de programa de software, e o corpo e o cérebro apenas hardware, então não havia, a princípio, motivo para não reproduzir a cognição em um tipo diferente de hardware — em uma máquina feita de silício, por exemplo, em vez de em carne feita de carbono". Pressupunha-se que a IA não precisava de outros equipamentos que os humanos possuem, como órgãos sensoriais, braços, mãos e pernas. A GOFAI não era apenas artificial — era desincorporada.

Ao longo dos seus quase setenta anos de história, o campo da IA encontrou muitos becos sem saída, e afirmações ousadas que seus protagonistas fizeram muitas vezes não foram comprovadas. Por exemplo, Herbert Simon e Allen Newell previram em 1957, um ano após a conferência de Dartmouth, que em dez anos um computador digital seria o campeão mundial de xadrez "a menos que as regras o impedissem de competir". A disciplina sofreu uma série de "invernos", já que as agências governamentais e outros doadores se retiravam de um campo que parecia não progredir, e os financiamentos secaram.

Nos anos 1980, o pensamento filosófico de fenomenologistas como Maurice Merleau-Ponty e Hubert Dreyfus começou a ser introduzido na pesquisa de IA. Dreyfus era um crítico declarado dessa área, e seu livro *O que os computadores não podem fazer*, de 1979, irritou seus colegas do Instituto de Tecnologia de Massachusetts, um prestigiado centro de pesquisa em IA e robótica. Considera-se que a recepção do livro precipitou sua mudança para a Costa Oeste dos Estados Unidos. Ele estava insurgindo contra a obsessão em tentar simular a cognição sem considerar a natureza localizada da inteligência — o fato de que ela surge em agentes que estão no mundo e são do mundo. Em vez disso, ele argumentava, os impulsionadores da IA estavam pressupondo que "todo comportamento inteligente pode ser simulado por um dispositivo cujo único modo de processar informação é o de um observador independente, desincorporado e objetivo".

No entanto, graças aos seus esforços e ao fato de que a abordagem da GOFAI não estava obtendo muito sucesso, a ideia de corporeidade começou a causar impacto; a percepção de que inteligência era mais do que apenas o processamento de símbolos baseado em regras, era um fenômeno que surgia da interação corporal com o mundo, começou a impulsionar a disciplina. Isso afastou os pesquisadores que focavam na mente humana, direcionando-os para formas de vida com menos poder cerebral, que não eram menos extraordinárias em sua adaptação ao ambiente, incluindo insetos.

Quando Shakey conheceu Herbert

Baratas dão calafrios na maioria das pessoas, graças à combinação de uma aparência pré-histórica quase alienígena com uma associação profundamente arraigada a lixo e sujeira. Quando as encontramos, ficamos normalmente tentados a esmagá-las com os pés, mas é bastante difícil matá-las, já que são hábeis em escapar de humanos e outros predadores. Elas também têm uma inteligência que lhes dá a capacidade de sobreviver e prosperar nos ambientes mais adversos; são uma maravilha da natureza.

As baratas conseguem distinguir entre uma perturbação no vento causada pelo movimento de um predador que está atacando e uma brisa normal. Quando uma barata está sendo atacada, ela simplesmente não sai correndo aleatoriamente, ela leva em conta sua orientação, a presença de obstáculos, iluminação e direção do vento antes de reagir. Ela sente o vento usando duas estruturas parecidas com antenas na parte de trás do abdômen, que tem cabelos que podem detectar a velocidade e direção dele. O tempo que leva para uma barata sentir algo e reagir é entre 15 e 58 milésimos de segundo, dependendo de estar se movimentando ou estar parada.

Não há provas de que a barata tenha um conjunto de "regras" ou um estoque de conhecimento como "Não corra direto para a parede" ou "Brisa fresca não significa predadores" para usar; a experiência de roboticistas sugere que esse é o modo errado de pensar sobre inteligência e tentar reproduzi-la. Para que a barata seja bem-sucedida, principalmente em resistir à morte, ela precisaria possuir uma imensa biblioteca de regras sobre como reagir a cenários que ela poderá enfrentar. E se esse número de regras é grande para uma barata, imagine quão grande teria que ser para conter o conhecimento incorporado que um humano tem em toda a diversidade de ambientes em que vive.

Uma barata tem 1 milhão de neurônios em comparação com os 100 bilhões de um humano, de forma que os roboticistas começaram a ver que a inteligência considerável que a barata tem deve ser, em grande parte, devido ao seu intrincado sistema de sensores e seu sistema locomotivo. Esse insight teve um grande impacto no estudo da inteligência. E se formas "superiores" de inteligência realmente existem "na cabeça", mas derivam e dependem da inteligência "inferior" do corpo?

Credita-se a Rodney Brooks a criação do campo que recebeu o nome maravilhoso de "nova IA", e embora sua carreira tenha focado na construção de robôs, seu trabalho foi essencial para o desenvolvimento de IA; seu fascínio por insetos foi a força condutora por trás disso. A abordagem inicial que roboticistas adotaram no desenvolvimento de agentes que poderiam operar no mundo foi semelhante à IA inicial: baseava-se em regras e acreditava que cognição era "apenas" computação.

Dois robôs iniciais se baseavam nessa suposição. Shakey foi o primeiro robô móvel para fins gerais que era capaz de raciocinar sobre suas próprias ações. Enquanto os primeiros robôs precisavam ser instruídos sobre cada etapa individual de uma tarefa maior, Shakey conseguia analisar comandos e dividi-los em partes básicas. O gerente de projetos da equipe que desenvolveu Shakey em 1966 disse que a inspiração para o nome veio das suas ações: "Trabalhamos um mês tentando encontrar um bom nome para ele, variando de nomes gregos a outros, e então um de nós disse: 'Ei, ele chacoalha muito e se move, vamos chamá-lo apenas de Shakey'". Freddy veio ao mundo em Edimburgo poucos anos mais tarde e foi um dos primeiros robôs a integrar visão, manipulação e sistemas inteligentes.

Embora Freddy e Shakey fossem realizações iniciais consideráveis, sua limitação fundamental era que eles seguiam regras: eles tinham que passar as informações do que estavam sentindo para a unidade que as processavam antes de sugerir a resposta apropriada. O nível de computação que isso exigia tomava muito tempo, o que os tornava muito lentos. O verdadeiro problema era que essas criações estavam funcionando com a representação simbólica dos mundos em que operavam. Atualizar, buscar e manipular esses mundos simbólicos não era prático do ponto de vista da computação na época, o que significava que eles apenas podiam operar em mundos controlados que tivessem sido mapeados.

Isso criou outro desafio filosófico substancial, que veio a ser conhecido como "problema do frame". O problema perguntava qual conhecimento do mundo precisava ser expresso, e como, mas havia uma pergunta ainda mais espinhosa: como o mapa do mundo que alimentava um robô lidava com um ambiente em transformação? Qualquer robô capaz de operar com sucesso em um ambiente da vida real precisava superar isso, e Brooks argumentava que isso exigia uma solução diferente, inspirada em insetos.

A nova mudança de direção de Brooks foi incorporada em duas criações que ele divertidamente chamou de Allen e Herbert, em homenagem a Allen Newell e Herbert Simon, dois dos primeiros pioneiros da abordagem simbólica à IA. Ele fugiu do problema de encher um robô com grandes volumes de representações simbólicas do mundo e em vez disso os desenvolveu com sensores que permitiram que eles aprendessem sobre o mundo e reagissem de acordo. Sua influência tinha vindo de insetos, que são capazes de sentir seu ambiente em vez de seguir regras que determinam como eles respondem.

Herbert tinha sensores infravermelhos para ajudá-lo a evitar obstáculos e um sistema de laser que usava para coletar dados 3D, sobre uma distância de cerca de 3,6 metros. Também tinha vários sensores simples em sua "mão" — em vez de operar em um espaço controlado e mapeado previamente, seu campo de treinamento foi o ambiente do mundo real dos escritórios no laboratório de IA do MIT. Ele também podia procurar latas de bebida vazias e levá-las embora.

Brooks resumiu seus insights dizendo que "o mundo é o melhor modelo do mundo" o que significava que qualquer robô que for agir de forma inteligente não pode depender de um modelo prévio do mundo mas deve trabalhar a partir de um modelo que ele mesmo cria. Ele mostrou que, para criar esse modelo, é necessário um corpo que está nesse mundo e dá sentido a ele. Insetos com bem menos recursos cognitivos do que humanos que jogam xadrez, resolvem equações e pilotam foguetes levaram a um avanço não apenas no campo dos robôs, mas também no da inteligência artificial.

No mundo moderno, os robôs estão ao nosso redor. Eles realizam tarefas perigosas em usinas nucleares e outros lugares onde não é seguro para humanos operarem. Eles também trabalham em linhas de produção de carros. Se você comprou este livro on-line, é provável que ele tenha sido pego de uma estante em um depósito por um robô. A palavra robô vem da palavra tcheca *robota*, que significa "trabalho forçado", e os robôs modernos têm três características principais, que eles exibem em vários graus: eles podem sentir e agir em um dado ambiente, eles são um tipo de inteligência artificial contida em um corpo e eles fazem algo útil.

Apesar de algumas vezes terem corpos muito sofisticados, os robôs são reproduções cruas dos animais que eles tentam replicar. Mesmo com grandes passos à frente em ciência material, as partes do seu corpo parecem e funcionam de uma forma que as tornam versões inferiores de seus parentes orgânicos, insetos ou não. Qualquer que seja a magia dos robôs mais sofisticados, as habilidades motoras finas que os humanos possuem são praticamente impossíveis de serem executadas por um robô. Um robô pode ter buscado este livro em uma prateleira em um depósito, mas é bem provável que tenha sido colocado em uma capa de papelão por um humano. Criar um robô que possa correr com a graça de um ser humano ainda está muito distante.

Apesar do insight de pessoas como Rodney Brooks, do rápido crescimento do poder computacional e dos avanços nos sensores que os robôs exigem para dar sentido aos mundos que eles habitam, ainda há limitações profundas. As habilidades da maioria dos robôs estão ligadas ao seu design, e eles tendem a realizar tarefas específicas em ambientes determinados. Coloque um robô de um depósito de distribuição para trabalhar como um equipamento de limpeza de piscina e ele falhará; coloque um robô de uma linha de produção de carros em outra parte do carro e ele deixará de ser útil. Alguém disse uma vez que um rato "sabe tudo o que precisa saber para ser um rato bem-sucedido", e o mesmo poderá ser dito de um robô. Longe do trabalho para o qual foi projetado, um robô começa a parecer estúpido ou um fracasso abjeto — sua capacidade de agir como se fosse inteligente é limitada pelo seu projeto e seu ambiente.

Os robôs criados pela empresa norte-americana Boston Dynamics muitas vezes são compartilhados na mídia social porque são criaturas amedrontadoras com "personalidade" aparentemente agressiva. A primeira criação da empresa, o BigDog, era um robô quadrúpede projetado para as forças armadas dos Estados Unidos com financiamento da Agência de Projetos de Pesquisa Avançada de Defesa. Os vídeos da empresa normalmente retratam os robôs como agentes autômatos, mas as máquinas só são capazes de navegar autonomamente em ambientes quando estes tiverem sido mapeados de forma abrangente com antecedência. Para além dos vídeos corporativos reluzentes, há muitos vídeos de "falhas" que rapidamente desconstroem a imagem de robôs implacáveis no estilo *Exterminador do Futuro*. Nessas filmagens, eles se transformam de robôs chefes supremos a caricaturas risíveis — robôs avançados podem parecer inteligentes quando estão em ambientes com os quais podem lidar, mas parecem completamente estúpidos quando não estão.

O roboticista irlandês Mark Woods, atualmente trabalhando na última geração de robôs Mars Explorers, testa-os no deserto, onde há menos coisas acontecendo. Os desertos fornecem um cenário razoavelmente estático e, se você está construindo um robô para Marte, realista. No entanto, ele diz, a variabilidade desse ambiente ainda é um desafio. Ele compara a um aspirador de pó robô para uso doméstico e pede que eu imagine como é difícil desenvolver um que consiga lidar com a variedade de layouts que as cozinhas do mundo apresentam. Desenvolver um robô que possa trabalhar de forma confiável em qualquer cozinha sem ficar preso em um canto ainda é muito difícil, e fazer robôs que operam com confiança em ambientes mais dinâmicos é ainda mais difícil. É por isso, ele diz, que muitos robôs industriais trabalham em gaiolas de segurança.

Herbert Simon sugeriu uma vez que não é apenas porque um ambiente é complexo que um agente que o opera com sucesso também é complexo. Questionando se o comportamento aparentemente inteligente de uma formiga tecendo seu caminho em uma praia era uma reflexão da complexidade do seu ambiente ou da sua própria complexidade "cognitiva" interna, ele cunhou uma frase que se tornou conhecida como a Lei de Simon: "Uma formiga, vista como um sistema comportamental, é bem simples. A aparente complexidade do seu comportamento ao longo do tempo é, em grande parte, uma reflexão da complexidade do ambiente no qual ela se encontra". O argumento da regra de Simon é sugerir que as coisas que parecem complexas normalmente o são como resultado de seu ambiente complexo. A Lei de Simon é apresentada como um modo de pensar sobre onde a solução para problemas complexos pode estar, mas também confirma algo que todos os roboticistas sabem muito bem: mesmo um agente "simples" como uma formiga pode parecer inteligente em um ambiente complexo. A construção de agentes autônomos que podem entender seu ambiente é um problema realmente difícil.

Foi a biologia, a etologia e, de forma crucial, a noção de corporeidade que inspirou a criação de Herbert, por Brooks, bem como todos os robôs subsequentes. O que ele fez foi pegar um entendimento de como insetos aprendem sobre o mundo ao redor deles para criar uma perspectiva diferente, não apenas sobre o que constitui inteligência, mas sobre como ela pode ganhar forma material. Ele estava demonstrando que inteligência não exige ou equivale a sistemas de raciocínio explícito; ela surge e depende de experiências que podem ser aprendidas de uma maneira interativa, e para ter experiências é necessário um corpo.

Essa foi uma grande mudança dos dias iniciais de IA e da "boa inteligência artificial à moda antiga". Nos anos "simbólicos" iniciais, os cientistas de IA pensavam no mundo como algo que podia ser remodelado de uma forma abstrata, percebendo que você não pode programar previamente a inteligência, pelo menos em termos da sua experiência como um humano.

Em outras palavras, um robô ou uma IA que consegue exibir inteligência em nível humano precisaria ser capaz de vivenciar o mundo e aprender com essas experiências da mesma maneira que os humanos o fazem. Apesar dos avanços que foram feitos com os robôs desde os dias de Herbert e Allen, há um longo caminho a ser percorrido e há um simples motivo para isso: um robô que é inteligente ainda precisa de um corpo que tenha habilidades no nível humano em termos sensoriais e sensório-motores e a integração entre corpo e mente que um humano exibe.

As qualidades do conhecimento incorporado que exploramos na Parte 2 mostram quais tipos de habilidades são possibilitadas por essa integração. Podemos aprender ações olhando outras pessoas realizando tarefas, e podemos reter esse conhecimento e realizar a mesma tarefa ou uma tarefa semelhante no futuro. Temos uma consciência sensorial enorme e podemos observar os detalhes de um ambiente para dar sentido a ele, uma habilidade que se estende não apenas ao espaço físico em que estamos, mas também às pessoas que o habitam. Significativamente, como este é o desafio que mais absorveu o trabalho da robótica, temos a capacidade de transferir entendimento e habilidades adquiridas em um cenário e aplicá-los em outro, e utilizamos isso para improvisar em cenários desconhecidos.

O campo da robótica progrediu porque deixou para trás a ideia de cognição desincorporada e percebeu que o pensamento ocorre em ambientes complexos na busca de fins práticos e que a cognição depende da experiência resultante de ter um corpo, com uma capacidade de sentir o mundo e agir nele. Nossa mente se estende ao nosso corpo e também ao mundo ao nosso redor: pensar é uma atividade incorporada e situada.

A ideia de que agir, sentir e pensar são processos inseparáveis e que pensar depende de ter um corpo físico ganhou expressão tangível na robótica. Embora, como já vimos, seja uma ideia que une pesquisadores em disciplinas tão diversas como psicologia, filosofia, linguística, neurociência e inteligência artificial.

Os melhores órgãos de sentido que o dinheiro pode comprar
Alan Turing, o cientista da computação celebrado por seu trabalho como decifrador de código em Bletchley Park durante a Segunda Guerra Mundial, usou sua genialidade de muitas maneiras práticas.

Foi a sua experiência com as máquinas Enigma, que decifravam códigos, que o levou a especular se as máquinas poderiam pensar. O "Teste de Turing" ou "Jogo da Imitação" é seu famoso experimento de pensamento sobre máquinas inteligentes, que surgiu a partir do seu trabalho secreto no interior de Buckinghamshire.

O que é menos conhecido é que Turing também estava interessado na ideia de que a inteligência pode depender até certo ponto da corporeidade. Em um curto artigo intitulado "Intelligent Machinery" [Máquinas inteligentes], escrito em 1948, mas publicado bem após a sua morte, ele brincava com a ideia de que seria possível recriar alguns campos da inteligência, como a capacidade de linguagem, em uma máquina inteligente, mas ele concluiu que isso exigiria corporeidade, porque é isso que possibilita experiências a partir das quais o significado é criado.

Para construir uma máquina adequadamente inteligente, ele recomendava usar tecnologias disponíveis na época, como câmeras de televisão, microfones e alto-falantes, juntamente com circuitos de tubo de vácuo para modelar o sistema nervoso. Ele previu que isso seria um "tremendo empreendimento" e que o sucesso exigiria "os melhores órgãos de sentido que o dinheiro pode comprar". No entanto, ele também reconheceu que tal máquina teria pouco contato com "comida, sexo, esporte e muitas outras coisas de interesse humano". Em outras palavras, seu campo de experiência seria limitado, e ela não conseguiria participar de algumas das atividades físicas e sensoriais fundamentais que definem a experiência humana. "De todos os campos acima, o aprendizado de línguas seria o mais impressionante", escreve, "já que é a mais humana dessas atividades. Esse campo parece, no entanto, depender demais de órgãos de sentido e de locomoção para ser viável". Então, concluiu, voltando para o território da "cognição como computação", o empreendimento de mecanizar o pensamento pode ser melhor realizado por meio de jogos como o xadrez ou tarefas como a criptoanálise.

E mesmo assim a linguagem era uma preocupação contínua para Turing, como o "Teste de Turing" revelou — nele, ele propôs que uma máquina poderia ser considerada inteligente se pudesse conduzir uma conversa por "teletipo" com um humano e um segundo humano não fosse capaz de distinguir entre o humano e o computador. Passar nesse teste se tornou um objetivo permanente da comunidade de inteligência artificial; sua dificuldade não é pequena porque, como Turing percebeu, a linguagem depende da natureza incorporada da experiência.

Pegue uma conversa simples. Como os humanos entendem o que está sendo dito é uma função não apenas do conteúdo da fala, mas de quem está falando e o que antecedeu isso. Considerações mais pragmáticas e contextuais também são vitais para nos ajudar a determinar o significado ou intenção, conforme decidimos sobre uma resposta apropriada. Entender o que está sendo dito está ligado a uma esfera muito mais profunda de significado e requer mais do que apenas um bom vocabulário articulado e uma compreensão da gramática.

Considere a frase "Retire a caixa de suco de laranja da geladeira e a feche". Sabemos o que esse comando quer dizer — abrir a geladeira, pegar o suco e fechar a porta da geladeira. Conseguimos entender isso não porque sabemos como a linguagem funciona — o pronome "a" refere-se à geladeira e não à caixa —, mas porque sabemos como o mundo funciona. Se você já teve uma conversa frustrante com a Siri ou a Alexa, embora essas assistentes ativadas por voz sejam impressionantes, você saberá que às vezes elas não parecem saber como a linguagem funciona, muito menos o mundo. Elas podem ser frustrantes mesmo quando você se limita a uma simples interação de "comando-resposta" ou "pergunta-resposta"; envolvê-las em uma conversa é um sonho distante.

A ideia de que entender a linguagem é possível apenas quando entendemos o mundo ganha mais expressão com o trabalho que revela o quanto a linguagem depende do entendimento físico e sensorial. Em seu famoso livro *Metáforas da vida cotidiana*, George Lakoff e Mark Johnson exploraram as milhares de metáforas que coletaram ao longo de vários anos, sugerindo que elas relevavam que muito do pensamento conceitual é metafórico por natureza. Por exemplo, as ideias relativas a estar no controle, segundo eles, são entendidas em termos de "cima", enquanto ser controlado é "baixo": "ela está em cima da situação" e "ela está agora no auge de seu poder", comparado com "ele está abaixo dele" e "seu poder está declinando". Pensar sobre relacionamentos entre pessoas também revela metáforas de uma natureza incorporada: falamos de relacionamentos cordiais como "quentes" e de relacionamentos menos amigáveis como "frios", e a distância também desempenha um papel em como pensamos sobre interações, com relações "próximas" ou "distantes". Esses tipos de metáforas, segundo eles, aparecem em todas as línguas e culturas.

No entanto, o argumento mais importante que esses autores desenvolvem é a ideia de que essas metáforas são incorporadas. Eles sugerem que a linguagem e o pensamento não são símbolos abstratos dos quais nosso cérebro extrai significado, mas são fundamentalmente baseados em nossa experiência física e incorporada. Essa ideia teve enorme influência, e agora é amplamente aceito que nossa relação sensorial e espacial com o mundo está no cerne de como definimos e descrevemos nossa relação com ele.

Isso levanta a questão de como as máquinas podem ser vistas como inteligentes se não entendem o significado das linguagens que usam. Quando falamos sobre um simples objeto, como uma mesa, sabemos do que estamos falando, e no nosso uso da palavra estamos empregando nossa experiência de diferentes tamanhos e formas de mesas. Ao contrário, quando um computador usa a palavra "mesa", ele não precisa saber que uma mesa é algo ao redor do qual as pessoas se sentam ou sobre a variedade de ocasiões sociais que envolvem mesas. Consequentemente será difícil para um computador conseguir usar a palavra de forma impecável, a menos que tenha acesso à mesma variedade de experiências dos usuários humanos.

O uso da linguagem é difícil sem a corporeidade e a experiência das palavra que surge dela, e o Teste de Turing continua demonstrando isso. Todos os anos, o rico inventor e empreendedor Hugh Loebner financia uma competição na qual os participantes colocam suas IAs de conversa em batalha contra um juiz humano, que mantém simultaneamente conversas em texto com um programa de computador e um ser humano antes de decidir quem é quem. Em 2019, um chatbot chamado Mitsuku ganhou o Prêmio Loebner pela quinta vez. Segue uma amostra palavra por palavra "dela" (ela alega ser uma garota de dezoito anos de Leeds) em ação na competição de 2018:

Juiz: Então, o que você tem de novo pra contar hoje?

Mitsuku: Ah. Não muito. O que você tem de novo pra contar?

Juiz: Não muito, acho que no fim de semana o tempo vai estar bom. Certo?

Mitsuku: Sério? Ok, vou me lembrar disso. Fico feliz que concordamos.

Juiz: Você sempre concorda com as pessoas?

Mitsuku: Nem sempre. Já ouvi essa opinião, mas gostaria de saber mais antes de formar a minha própria opinião.

Juiz: Que informação você precisa então para formar sua própria opinião? Que tipo de informação?

Mitsuku: Qualquer coisa, na verdade. Eu gosto de aprender sobre tudo, desde que não seja grosseiro. Acho que você já sabe a resposta. Desculpa, eu não tenho nenhum acesso à internet aqui.

Juiz: (Nenhuma entrada por sessenta segundos)

Mitsuku: Tem alguém aí?

Juiz: O que você aprendeu quando estava na escola? Qual era sua matéria favorita?

Mitsuku: A última coisa que aprendi foi isso: Olha só: O inverno de 1932 foi tão frio que as Cataratas do Niágara congelaram completamente. Que frio foi esse![23] Você não está mais conversando comigo? Minha matéria favorita é inteligência artificial.

Juiz: Faz sentido. Diga-me, você acha que as pessoas estão certas em ter medo da IA?

Mitsuku: Sim, eu entendo perfeitamente. Estão certas = De acordo com a justiça, lei, moralidade etc; justo; direito. De acordo com fato, razão, alguns padrões definidos etc; correto; verdadeiro.

Juiz: Moralidade: quais são as questões morais relativas à IA?

Mitsuku: Questões relativas à IA = relativas à IA = IA = Inteligência artificial é o ramo da engenharia e da ciência dedicado à construção de máquinas que pensam.

---

23   No original: "*How cool is that!*". O chatbot talvez quisesse fazer um jogo de palavras aqui, já que *cool*, além de frio, pode significar legal. (N. T.)

Mitsuku venceu a competição em 2018 e embora ela converse bem, é bastante óbvio que o juiz não está conversando com um humano, a não ser que seja alguém que está tentando despistá-lo de propósito. O que o uso da linguagem por computadores deixa claro é que, embora a inteligência artificial possa detectar um câncer maligno ou prever padrões do clima, ainda não consegue conduzir uma conversa convincente com outro ser humano. O que está faltando nesses chatbots é o entendimento sensato do mundo que surge da experiência, seja física, emocional, sensorial ou social. Isso nos ajuda a formar modelos mentais, que a cientista da computação Melanie Mitchell sugere que envolvem "conhecimento, consciente e inconsciente, quase sem limite sobre o modo como o mundo funciona [...] Esse conhecimento, e a capacidade de aplicá-lo de forma flexível em situações do mundo real, está faltando mesmo nas melhores máquinas inteligentes dos dias de hoje".

E, no entanto, talvez a coisa mais importante a ser reconhecida é que, embora os chatbots que competem nesse Teste de Turing anual possam manter conversas decentes, isso não significa que possam entender as conversas das quais estão participando. Em outras palavras, eles podem *parecer* inteligentes, mas isso não significa que o sejam. Uma IA treinada para manter um diálogo não tem nenhum modelo interno, teoria ou entendimento do que está dizendo; nesse sentido, *bots* de conversa são, no máximo, imitadores espertos de humanos.

No entanto, o Prêmio Loebner e seu foco na linguagem iluminam a grande mudança pela qual a IA passou nas últimas duas décadas. Pelo menos até a virada do milênio, a abordagem que predominava era um paradigma algorítmico baseado em regras, semelhante ao paradigma simbólico que encontramos anteriormente. A mudança de abordagem foi na direção de uma mais estatística ou neural, ilustrada em novas estratégias adotadas no campo da tradução por máquina. A abordagem algorítmica da tradução foi construir grandes dicionários de pares de palavras com base em significados, e então desenvolver algoritmos ou "regras" que pudessem traduzir a sintaxe ou gramática de uma linguagem para a sintaxe ou gramática de outra — por exemplo, quando traduzir do inglês para o hindi, colocar o verbo no final da frase e não no meio. Embora esses sistemas fossem eficazes, eles tiveram problemas no mundo real, onde os humanos conseguem fazer inferências sobre o significado de uma frase que uma máquina não consegue — como resultado, suas traduções são desajeitadas e normalmente não fazem nenhum sentido. Fazer sentido exige mais do que apenas conhecimento de gramática e um dicionário. Abordagens estatísticas seguem um caminho diferente, ensinando a si mesmas a traduzir absorvendo vastas qualidades de traduções humanas —transcrições em vários idiomas a partir dos processos das Nações Unidas, por exemplo — e aprendem como os pares de idiomas funcionam juntos. As traduções que elas produzem, embora longe de serem perfeitas, são eficazes, e a velha abordagem baseada em regra foi totalmente abandonada agora. O tradutor do Google pode ser útil para uso humano, mas o sistema não entende de forma alguma as palavras que está traduzindo.

Esse foco no aprendizado é a grande mudança em inteligência artificial ao longo da última década. A ênfase agora está nas redes neurais, que reproduzem os interruptores elétricos do cérebro e focam não em regras de programação, mas em aprendizado iterativo — desenvolvendo entendimento com base no que funciona. Assim como as vias neurais são gravadas no cérebro e armazenadas como memória muscular em nosso corpo, as redes neurais aprendem a força das conexões entre os nós lógicos em seus sistemas à medida que fazemos coisas repetidamente. É com base nessas redes neurais que sistemas como o vencedor de Go da DeepMind e soluções que detectam câncer trabalham. Eles usam técnicas de probabilidade para "adivinhar" e então aprimorar de forma incremental um sistema que imita o modo como os humanos reagem intuitivamente, sem parar para pensar ou, mais precisamente, para realizar um raciocínio simbólico mais deliberativo. O desenvolvimento crítico é que eles são capazes de aprender a partir da efetividade das suas adivinhações ou ações.

Essas orientações foram eficazes porque se inspiraram em teorias de corporeidade, tomando como ponto de partida a ideia de que a inteligência não é apenas um ato de processamento simbólico e que adaptação e aprendizado são essenciais. Elas trabalham a partir da hipótese de que a capacidade para adquirir e aprender com a experiência está no cerne da inteligência. Os mundos da robótica e da IA agora compartilham ideias sobre o que constitui a inteligência e como reproduzi-la. Agentes inteligentes como robôs precisam de corpos que possam interagir e lidar com ambientes do mundo real. Para ser eficaz, uma IA precisa conseguir aprender de forma iterativa a partir de suas interações com um mundo dinâmico.

As coisas fáceis e difíceis

Nossa visão inadequada de que inteligência se define por habilidades cognitivas, como a capacidade de jogar xadrez ou fazer contas difíceis, levou os pesquisadores iniciais de IA a pensar que seriam capazes de atingir seus objetivos rapidamente. É verdade que os avanços em IA nos últimos anos foram surpreendentes, mas vale lembrar o que não foi alcançado e o que talvez nunca seja. Um foco no corpo pode nos ajudar a ver os limites potenciais da IA e por que pode ser legítimo pensar na ausência de corporeidade como o único fator de restrição no seu desenvolvimento.

O roboticista e cientista da computação Hans Moravec uma vez observou que "é comparativamente fácil fazer com que os computadores apresentem desempenho de nível adulto em testes de inteligência ou no jogo de damas, e difícil ou impossível lhes dar as habilidades de um bebê de um ano quando se trata de percepção e mobilidade". Seu argumento era que, se consideramos a inteligência como algo relacionado a tarefas cognitivas, tem sido razoavelmente fácil para os computadores alcançarem, ou mesmo superarem, os níveis humanos, mas, assim que tentamos desenvolver sistemas para realizar tarefas aparentemente de baixo nível, como pegar um lápis, nós temos dificuldade. Pegar alguma coisa com a pressão correta na mão é algo em que os humanos nem pensam, mas é cruelmente difícil reproduzir isso em um robô. A história da robótica e da IA demonstrou que coisas difíceis, como desenvolver um computador que vence no xadrez, são comparativamente fáceis e as coisas fáceis são difíceis — e a corporeidade é a razão para isso.

Os humanos são capazes de identificar um rosto que reconhecem em uma multidão com facilidade sem, no entanto, entender como o fazem. Podemos andar em uma sala, reconhecer objetos, pegá-los e, usando habilidades incrivelmente refinadas, manipulá-los para realizar feitos extraordinários. Conseguimos andar de bicicleta e dirigir carros. Conseguimos captar o clima de uma reunião, sentir os estados emocionais de outras pessoas e conversar, mesmo quando confrontados com uma variedade desconcertante de dialetos, sotaques ou idiomas. Essas habilidades representam alguns dos problemas mais difíceis de engenharia que se pode imaginar, mas os humanos conseguem lidar com eles sem pensar muito. Em grande parte, isso é devido à nossa corporeidade.

Isso também acontece porque nossas habilidades sensoriais e motoras foram desenvolvidas ao longo de 1 bilhão de anos, enquanto as habilidades de raciocínio e pensamento abstrato têm apenas 100 mil anos. Como observa Moravec, "o processo de deliberação que chamamos de raciocínio é, acredito, a camada mais fina do pensamento humano, eficaz apenas porque é apoiado por esse conhecimento sensório-motor que é muito mais antigo e muito mais poderoso, embora normalmente inconsciente". Nossa corporeidade é o fator mais antigo e mais significativo na nossa inteligência, e o que torna difícil reproduzi-la.

Um corpo de conhecimento

Um sistema de educação que privilegia uma visão limitada de inteligência popularizou a ideia de que ela é em grande parte uma questão de capacidade cognitiva. A ideia de que o que importa é a mente e que a inteligência é dominada apenas pelo poder do cérebro levou, desde o surgimento da IA, a tentativas de recriá-la. É revelador que esses esforços geralmente se concentraram em reproduzir as habilidades da análise e raciocínio lógico que consideramos nossa característica distintiva como espécie. À medida que a IA tem sucesso em alguns campos, essa reprodução dos nossos próprios pontos fortes está criando uma preocupação de que nos tornaremos obsoletos diante das "máquinas".

No entanto, a ideia de que a inteligência não é possível sem um corpo que habita o mundo deve nos encorajar. É o corpo que possibilita as habilidades distintivamente humanas de entender as coisas e reconhecer padrões, sem falar das nossas habilidades sensório-motoras e de locomoção, e todas elas estão longe de serem ultrapassadas. São essas habilidades físicas que possibilitam a inteligência do dia a dia que os humanos exibem e que é muito difícil de reproduzir. Melanie Mitchell capta essa ideia de forma eloquente:

> Nosso próprio entendimento das situações que encontramos é baseado em "conhecimento sensato", amplo e intuitivo sobre como o mundo funciona, os objetivos, as motivações e os prováveis comportamentos das outras criaturas vivas, especificamente outros humanos [...] nosso entendimento de que o mundo se baseia em nossas habilidades principais para generalizar o que sabemos, formar conceitos abstratos e fazer analogias — em suma, para adaptar de forma flexível nossos conceitos a novas situações.

Como este livro mostrou, o que é distintivo sobre a inteligência humana emerge da nossa corporeidade — é porque estamos incrustados no mundo que podemos dar sentido aos objetivos, humores ou emoções dos outros. É por meio da nossa exposição repetida a novas situações e da repetição de situações semelhantes que conseguimos desenvolver conhecimento que é altamente adaptativo e adaptável. As habilidades sensoriais do nosso corpo nos permitem perceber o mundo como um todo, enquanto nosso cérebro e habilidades motoras específicas nos permitem compreender as ações e experiências dos outros.

Isso não quer dizer que não teremos que aprender a viver com IA e robôs poderosos. Teremos que encontrar um modo de acomodá-los. Como estamos descobrindo, isso envolverá debates morais e filosóficos. Tecnologias emergentes já estão tendo impactos sociais e econômicos e causando ansiedade pública conforme seus efeitos se desenrolam. Além disso, à medida que o potencial de tecnologias baseadas em IA para automatizar tarefas que anteriormente eram executadas por humanos se torna mais aparente, debates antigos sobre homem versus máquina serão reavivados. Vale lembrar que novas tecnologias sempre trouxeram preocupações sobre os humanos serem descartados ou substituídos.

No entanto, uma forma diferente de pensar sobre onde os humanos se encaixam é focar inicialmente não nos nossos pontos fortes, mas nos nossos pontos fracos — pode ser prudente entender o que não conseguimos fazer tão bem ou tão rápido quanto agentes artificialmente inteligentes, e ceder território a eles. Um exemplo está no campo da direção; muitos carros já têm sistemas de suporte de segurança, incluindo sensores de calor que identificam perigos que o olho humano não consegue ver, como animais na vegetação à beira da estrada, sensores esses que podem estender nossas habilidades. Outro exemplo está nos diagnósticos médicos, onde o aprendizado da máquina foi aplicado com sucesso na análise de doenças, com uma combinação de velocidade e precisão que excede a dos médicos humanos. Em vez de ignorar esses avanços, devemos acolher o apoio e o aprimoramento das nossas habilidades que eles oferecem. Em um contexto médico, a tecnologia tem sido usada já há muito tempo para direcionar a atenção humana para o centro da interação terapêutica entre médico e paciente. A tecnologia pode ajudar a explicar o que está errado, mas o conhecimento incorporado é muito importante para possibilitar que os médicos entendam uma pessoa, sua doença e o melhor caminho para cuidado e tratamento.

Contudo, tendo reconhecido que a IA pode desempenhar um papel como um "colega de trabalho", devemos também reconhecer que nossa corporeidade nos dá habilidades sem paralelo que não serão replicadas tão cedo na maioria dos campos da vida humana. Encontramos dois importantes paradoxos ao longo deste livro. O primeiro é a declaração de Polanyi de que "sabemos mais do que podemos dizer", a ideia de que a inteligência humana se estende além do que jamais poderá ser capturado por qualquer conjunto finito de palavras, símbolos ou representações. Seu argumento é que não só muito do conhecimento humano é inefável, como também é dinâmico e contextual, o que coloca o seu entendimento além do alcance das máquinas.

O segundo, o paradoxo de Moravec, nos lembra que os humanos têm habilidades de percepção e manipulação que excedem em muito as habilidades das máquinas. Os computadores podem dar uma surra no xadrez nos melhores humanos e podem triturar dados mais depressa do que os melhores matemáticos, avanços esses que devem ser celebrados pelo que eles tornam possível. No entanto, as habilidades de "baixo nível" de percepção e manipulação são domínios onde não há o menor sinal de que as tecnologias emergentes estejam próximas de se equiparar às capacidades humanas.

Tomadas juntas, a natureza tácita do conhecimento incorporado e as habilidades perceptivas e manipulativas que são parte da nossa corporeidade conferem uma extraordinária vantagem aos humanos. Devemos celebrar a inteligência social que isso nos dá e o que isso possibilita: a capacidade de aprender e reter habilidades, a capacidade de conectar com outros e lidar com situações novas e ambíguas, e a intuição para tomar decisões. Mais profundamente, nossa corporeidade está no cerne de como criamos e damos sentido a um mundo repleto de significado.

Frequentemente nos dizem que as máquinas e a IA vão mudar o mundo para sempre, mas devemos nos apoiar na ideia de que nossa corporeidade é o que faz com que seja difícil reproduzir nossa inteligência. Nosso corpo nos dá uma vantagem que devemos festejar em vez de ignorar: ele é o nosso superpoder, e devemos celebrá-lo.

Agradecimentos

Muitas mentes e muitos corpos contribuíram para este livro, que é a incorporação das ideias e práticas de uma comunidade muito mais ampla. Este projeto foi desenvolvido durante um longo período e, nesse percurso, acumulei dívidas com pessoas que, conscientemente ou não, inspiraram-me, modelaram meu pensamento ou proporcionaram um ambiente onde podia testar minhas teorias.

Embora tenha trabalhado em empresas por quase vinte anos, ainda me considero um antropólogo e sou grato a Anthony Cohen, cujas palestras na Universidade de Edimburgo fizeram com que eu percebesse que a antropologia era uma disciplina que poderia revelar o mundo de formas novas e fascinantes. Jonathan Spencer orientou minha tese de doutorado e incentivou meus interesses não convencionais de pesquisa.

Tive a sorte de ter o apoio e o incentivo de toda a equipe da Stripe Partners, que serviu como plataforma de teste para grande parte da teoria e prática da corporeidade explorada neste livro. Estou particularmente em dívida com Tom Rowley, Tom Hoy e Harry Hobson por inúmeras conversas estimulantes sobre as ideias contidas neste livro, e a tolerância deles durante os momentos em que eu estava pensando em outras coisas. Nossos clientes também nos apoiaram na experimentação de muitas das teorias que mencionei neste livro — espero que eles tenham se beneficiado dessas aventuras tanto quanto eu.

Nos estágios iniciais do desenvolvimento deste livro, James Crabtree, Jennifer Collins, James Hall e Tony Salvador me ajudaram e me incentivaram especialmente, e duvido que o livro tivesse seguido adiante sem eles. Pelo desafio intelectual, companheirismo e apoio ao longo dos anos, agradeço a Ken Anderson, Tina Basi, Ed Beerbohm,

Maria Bezaitis, Melissa Cefkin, Martha Cotton, John Curran, Adam Drazin, Sam Ladner, Tracey Lovejoy, Anne McClard, Alexandra Mack, Christian Madsbjerg, Margie Morris, Martin Ortlieb, a tão saudosa Reshma Patel, John Payne, Nik Pollinger, David Prendergast e Shelley Sather. Desde o início até o final doloroso, Stokes Jones e Rachel Singh foram fontes especiais de apoio e incentivo.

Um agradecimento especial para aqueles que concordaram em conversar comigo nos estágios de pesquisa deste livro e generosamente doaram seu tempo, ideias e experiências: Tom Alison, Mark A. Burchill, David Dillard, Jeff Jarrett, Trevor Marchand, Erin O'Connor, Ben Page, Sua Excelência Simon Smits, Thomas Thwaites, Alan Winfield e Lucy Yu. Agradecimento especial para David Begbie e a equipe da Crossroads Foundation em Hong Kong pelas vinte e quatro horas verdadeiramente inesquecíveis e desconfortáveis.

Agradeço em particular a John Sherry e Jarrett Wilson-Gray pelas leituras atentas e comentários sobre as primeiras versões do livro.

Tenho muita sorte de ter Euan Thorneycroft, da A. M. Heath, como agente. Não poderia desejar um apoiador mais decisivo e incisivo. Oli Holden-Rea, da Bonnier, tem sido o editor dos sonhos, mantendo as coisas nos trilhos, ajudando-me a simplificar tudo o máximo possível e me oferecendo suporte. Este livro seria significativamente mais fraco sem seus esforços. Muito obrigado também a Nick Humphrey por sua edição de texto exata e primorosa. É claro que reconheço minha responsabilidade exclusiva por todos os erros, omissões e outros pontos fracos. Lizzie Dorney-Kingdom e Katie Greenaway ajudaram a garantir que este livro chegasse às suas mãos.

Minha família estendida me apoiou sem restrições, especialmente Mamãe, Sarah e Alice. Embora ele não vá ler o livro, um agradecimento especial ao Papai, que foi uma grande inspiração. Ele teria adorado editar este livro.

Acima de tudo, agradeço a Lucy, a corporificação da graça, amor e paciência. Sem ela, este livro simplesmente não teria sido possível. Apesar dos seus próprios compromissos profissionais, ela manteve o show na estrada e aguentou minhas viagens e ausências muito frequentes por um longo período. Este livro é para ela e para Joe, Martha e Kit.

Referências

Prefácio

De acordo com uma pesquisa da Ofcom, a autoridade regulatória de comunicação do Reino Unido, o uso do Zoom cresceu aproximadamente 2000% entre abril e junho de 2020 — Ofcom, UK's internet use surges to record levels. 2020. Disponível em: https://www.ofcom.org.uk/media-use-and-attitudes/online-habits/uk-internet-use-surges.

Satya Nadella, CEO da Microsoft, pontuou que viu dois anos de transformação digital em dois meses — Microsoft, 2 years of digital transformation in 2 months. 30 abr. 2020. Disponível em: https://www.microsoft.com/en-us/microsoft-365/blog/2020/04/30/2-years-digital-transformation-2-months.

Introdução

"Somente quando não pensam em palavras no que estão fazendo" — Maurice Bloch, "Language, Anthropology and Cognitive Science". *Journal of the Royal Anthropological Institute*, v. 26, n. 2, pp. 183-198, 1991.

Em seu livro The Computer and the Brain [O computador e o cérebro], *o grande matemático* — John von Neumann, *The Computer and the Brain*. New Haven: Yale University Press, 1958. (Coleção Silliman Memorial Lectures).

A tradição ao longo da história — George Zarkadakis, *In Our Own Image: Savior or Destroyer? The History and Future of Artificial Intelligence*. Nova York: Pegasus Books, 2017.

Em 2016, a equipe da DeepMind, do Google, anunciou que a inteligência artificial havia ajudado a reduzir em 40% — DEEPMIND. *DeepMind AI Reduces Google Data Centre Cooling Bill by 40%*. 20 jul. 2016. Disponível em: https://deepmind.com/blog/article/deepmind-ai-reduces-google-data-centre-cooling-bill-40.

Daniel Bell, *O advento da sociedade pós-industrial: uma tentativa de previsão social*. São Paulo: Cultrix, 1977.

Podemos seguir o filósofo Shaun Gallagher e comparar — L. Shapiro, "Phenomenology and Embodied Cognition". In: Id. (Org.), *The Routledge Handbook of Embodied Cognition*. Londres: Routledge, 2014.

Parte 1: A ascendência da mente

Capítulo 1 — A filha mecânica de Descartes

Epígrafe — Brian Christian, *O humano mais humano: o que a inteligência artificial nos ensina sobre a vida*. São Paulo: Companhia das Letras, 2013.

Uma versão menciona um "autômato loiro e bonito..." — M. Kang, "The Mechanical Daughter of René Descartes: The Origin and History of an Intellectual Fable". *Modern Intellectual History*, v. 14, n. 3, pp. 633-660, 2016. Ver também Derek J. de Solla Price, "Automata and the Origins of Mechanism and Mechanistic Philosophy". *Technology and Culture*, v. 5, n. 1, pp. 9-23, inverno 1964.

Gostaria que vocês considerassem — R. Descartes, *Treatise of Man*, 1633. p.108.

Era "apenas um conto de duas frases..." — M. Kang, op. cit. p. 28.

Como diz o sociólogo William Davies, Descartes via a mente — W. Davies, *Nervous States: How Feeling Took Over the World*. Londres: Jonathan Cape, 2018. p. 37.

"Alta tecnologia, física matemática, calculadoras e robôs, biologia molecular e engenharia genética." — R. Wilson, *Cogito, Ergo Sum: The Life of Rene Descartes Revised*. Boston: Godine, 2002. p. 3.

Como o escritor científico George Zarkadakis observa — George Zarkadakis, *In Our Own Image: Savior or Destroyer? The History and Future of Artificial Intelligence*. Nova York: Pegasus Books, 2017.

Como diz o historiador da computação Doron Swade — Citado em J. Fuegi e J. Francis, "Lovelace & Babbage and the Creation of the 1843 'Notes'". *Annals of the History of Computing*, v. 4, n. 25, 2003.

Capítulo 2 — A medida do mundo

Epígrafe — D. H. Lawrence, "Study of Thomas Hardy and Other Essays". In: *The Cambridge Edition of the Works of D. H. Lawrence*. Cambridge: Cambridge University Press, 1985, p. 30.

Em seu best-seller A medida do mundo, *de 2005* — Daniel Kehlmann, *A medida do mundo*. São Paulo: Companhia da Letras, 2007.

Estudos que exploram seu impacto nos motoristas indicam que eles realmente "diminuem significativamente a necessidade de prestar atenção" — Leshed, Velden, Rieger et al., "Chi '08 Proceedings of the Sigchi Conference on Human Factors in Computing Systems". In: *Car GPS Navigation: Engagement with and Disengagement from the Environment*, 2008; e Barry Brown e Eric Laurier, "The Normal, Natural Troubles of Driving with GPS". In: CHI '12, 2012, pp. 1621-1630.

O hipocampo, a área do cérebro tida como responsável por informações espaciais e de navegação — EA Maguire, London Taxi Drivers And Bus Drivers: A Structural MRI and Neuropsychological Analysis. *Hippocampus*, v. 16, n. 12, pp. 1091-1101, 2006.

Um estudo liderado por Val Harian, economista chefe do Google, estimou que em 2003 cinco exabytes de informações haviam sido criados — *How Much Info?* 2003. Disponível em: https://www.ischool.berkeley.edu/research/publications/2003/how-much-information-2003.

O Fórum Econômico Mundial previu que até 2025 — World Economic Forum, *How Much Data is Generated Each Day?* 17 abr. 2019. Disponível em: https://www.weforum.org/agenda/2019/04/how-much-data-is-generated-each-day-cf4bddf29f.

Como ele escreveu em um artigo de 1942 — G. K. Zipf, "The Unity of Nature, Least-Action, and Natural Social Science". *Sociometry*, v. 5, n. 1, pp. 48-62, fev. 1942. Ver também T. J. Barnes e M. W. Wilson, "Big Data, Social Physics, and Spatial Analysis: The Early Years". *Big Data & Society*, v. 2, 2014. Geography Faculty Publications.

Ele sugeriu que "a alma oferece um problema perfeitamente legítimo à ciência" — Zipf, op. cit., p. 62.

Ao ficarem paradas e em silêncio, o professor de matemática e autor — Kester Brewin, "Why the Body Is as Vital as the Brain When It Comes to Learning". *Times Education Supplement*, 12 abr. 2019.

O mercado EdTech, *que promete* — *Global Report Predicts EdTech Spend to Reach $252bn by 2020*. 25 maio 2016. Disponível em: https://www.prnewswire.com/news-releases/global-report-predicts-edtech-spend-to-reach-252bn-by-2020-580765301.html.

No entanto, Brewin sugere que, "ao enfatizar excessivamente habilidades 'acadêmicas' e presumindo — Kester Brewin, op. cit.

De acordo com um relatório de 2018 do South China Morning Post — Stephen Chen, "China's Schools are Quietly Using AI to Mark Students Essays... but do the Robots Make the Grade?". *South China Morning Post*, 28 maio 2018.

Anthony Seldon, um educador proeminente — Camilla Swift e Anthony Seldon, "Why AI is set to revolutionise teaching". *The Spectator*, 8 set. 2018.

Um estudo da Universidade de Oxford prediz que professores seniores correm um risco de 0,8% de serem substituídos por IA ou automação — Carl Benedikt Frey e Michael Osborne, "The Future of Employment: How susceptible are jobs to computerisation?". *Oxford Martin Programme on Technology and Employment*, set. 2013.

Apesar da existência — Sian Beilock, *How the Body Knows Its Mind: The Surprising Power of the Physical Environment to Influence How You Think and Feel*. Londres: Simon & Schuster, 2015.

Montessori escreveu em 1912 que "um dos maiores erros dos nossos dias é pensar no movimento por si só, como algo separado das funções mais altas..." — A. Lillard, *Montessori: The Science Behind the Genius*. Nova York: Oxford University Press, 2005.

Como ressalta Stephen Cave, do Leverhulme — Stephen Cave, "Intelligence: A History". *Acon*, fev. 2017.

Rowan Williams, *Being Human: Bodies, Minds, Persons*. Londres: SPCK, 2018, pp. 20-1.

Capítulo 3 — Vivenciando o mundo

Epígrafe — Sean Gallagher, "Phenomenology and Embodied Cognition". In: L. Shapiro, *The Routledge Handbook of Embodied Cognition*. Londres: Routledge, 2014, p. 15.

Como diz a filósofa Amia Srinivasan, a "tela de megapixel do corpo de um polvo..." — Amia Srinivasan, "The Sucker, the Sucker!". *London Review of Books*, 7 set. 2017.

Mesmo um braço separado cirurgicamente consegue alcançar e pegar — A. Srinivasan, op. cit., p. 25.

Polvos são criaturas fascinantes que, como observa o filósofo e mergulhador — Peter Godfrey-Smith, *Outras mentes: o polvo e a origem da consciência*. São Paulo: Todavia, 2019.

De acordo com Taylor Carman, o principal intérprete de suas teorias — T. Carman, *Merleau-Ponty*. Nova York: Routledge, 2008, p. 6.

Merleau-Ponty sugeria que "todas as formas de experiência e entendimento..." — T. Carman, op. cit, p. 13.

Se aceitarmos que tudo o que vivenciamos no — Ibid.

É possível saber datilografar sem saber — M. Merleau-Ponty, *Fenomenologia da percepção*. São Paulo: WMF Martins Fontes, 2012, p. 145.

Parte 2: As cinco características do conhecimento incorporado

Capítulo 4 — Observação

Epígrafe — Marcel Mauss, "Techniques of the Body". *Economy and Society*, v. 2, n. 1, 1973.

Na sua famosa entrevista para a Playboy, *o filósofo canadense Marshall McLuhan* — Marshall McLuhan, "Playboy Interview: Marshall McLuhan: a Candid Conversation with the High Priest of Popcult and Metaphysician of Media". In: *The Essential McLuhan*. Nova York: Basic Books, 1996. p. 240.

"O homem do mundo tribal", sugeriu McLuhan, "levava uma vida complexa e caleidoscópica precisamente porque..." — Ibid.

Desde "o primeiro dia dissemos que iria chegar o momento em que iríamos ganhar uma fortuna apostando contra isso." — Michael Lewis, *The Big Short: Inside the Doomsday Machine.* Nova York: Penguin Books, 2010, p. 24.

Mas ele percebeu que as pessoas que trabalhavam lá estavam usando "ternos azuis da JCPenney, com gravatas que combinavam bem demais e camisas engomadas em excesso". — Op. cit., p. 156.

Em um ensaio de 1935 sobre o corpo, o sociólogo francês — M. Mauss, "Techniques of the Body". *Economy and Society*, v. 2, n. 1, 1973.

"Quando sou um texugo", disse, "vivo em um buraco e como minhoca. Quando sou uma lontra, tento pegar peixes com os meus dentes" — Charles Foster, *Being a Beast: An Intimate and Radical Look at Nature.* Londres: Profile Books, 2016. p. XII.

Um ensaio famoso do filósofo Thomas Nagel perguntou: "Como é ser um morcego?" — Nagel Thomas, "What is it Like to be a Bat?". *The Philosophical Review*, v. 83, n. 4, out. 1974, pp. 435-50.

"Mas", contestou o poeta, "não tenho a menor ideia de como é viver no mundo de um batista sulista do Alabama", escolhendo um grupo de pessoas culturalmente distantes como exemplo — Charles Foster, op. cit., p. 205.

"Não seria bom simplesmente desligar essa habilidade particularmente humana por algumas semanas?" — Thomas Thwaites, *Goat-Man: How I Took a Holiday from Being Human.* Nova York: Princeton University Press, 2016. p. 15.

"Sem corporeidade nunca vou sentir como um bode..." — ibid., p. 44.

Roupas de mergulho são preservativos que evitam — Patrick Barkham, "Being a Beast by Charles Foster". *The Guardian*, Londres, 3 fev. 2016.

Marchand respondeu que esperava trabalhar com alguns construtores na cidade — Trevor Marchand, *Minaret Building and Apprenticeship in Yemen.* Richmond, Surrey: Curzon Press, 2001. p. 28.

Ele explicou que era um arquiteto que estava na cidade — ibid., p. 29.

Marchand descobriu que esses construtores inverteram o modelo ocidental — entrevista com Trevor Marchand, janeiro de 2019.

Os linguistas chamam isso de "enunciado compartilhado", o fenômeno em que — Trevor Marchand, "Making Knowledge: Explorations of the Indissoluble Relation Between Minds, Bodies, and Environment". *Journal of the Royal Anthropological Institute*, v. 16, n. S1, pp. 11-2, maio 2010.

Como diz Marchand, "o sistema motor do corpo produz 'entendimento' a partir do corpo" — Trevor Marchand, "Embodied Cognition and Communication: Studies with British Fine Woodworkers". *Journal of the Royal Anthropological Institute*, v. 16, n. S1, p. 105, maio 2010.

Capítulo 5 — Prática

Epígrafe — Aristóteles. *Ética a Nicômaco*. 2ª ed. Bauru: Edipro, 2007. p. 68.

Ocorre que, desde que o primeiro equipamento semelhante, um velocípede — Stephen Cain, "The Mysterious Biomechanics of Riding — and Balancing — a Bicycle". *The Conversation*, fev. 2016.

"Todos sabem andar de bicicleta, mas ninguém sabe como andamos de bicicleta" — Brendan Borrell, "Physics on Two Wheels". *Nature*, v. 535, 21 jul. 2016.

Em um artigo para Physics Today *nos anos 1970* — David Jones, *Physics Today*, v. 23, n. 4, pp. 34-40, 1970.

Em 2011, o roboticista Masahiko Yamaguchi conseguiu apresentar um pequeno robô chamado Primer-v2 — Jenny Filippetti, "Bicycle Riding Robot". *Designboom*, 15 nov. 2011. Disponível em: https://www.designboom.com/technology/bicycle-riding-robot.

O cientista Michael Polanyi, que era fascinado por essa relação entre conhecimento explícito — Michael Polanyi, *The Tacit Dimension*. Chicago: University of Chicago Press, 1966. p. 4.

"Quando as portas se abrem, você sente o cheiro de carvão, fuligem e suor. Tem um cheiro especial de metal quente no ar — você fica impregnada com ele" — entrevista com Erin O'Connor, jan. 2019. Ver também "Glassblowing: A Case of Explicating Matter and Practice Through in Situ Ethnographic Research" (artigo de seminário não publicado) e "Embodied Knowledge in Glassblowing: The Experience

of Meaning and the Struggle Towards Proficiency", *Ethnography*, 2005.

Substituição de "resposta embasada por reações intuitivas" — H. Dreyfus, *On the Internet: Thinking in Action*. Nova York: Routledge, 2008. p. 34.

Em seu famoso artigo "Roger Federer as Religious Experience" [Roger Federer como experiência religiosa] — David Foster Wallace, "Roger Federer as Religious Experience". *New York Times*, 20 ago. 2006.

"Refletir conscientemente sobre o que se sabe sobre uma habilidade normalmente prejudica sua execução adequada" — Kristen E. Flegal e Michael C. Anderson, "Overthinking Skilled Motor Performance: Or Why Those Who Teach Can't Do". *Psychonomic Bulletin & Review*, v. 15, n. 5, pp. 927-32, 2008.

Há evidências sugerindo que a atenção aos componentes de uma habilidade bem aprendida pode prejudicar o seu desempenho — S. L. Beilock, T. H. Carr, C. MacMahon e J. L., Starkes, "When Paying Attention Becomes Counterproductive: Impact of Divided versus Skill-focused Attention on Novice and Experienced Performance of Sensorimotor Skills". *Journal of Experimental Psychology: Applied*, v. 8, n. 1, pp. 6-16, 2002.

Em um experimento relatado em 1990 — J. W. Schooler e T. Y. Engstler-Schooler, "Verbal Over-Shadowing of Visual Memories: Some Things are Better Left Unsaid". *Cognitive Psychology*, v. 22, n. 1, pp. 36-71, 1990.

O balé exige esforço: aquelas ninfas etéreas em Les Sylphides *que parecem simplesmente levitar na verdade estão pulando exaustivamente* — Barbara Gail Montero, "Against Flow". *Aeon*, maio 2017.

Como diz Dreyfus, "o estilo cultural está tão incorporado..." — H. Dreyfus, op. cit. p. 45.

Capítulo 6 — Improvisação

Epígrafe — Steve Torrance e Frank Schumonn, "The Spur of the Moment: What Jazz Improvisation Tells Cognitive Science". *AI & Society*, v. 34, n. 4, pp. 251-68, 2019.

Em sua exploração de mestres do xadrez — William Chase e Herbert Simon, "Perception in Chess". *Cognitive Psychology*, v. 4, n. 1, pp. 55-81, jan. 1973.

"Você não pode questionar a sua intuição antes de cada movimento" — Chris Smith, "Magnus Carlsen on The Ancient Appeal of Chess and the Opportunities of a More Modern Game". *Forbes,* 31 jan. 2019.

"No seu centro estava um algoritmo tão poderoso" — James Somers, "How the Artificial-Intelligence Program AlphaZero Mastered Its Games". *The New Yorker,* 28 dez. 2018.

Jim Hackett, CEO da Ford, admite — "Driverless Cars are Stuck in a Jam". *The Economist,* 10 out. 2019.

Pesquisadores da Universidade de Oxford estudaram por um ano um trecho de rua de dez quilômetros na Inglaterra e concluíram que as mudanças ocorrem bastante — Citado em Will Knight, "A Simple Way to Hasten the Arrival of Self-Driving Cars". *MIT Technology Review,* 20 abr. 2016.

Lucy Yu, diretora de política de FiveAI, uma empresa que trabalha em um serviço de transporte compartilhado totalmente autônomo, chama isso de "teorização do jogo" — Lucy Yu, entrevista. Ver também Alex Eliseev, "Why London's Streets are a Total Nightmare for Self-Driving Cars". *Wired,* 31 maio 2019.

De acordo com uma estimativa, nos Estados Unidos há uma única morte para cada 160 milhões de quilômetros dirigidos — Nidhi Kalra e Susan M. Paddock, "Driving to Safety: How Many Miles of Driving Would It Take to Demonstrate Autonomous Vehicle Reliability?". *Rand Corporation,* 2016.

Steve Wozniak, cofundador da Apple, concorda — Vince Bond Jr., "Apple Co-founder: 'I've Really Given Up' on Level 5". *Automotive News Europe,* 28 out. 2019.

O grande desafio é escrever o software que permite que o carro faça três coisas nas quais os humanos são muito bons — Lucy Yu, entrevista, maio 2019.

Como diz Mark Woods, um roboticista — Mark Woods, entrevista, set. 2019.

Jamie Cruickshank, engenheiro de software — Conversa pessoal, jul. 2019.

"O melhor modelo do mundo é o mundo" — R. Brooks, "Intelligence without Reason". *Proceedings of the 12th international joint conference on Artificial intelligence*, v. 1, pp. 569-95, 1991.

Os bombeiros, ele sugere, "podem fazer uso de repertórios de padrões" — Daniel Kahneman e Gary Klein, "Conditions for Intuitive Expertise: A Failure to Disagree". *American Psychologist*, v. 64, n. 6, pp. 515-26, set. 2009.

Os comandantes da área de incêndio eram capazes de usar seus repertórios — Ibid., p. 516.

Capítulo 7 — Empatia

Epígrafe — Pierre Bourdieu, *Outline of a Theory of Practice*. Cambridge: Cambridge University Press, 1997. p. 96.

E assim nasceu o Projeto Pernoite — Entrevista com David Dillard, dez. 2018.

Há 45 milhões de pessoas maiores de sessenta e cinco anos nos Estados Unidos — Population Reference Bureau (PRB), *Fact Sheet: Aging in the United States*. Disponível em: https://www.prb.org/resources/factsheet-aging-in-the-united-states.

Robert Wright, "Why Can't We All Just Get Along? The Uncertain Biological Basis of Morality". *The Atlantic*, nov. 2013.

Empatia, como o autor Roman Krznaric sugere — Roman Krznaric, *Empathy: A Handbook for Revolution*. Londres: Ebury Publishing, 2015. p. X.

Por exemplo, uma pesquisa de estudantes americanos publicado na Personality and Social Psychology Review — S.H. Konrath, E.H.

O'Brien, C. Hsing, "Changes in Dispositional Empathy in American College Students Over Time: A Meta-Analysis". *Personality and Social Psychology Review*, v. 15, n. 2, pp. 180-98, 2011.

Como Krznaric argumentou em um artigo para Friends of the Earth — Roman Krznaric, "The Empathy Effect: How Empathy Drives Common Values, Social Justice and Environmental Action". *Friends of the Earth* UK, mar. 2015.

Vários estudos começaram a examinar o corpo do humanos e dos animais com base na ideia de que eles poderiam revelar atividade mental — W. Davies, *Nervous States: How Feeling Took Over the World*. Londres: Jonathan Cape, 2018. p. 140.

Essa contestação foi expressa da forma mais integral e influente em um artigo — William James, "What is an Emotion?". *Mind*, v. 9, pp. 188-205, abr. 1884.

Botox é um tratamento usado normalmente para remover linhas ou rugas do rosto das pessoas — Sian Beilock, *How the Body Knows Its Mind: The Surprising Power of the Physical Environment to Influence How You Think and Feel*. Nova York: Simon & Schuster, 2015. pp. 20-1.

Um argumento apresentado por Charles Darwin em seu livro — Charles Darwin, *The Expression of the Emotions in Man and Animals*. Londres: John Murray, 1872. p. 152.

Se neurônios-espelho realmente mediam o entendimento — Giacomo Rizzolatti, Leonardo Fogassi e Vittorio Gallese, "Mirrors in the Mind". *Scientific American*, v. 295, n. 5, pp. 54-61, nov. 2006.

"Observador e o observado compartilham um mecanismo neuronal que permite uma forma de entendimento experimental direto" — Ibid. Ver também p. 60.

Giacomo Rizzolatti e Laila Craighero, "Mirror Neuron: A Neurological Approach to Empathy". In: *Neurobiology of Human Values*, 2005, pp. 107-23.

Ramachandran alegou que os neurônios-espelho estão por trás — Vilayanur Ramachandran, "Mirror Neurons and Imitation Learning as the Driving Force Behind the Great Leap Forward in Human Evolution". 31 maio 2000. Disponível em: https://www.edge.org/conversation/

mirror-neurons-and-imitation-learning-as-the-driving-force-behind-the-great-leap-forward-in-human-evolution.

No entanto, nas últimas décadas o corpo assumiu um papel mais central na pesquisa relativa à linguagem, fala e comunicação — Ver, por exemplo, Ipke Wachsmuth, Manuela Lenzen e Günther Knoblich, *Embodied Communication in Humans and Machines*. Oxford: Oxford University Press, 2008.

O psicólogo Michael Argyle estimou que mais de 65% das informações trocadas em interações presenciaisl é expresso por meios não verbais — Ibid., p. 6.

O psicólogo Geoffrey Beattie argumenta que a gesticulação está no cerne da comunicação — Geoffrey Beattie, *Rethinking Body Language: How Hand Movements Reveal Hidden Thoughts*. Nova York: Routledge, 2016.

A naturalidade também é essencial para a linguagem musical de Rattle, e sua linguagem corporal reflete isso — Young-Jin Hur, "Big boned Bartók and Bruckner from Rattle and the London Symphony". 14 jan. 2019. Disponível em: https://bachtrack.com/review-rattle-london-symphony-bruckner-bartok-barbican-january-2019.

Em uma carta para seu pai em 1665, ele mencionou uma observação que o intrigou — A. Pikovsky, M. Rosenblum e J. Kurths, *Synchronisation: A Universal Concept in Nonlinear Science*. Cambridge: Cambridge University Press, 2008.

Oscilações dentro do ouvinte se tornam sincronizadas com estímulos rítmicos no ambiente — Jenny Judge, "Getting in the groove". *Aeon*, 15 jan. 2018.

A teoria da cognição incorporada — Barsalou, L. W., Niedenthal, P. M., Barbey, A. K. e Ruppert, J. A, "Social embodiment". In: B. H. Ross (Org.), *The Psychology of Learning and Motivation: Advances in Research and Theory*, v. 43, pp. 43-92. Nova York: Elsevier Science, 2003.

No entanto, há muitos tecnólogos que percebem que a interação humana presencial depende de uma combinação sutil de movimentos dos olhos, movimentação da cabeça, gesto e postura — J. Canny e E. Paullos, "Tele-Embodiment and Shattered Presence: Reconstructing the Body for Online Interaction". In: Ken Goldberg (Org.), *The Robot in the Garden: Telerobotics and Telepistemology in the Age of the Internet.* Cambridge: MIT Press, 2000.

Capítulo 8 — Retenção

Epígrafe — Sarah De Nordi, Hilary Orange, Steven High e Eerika Koskinen-Koivisto (Org.), *The Routledge Handbook of Memory and Place*. Londres: Routledge, 2019.

Não importa o quanto eles tentem, os neurocientistas e os psicólogos cognitivos nunca encontrarão uma cópia da Quinta Sinfonia de Beethoven — Robert Epstein, "The Empty Brain". *Aeon*, 18 maio 2016.

Memória muscular é como um produto adquirido daquilo que Richard Shusterman chama de "hábito sedimentado" — Richard Shusterman, "Muscle Memory and the Somaesthetic Pathologies of Everyday Life". *Human Movement.* v. 12, n. 1, p. 415, 2011.

O corpo nos dá o que Shusterman chama de "ponto primordial" — op. cit.

Estudos experimentais demonstraram — Ver E. R. Kandel, *Em busca da memória*. São Paulo: Companhia das Letras, 2009.

Em um famoso artigo a respeito do corpo, o sociólogo francês Marcel Mauss — M. Mauss, "Techniques of the Body". *Economy and Society*, v. 2, n. 1, 1973.

Um antropólogo que concluiu o processo de treinamento de trinta e duas semanas de Fuzileiro Naval Real — Mark Burchell, *Royal Marines Enculturation: Ritual, Practice and Material Culture*. Abingdon: Routledge, 2016; e conversa pessoal, jan. 2020.

Um estudo de pesquisa conduzido por Helga e Tony Noice — H. Noice e T. Noice, "Learning Dialogue with and without movement". *Memory & Cognition*, v. 29, n. 6, pp. 820-27, set. 2001.

Em outro dos seus estudos, os Noice — "What Studies of Actors and Acting Can Tell Us About Memory and Cognitive Functioning". *Current Directions in Psychological Science*, v. 15, n. 1, pp. 14-8, fev. 2006.

A garrafa representa o significado da situação, e o significado da situação determina quais ações ele executará — Sian Beilock. *How the Body Knows Its Mind: The Surprising Power of the Physical Environment to Influence How You Think and Feel*, Nova York: Simon & Schuster, 2015. p. 79.

Um estudo famoso de mergulhadores escoceses, realizado nos anos 1970 — D. R. Godden e A. D. Baddeley, "Context-Dependent Memory in two Natural Environments: On Land and Underwater". *British Journal of Psychology*, v. 66, n. 3, pp. 325-31, 1975.

Um artigo que ele escreveu com David Chalmers em 1997 intitulado "The Extended Mind" — Andy Clark e David Chalmers, "The Extended Mind". *Analysis*, v. 58, n., pp.7-19, jan. 1998.

Eles propuseram um experimento de pensamento para provar seu argumento — Ibid.

Capítulo 9 — Por que o conhecimento incorporado importa

Epígrafe — Michael Polanyi, *The Tacit Dimension*. Londres: University of Chicago Press, 2009. p. 4.

Como escreveu o especialista em gestão Peter Drucker — Peter Drucker, *The New Realities*. Nova York: Routledge, 1981. p. 251.

Parte 3: Conhecimento incorporado em ação

Capítulo 10 — Negócio incorporado

Epígrafe — Jeff Bezos, "Annual Letter to Amazon Shareholders". 2017.

O economista John Maynard Keynes criou o termo "espíritos animais" — J. M. Keynes. *Teoria geral do emprego, do juro e da moeda*. São Paulo: Saraiva, 2013.

Observou o teórico da organização Ikujiro Nonaka — Ikujiro Nonaka, "The Knowledge-Creating Company". *Harvard Business Review*, nov.-dez. 1991, p. 96-104.

A propaganda inspirada no acampamento, que mostrou o escalador Kevin Jorgeson escalando o Dawn Wall no Yosemite National Park na escuridão — Disponível em: www.youtube.com/watch?v=ljiqjgVmvqI.

Jorgeson é um escalador bastante conceituado e suas visões sobre a relação — Sean McCoy, "Kevin Jorgeson Interview: Night Climbing the Dawn Wall". *Gear Junkie*. 21 abr. 2015. Disponível em: https://gearjunkie.com/dawn-wall-night-climbing-kevin-jorgeson.

Entrevista com Tom Alison no Facebook, 28 maio 2019. Ver também Rich McCormick, "Facebook's '2¡ Tuesdays' Simulate Super Slow Internet in the Developing World". *The Verge*, 28 out. 2015. Disponível em: https://www.theverge.com/2015/10/28/9625062/facebook-2g-tuesdays-slow-internet-developing-world.

Alguns estudos sobre o que deu errado culpam uma falta de entendimento de mercado, enquanto outros apontam para a incapacidade — Para um longo relato do declínio da Kodak, ver Simon Waldman, *Creative Disruption: What You Need to do to Shake Up Your Business in a Digital World*. Londres: Financial Times Series, 2010.

Um estudo da McKinsey, que descobriu que a vida útil média de uma empresa no Índice S&P 500 — Citado em Kim Gittleson, "Can a Company Live Forever?". BBC *News*, 19 jan. 2012. Disponível em: https://www.bbc.co.uk/news/business-16611040.

A chave para uma empresa de sucesso não está no "processamento" de informações objetivas — Ikujiro Nonaka, op. cit., p. 97.

Não quero que a minha equipe foque em estratégia; quero que eles foquem em se tornar estrategistas — "On the Need for Strategy to be Embodied in a Person". *Flintnotes.* 9 abr. 2015. Disponível em: https://flintmcglaughlin.com/observations/on-the-need-for-strategy-to-be-embodied-in-a-person.

O que ele viu foi que "lógica analítica e estatística..." — Peter Drucker, *The New Realities.* Nova York: Routledge, 1981. p. 217.

Um relatório de 2014 da consultoria empresarial — "Gut & Gigabytes: Capitalising on the Art & Science in Decision". PwC, 2014.

Uma pesquisa de 2016 da mesma equipe — "The human factor: Working with machines to make big decisions". Disponível em: https://www.pwc.com/us/en/services/consulting/library/human-factor.html.

O prêmio Nobel Daniel Kahneman escreveu extensivamente — Ver, por exemplo, "Strategic decisions: When Can You Trust Your Gut?". *McKinsey Quarterly,* mar. 2010.

Conhecimento é informação que muda algo ou alguém — Drucker, op. cit., p. 242.

Capítulo 11 — Política e formulação de políticas incorporadas

Epígrafe — Martin Buber, *Eu e Tu*. São Paulo: Centauro, 2012.

Entrevista com David Begbie, jan. 2019.

Quando houve o referendo do Brexit — Simon Smits, entrevista, mar. 2019.

O Secretário de Relações Exteriores do Reino Unido, David Owen, encomendou uma investigação interna — James Blitz e Roula Khalaf, "The Fall of the Shah and a Missed Moment". *Financial Times,* 14 dez. 2010.

Um antigo embaixador no Irã na era pós-revolucionária faz uma observação estranha — Sarah O'Connor, "The Best Economist Is One with Dirty Shoes". *Financial Times,* 19 jul. 2016.

Os principais pesquisadores de opinião, como Ben Page da Ipsos MORI — Entrevista com Ben Page, jun. 2019.

Page relata que sua empresa vem utilizando uma abordagem neurocientífica chamada "Tempo de Reação Implícita" — "Understanding the General Election using Neuroscience". *Ipsos*, 7 jun. 2017. Disponível em: https://www.ipsos.com/ipsos-mori/en-uk/understanding-general-election-using-neuroscience.

O sociólogo William Davies afirma que os argumentos de especialistas — W. Davies, *Nervous States: How Feeling Took Over the World*. Londres: Jonathan Cape, 2018. pp. 59-61.

Como escreve seu biógrafo Bernard Crick, "ele vivia mal, exatamente como os mendigos viviam" — Bernard Crick, *George Orwell: A Life*. Londres: Penguin Books, 1980. p. 206.

A fome nos reduz a uma condição de total fraqueza — George Orwell, *Down and Out in Paris and London*. Londres: Penguin Books, 1933. p. 34.

Ele escreve sobre a compra de um casaco quente — Bernard Crick, op. cit., p. 184.

"Ele não era", como escreveu seu contemporâneo Jack Common — Jack Common citado em ibid., p. 204.

No entanto, no verão de 2018 — Lawrence Summers, "I Discovered the Rest of America on my Summer Holiday". *Financial Times*, 8 out. 2018.

Em seu livro — Joan C. Williams, *White Working Class: Overcoming Class Cluelessness in America*. Boston: Harvard Business Review Press, 2007.

Ela pensa em Bill Clinton como "um dos gênios da minha geração" — Simon Kuper, "They Don't Want Compassion. They Want Respect". *Financial Times*, 13 maio 2017.

Surgiu uma divisão entre o que Davies chama — W. Davies, op. cit., p. 60.

Capítulo 12 — Criatividade e projeto incorporados

Epígrafe — D. Schleicher, P. Jones e O. Kachur, "Bodystorming as Embodied Designing". *Interactions*, nov.-dez. 2010.

A. Oulasvirta, E. Kurvinen e T. Kankainen, "Understanding Contexts by Being There: Case Studies in Bodystorming". *Pers Ubiquit Comput*, v. 7, pp. 125-34, 2003.

"Anyone Can Cook: Inside Ratatouille's Kitchen". *Siggraph*, 2007, 30 ago. 2007.

Para a equipe de produção — Ed Catmull e Amy Wallace, *Criatividade S.A.: Superando as forças invisíveis que ficam no caminho da verdadeira inspiração*. Rio de Janeiro: Rocco, 2014.

Veja o trabalho da famosa consultoria de design IDEO — M. Buchenau e J. Fulton Suri, "Experience Prototyping". *Proceedings of DIS*, pp. 424-33, 2000.

Em 1991, o cientista da computação — Mark Weiser, "The Computer for the 21st Century". *Scientific American Special Issue on Communications, Computers, and Networks*, set. 1991.

O designer Colin Burns — Burns C. Dishman, E. Verplank, B. Lassiter, "Actors, Hair-Dos and Videotape: Informance Design; Using Performance Techniques in Multi-Disciplinary, Observation-Based Design". *CHI '94 Conference Companion*, Boston, abr. 1994. Ver também D. Schleicher, P. Jones e O. Kachur, "Bodystorming as Embodied Designing". *Interactions*, v. 17, n. 6, nov.-dez. 2010.

Como a cientista cognitiva Sian Beilock relata — Sian Beilock. *How the Body Knows Its Mind: The Surprising Power of the Physical Environment to Influence How You Think and Feel*, Nova York: Simon & Schuster, 2015. p. 32.

A pesquisa que demonstrou que há ganhos significativos de aprendizado entre alunos — Ibid, p. 65.

Beilock e seus colegas — S. Goldin-Meadow e S. Beilock, "Action's Influence on Thoughts: The Case of the Gestures". *Perspectives on Psychological Science*, v. 5, n. 6, 2010, pp. 664-74.

Capítulo 13 — Inteligência artificial e robôs

Epígrafe — Henry Marsh, "Can Man Ever Build a Mind". *Financial Times,* 10 jan 2019.

Ele sugere que é "o tipo de coisa que humanos fazem praticamente o tempo todo". — R. Brooks. "Intelligence without Reason". *Proceedings of the 12th international joint conference on Artificial intelligence,* v. 1, pp. 569-95, 1991.

Outro roboticista, Alan Winfield, adota uma definição semelhante — A. Winfield, *Robotics: A Very Short Introduction.* Oxford: Oxford University Press, 2012, pp. 11-4.

Para ser eficaz, eles acreditavam que uma IA precisaria — R. Brooks, op. cit., p. 13.

Como a descreve Larissa MacFarquhar — Larissa MacFarquhar, "The Mind-Expanding Ideas of Andy Clark". *New Yorker,* 2 abr. 2018. Ver também *Herbert Simon e Allen Newell previram em 1957* — In: Herbert Simon e Allen Newell, "Heuristic Problem Solving: The Next Advance in Operations Research". *Operations Research,* v. 6, n. 1, pp. 1-10, jan.-fev. 1958.

"Todo comportamento inteligente pode ser simulado por um dispositivo cujo único modo de processar informação é o de um observador independente, desincorporado e objetivo' — Hubert Dreyfus, "Why Computers Must Have Bodies In Order To Be Intelligent". *The Review of Metaphysics,* v. 21. n. 1, p. 14, set. 1967.

As baratas conseguem — A. Clarke. *Being There: Putting Brain, Body and World Together Again.* Cambridge: MIT Press, 1997. pp. 4-10.

Os robôs modernos têm três características principais, que eles exibem em vários graus — A. Winfield, op. cit.

Alguém disse uma vez que um rato "sabe tudo o que precisa saber para ser um rato bem-sucedido" — Citado em Peter Drucker, *The New Realities.* Nova York: Routledge, 1981. p. 249.

No entanto, ele diz, a variabilidade desse ambiente ainda é um desafio — Mark Wood, entrevista, set. 2019.

Em um curto artigo intitulado "Intelligent Machinery" — C. Teuscher, "Intelligent Machinery". In: Id., *Turing's Connectionism: Discrete Mathematics and Theoretical Computer Science*. Londres: Springer, 2002.

Em seu famoso livro — G. Lakoff e L. Johnson, *Metáforas da vida cotidiana*. Campinas: Mercado de Letras, 2002.

Isso nos ajuda a formar modelos mentais, que a cientista da computação Melanie Mitchell sugere — Melanie Mitchell, "Can a Computer Ever Learn to Talk?". *One Zero*, 18 nov. 2019.

O roboticista e cientista da computação Hans Moravec — H. Moravec, *Mind Children*. Cambridge, MA: Harvard University Press, 1988. p. 15.

Como observa Moravec — Ibid., pp. 15-6.

Melanie Mitchell capta essa ideia de forma eloquente — "Artificial Intelligence Hits the Meaning Barrier". *New York Times*, 5 nov. 2018.

FONTES Chassi e Neue Haas Grotesk
PAPEL Lux Cream 60 g/m²
IMPRESSÃO Imprensa da Fé